T0268335

HABLEMOS
SOBRE
EL AMOR

HABLEMOS SOBRE EL AMOR

¿CÓMO LO ENCONTRAMOS?
¿QUÉ HACER PARA MANTENERLO?
¿CÓMO SUPERAMOS EL HABERLO PERDIDO?

NATASHA LUNN

Planeta

Título original: *Conversations on Love*

© 2021, Natasha Lunn

Traducción: Alejandro Romero Álvarez

Diseño de portada: Planeta Arte & Diseño / Christophe Prehu
Fotografías de portada: © iStock
Diseño de interiores: Alejandra Romero

Derechos reservados

© 2022, Editorial Planeta Mexicana, S.A. de C.V.
Bajo el sello editorial PLANETA M.R.
Avenida Presidente Masarik núm. 111,
Piso 2, Polanco V Sección, Miguel Hidalgo
C.P. 11560, Ciudad de México
www.planetadelibros.com.mx

Primera edición en formato epub: febrero de 2022
ISBN: 978-607-07-8309-8

Primera edición impresa en México: febrero de 2022
ISBN: 978-607-07-8314-2

La autora afirma ostentar los derechos morales.

Ciertos nombres y características identificativas de algunas personas descritas en este libro han sido modificados para proteger su privacidad.

La autora y el editor agradecen a las siguientes personas su amable permiso para reproducir material protegido con *copyright*: Jeanette Winterson y Jonathan Cape, por las líneas en p. 7 de *The PowerBook*, por Jeanette Winterson, publicado por Jonathan Cape, 2000, y reproducido con permiso de Random House Group Ltd ©; Dalkey Press/Deep Vellum Publishing, por la línea en p. 19 de *Eros the Bittersweet* por Anne Carson; Penguin Books Ltd, por la línea en p. 64 de *Olive, Again* por Elizabeth Strout, publicado por Penguin Books 2019, 2020, Viking 2019; Lou Barlow, por la línea en p. 65 de 'Brand New Love'; Cheryl Strayed y Atlantic Books, por las líneas en p. 117 de *Tiny Beautiful Things*; Dani Shapiro y Knopf Publishing Group, por la línea en p. 119 de *Hourglass: Time, Memory, Marriage*; Faber y Faber Ltd, por la línea en p. 183 de *High Tide in Tucson: Essays from Now or Never* por Barbara Kingsolver; Hilary Mantel y HarperCollins, por la línea en p. 235 de *Giving Up the Ghost* por Hilary Mantel; Penguin Classics, por la línea en p. 315 de la traducción de *Letters to a Young Poet* por Rainer Maria Rilke (Penguin Classics) reproducido con permiso de Charlie Louth; Kobalt Music Group Ltd, por las líneas en p. 323 de 'For You' por Laura Marling.

Se han realizado todos los esfuerzos para contactar a los propietarios de los derechos del material reproducido en este libro. Estaremos encantados de rectificar cualquier omisión en reimpresiones o ediciones posteriores si ha llamado la atención.

No se permite la reproducción total o parcial de este libro ni su incorporación a un sistema informático, ni su transmisión en cualquier forma o por cualquier medio, sea este electrónico, mecánico, por fotocopia, por grabación u otros métodos, sin el permiso previo y por escrito de los titulares del *copyright*.
La infracción de los derechos mencionados puede ser constitutiva de delito contra la propiedad intelectual (Arts. 229 y siguientes de la Ley Federal de Derechos de Autor y Arts. 424 y siguientes del Código Penal).
Si necesita fotocopiar o escanear algún fragmento de esta obra diríjase al CeMPro (Centro Mexicano de Protección y Fomento de los Derechos de Autor, http://www.cempro.org.mx).

Impreso en los talleres de Litográfica Ingramex, S.A. de C.V.
Centeno núm. 162-1, colonia Granjas Esmeralda, Ciudad de México
Impreso y hecho en México – *Printed and made in Mexico*

Para todos aquellos que se sienten perdidos en el anhelo.

«Las historias que nos quitan el sueño son historias de amor. Parece que nunca podremos descifrar este acertijo de la vida por completo. Volvemos constantemente a las mismas escenas, las mismas palabras, tratando de encontrar algún significado. No hay nada más familiar que el amor y, a la vez, nada que nos cueste tanto entender».

JEANETTE WINTERSON, *The PowerBook*

Índice

Introducción

Durante años me entregué por completo al anhelo. El anhelo de que respondieran a mis mensajes de texto, de escuchar un «te amo» o de que algún hombre me viera de cierta manera. Cuando estaba en una relación, deseaba que esta durara, y cuando estaba soltera, deseaba tener una relación. Mi anhelo era como una inquietud que empañaba el resto de mi vida, como una neblina que no me permitía ver con claridad.

Solía pensar que lo que anhelaba era amor, pero estaba equivocada. Estaba obsesionada con la *idea* del amor, no con el amor en sí. Durante todos esos años, todas las noches en las que me preguntaba sin cesar «¿cuándo encontraré el amor?» nunca me detuve a pensar en su verdadero significado. ¿Y quién lo hace? No nos enseñan sobre el amor en la escuela, no lo investigamos, tampoco hacemos exámenes ni lo repasamos una vez al año. Nos motivan a aprender sobre economía, gramática y geografía, pero no sobre amor. Me llama la atención el hecho de que tengamos tantas expectativas sobre el amor, pero pasemos tan poco tiempo tratando de entenderlo. Como si quisiéramos sumergirnos en las profundidades del océano sin tomarnos la molestia de aprender a nadar.

Sin embargo, ya sea que pensemos en él o no, el amor fluye de manera libre, cruel y hermosa en cada aspecto de nuestra vida. Me pongo a ver un video del bebé de seis semanas de mi amiga, que se contorsiona en la tina, justo una hora antes de leer un correo personal de una mujer que va por su tercera fecundación *in vitro* fallida. Pienso en dos compromisos matrimoniales nuevos, otro que fue cancelado y otro que nunca se concretó. Escucho a una amiga que está tratando de empezar una vida nueva tras un divorcio inesperado, a otra que está de luto por el fallecimiento de uno de sus padres y el optimismo risueño de una más que está descubriendo poco a poco un nuevo amor. El amor en nuestra vida florece y se marchita constantemente, siempre inescrutable e indefinible. O eso pensaba.

Durante mucho tiempo asumí que el amor era la fuente de mi infelicidad. Quería comprender por qué se sentía fuera de mi alcance. ¿Por qué me resultaba más fácil dejar un empleo que no me satisfacía en lo profesional que terminar una mala relación? ¿Por qué tenía voluntad en casi todos los aspectos de mi vida, salvo en el del amor? ¿Por qué asumía que el matrimonio era el fin y no el comienzo? Mi sospecha de que había malentendido el amor por completo era lo que Elizabeth Gilbert describe como una «migaja de curiosidad», es decir, una pista que tenía que seguir.

Es por eso que, a lo largo de los últimos cuatro años, me he dedicado a preguntar a escritores, terapeutas y expertos sobre sus experiencias con el amor en un boletín electrónico llamado *Conversations on Love* (Conversaciones sobre el amor).

He escuchado a personas hablar sobre su amor por alguien más, por una ciudad, por un poema o hasta por un árbol. He escuchado a un hombre decir que desearía haberse acostado con más personas y a una mujer asegurar que el sexo es la vida soñada de un matrimonio. He escuchado a otros hablar sobre amistades que mantuvieron 26 años viviendo en países distintos, historias sobre cómo enamorarse después de haber perdido a un hijo o a un hermano, sobre bebés nacidos en zonas de guerra y sobre cómo aprender a encontrar el romance en la soledad. Cada una de esas historias me recordaba que el amor es algo posible, y que mi comprensión de este sentimiento era limitada.

Mientras tenía estas conversaciones, el amor seguía fluyendo dentro y fuera de mi vida. Cada entrevista me ayudaba a expandir mi idea de lo que puede ser el amor, y de cómo puede presentársenos. Sin embargo, no fue sino hasta que traté de volver a embarazarme después de haber sufrido un aborto espontáneo cuando me di cuenta de lo mucho que me faltaba por aprender. Porque, a pesar de que creía haber superado mi propensión por anhelar, notaba que había muchas similitudes en el anhelo por tener un bebé en mis treintas y el que sentía por conseguir un novio una década atrás. En ambas situaciones estaba más enfocada en el amor que no tenía en lugar de concentrarme en el que sí. En ambas situaciones terminaba sintiendo lástima por mí misma. En ambas situaciones me comparaba con otras personas y sentía que estaba siendo excluida de una parte importante de mi felicidad. Antes solía contemplar con anhelo a las parejas que paseaban tomadas de la mano los domingos, y después centraba mi atención en mujeres empujando carriolas en el parque. El objeto de mi anhelo había

cambiado, pero la inquietud, la sensación de búsqueda interminable, era la misma. En ese momento comprendí que, mientras siguiera teniendo esa idea tan reducida del amor, siempre
habría algo que anhelaría: un novio, un matrimonio, un bebé,
otro bebé, un nieto, una década más con mi madre, mi padre o
mi esposo en esta tierra. Así que empecé a plantearme más preguntas. Empecé a escribir este libro.

Tú también te cuestionarás a diario sobre el amor. Tal vez
estés en busca de una relación o, en lo profundo de tu corazón,
considerando dar alguna por terminada. Quizá te encuentres
en una unión a largo plazo y te preguntes cómo lograr que el
amor dure a pesar de las muchas tormentas que nos presenta
la vida. A lo mejor quieras ser una mejor mamá o papá, o puede ser que hayas perdido a alguno de tus padres y la repentina
pérdida eclipsa todo lo demás. A primera vista, lo que queremos y lo que necesitamos del amor son dos cosas distintas. No
obstante, me he dado cuenta de que todas nuestras preguntas
individuales pueden clasificarse bajo tres grandes categorías:
*¿cómo encontramos el amor? ¿Cómo lo mantenemos? ¿Cómo sobre-
vivimos cuando lo hemos perdido?* Estas son las preguntas que me
gustaría explorar en las siguientes páginas.

Puedo asegurar, sin temor a exagerar, que las conversaciones sobre amor que he tenido han cambiado mi vida. Me ayudaron a ver a través de la niebla del anhelo y a darme cuenta de
que el amor siempre ha existido en mi vida. También me han
convencido de que, a pesar de que el amor *es* inescrutable en
muchos aspectos, resulta muy útil tratar de definirlo. Como bell
hooks escribió en su libro *Todo sobre el amor*: «Aprender defini-
ciones de amor incorrectas cuando somos jóvenes nos dificulta ser amorosos conforme crecemos» y «una buena definición

funciona como nuestro punto de partida y nos ayuda a determinar a dónde queremos llegar».

En mi opinión, es importante que empecemos a aprender más sobre el amor, del mismo modo en que lo hacemos con otras habilidades, ya que puede determinar el rumbo de nuestra vida. Como la doctora Julianne Holt-Lunstad descubrió en su estudio sobre el vínculo entre la conexión social y la esperanza de vida, las personas con relaciones sociales fuertes son 50 por ciento menos propensas a sufrir una muerte prematura que aquellos con relaciones sociales débiles.[1] A pesar de la poca atención que recibe (basta que comparemos el número de páginas que los periódicos dedican a temas de política o finanzas con el que les dedican a las relaciones), el amor es uno de los temas más serios e importantes. La falta de amor puede hacer mucho daño, y, por lo contrario, el amor en abundancia es capaz de sanarnos.

Aunque las conversaciones presentadas en este libro son historias de amor, también describen la forma en que los humanos se atraen y decepcionan los unos a los otros, la manera en que hieren y sanan, y cómo es que siguen adelante, aun cuando sienten que no pueden más, e intentan encontrar algún significado en aquello que la vida les quita. Espero que estas historias representen para ti lo mismo que para mí: un recordatorio de que nunca debemos ignorar a las personas que amamos; una invitación para tomar al amor más en serio; y la motivación necesaria para hacer algo significativo con la vida que se te ha otorgado.

---

[1] Citado en el libro *Together: Loneliness, Health and What Happens When We Find Connection*, de Vivek H. Murthy, Profile Books, 2020, p. 13.

Uno de los personajes de la novela de Hilary Mantel, *La sombra de la guillotina*, dijo (en realidad): «El amor es más fuerte y duradero que el miedo»; cuando tuve la oportunidad de entrevistar a Hilary, me dijo que «un buen motivo para seguir escribiendo es descubrir si eso es cierto». Esto es lo que yo también estoy tratando de descubrir. ¿El amor es más fuerte que el miedo a la incertidumbre, al cambio o incluso el miedo a la muerte? Responder estas preguntas conlleva una labor interminable, y esta es una de las mayores lecciones que he aprendido: el amor es un proyecto que dura toda la vida, una historia que no podemos adelantar para descubrir qué pasa al final. Qué afortunados somos, ¿no? De saber que nunca la terminaremos, que nunca habrá una página final, solo una serie de comienzos. Y este es uno de ellos.

PARTE I

¿CÓMO ENCONTRAMOS EL AMOR?

«La vida no es un problema por resolver,
sino un misterio por vivir».

M. Scott Peck

CAPÍTULO 1

Fantasía romántica
vs. realidad

«Cuando te deseo, una parte de mí desaparece…».

ANNE CARSON, *Eros: Poética del deseo*

Mi beso con Ben fue el primero de mi vida. Tenía 14 años y no estaba segura de nada: de qué música me gustaba, qué marca de zapatos usar, o qué clase de persona quería llegar a ser. Solo estaba segura de una cosa: lo deseaba. En aquel momento, en el que todas las decisiones del mundo se presentaban ante mí y fácilmente podía tomar las equivocadas, era un alivio experimentar algo en lo que tenía tan poco control. Era como si el sentimiento me hubiese elegido a mí, y no al revés.

Lo conocí un año antes de nuestro primer beso en un cine. Tenía 13 años y él 12 (era seis meses menor que yo). Iba a la misma escuela que mi hermano menor y cierto día fue a la casa a jugar con él. Cuando lo vi por primera vez, estaba afuera de mi habitación, parado frente a la escalera y jugando con un yoyo color amarillo canario. «Hola», me dijo. «Hola», respondí yo. Flechazo instantáneo. Fue el comienzo de un enamoramiento que duraría 15 años. Después me dediqué a recolectar datos de su existencia como si fuesen parte de una investigación forense: la posición exacta de esa peca en su brazo, la forma en que le untaba mantequilla al pan, cómo entrecerraba los ojos al sonreír, todas las veces que sonreía, etc. Durante ese tiempo, mientras anhelaba que se fijara en mí, aprendí que el amor era algo que te pasaba o no. Un regalo que podías recibir o que te podían negar.

Nuestro romance a lo largo de esos años fue inconsistente: él me puso el cuerno cuando teníamos 14; volvimos cuando teníamos 16, la única ocasión en que ambos dijimos un nervioso «te amo»; luego, otra vez a los 18. Durante estos periodos, nunca pasamos juntos una cantidad significativa de tiempo, solo una colección de días y noches en las que nos besábamos, veíamos las películas de *Star Wars* en VHS y, a veces, conducíamos de noche por caminos rurales desiertos. El hecho de que no tuviéramos una relación verdadera no importaba. Nuestra historia existía en la ambigüedad, y en todas las cosas que jamás diríamos.

Los capítulos más largos y emocionantes estaban escritos dentro de mi mente, no en la realidad. Mi narrativa imaginaria se encargó de crear un romance nostálgico y telenovelesco, al estilo de Dawson y Joey en *Dawson's Creek*, que siempre estaba a punto de ocurrir, pero nunca sucedía. Siempre había malentendidos por parte de ambos (como un mensaje de texto malinterpretado) o giros del destino (la desaprobación de mis padres; otra chica) que arruinaban nuestra más reciente reconciliación. ¿Por qué estaba tan empeñada en que funcionara? Cuando besó a otra chica en la escuela tuve mi primera experiencia de rechazo, la cual impactó de manera negativa en mi autoestima en esa edad formativa. Desde aquel momento, sentía que su afecto era una especie de premio que tenía que recuperar para demostrar que era digna de ser amada. Otra parte de mí, la que buscaba recrear la relación de mis padres, también se encargaba de mantener a Ben en mi órbita. Mis padres se conocieron en la escuela cuando tenían 15 años, y su modelo de amor, que era más romántico que el de cualquiera de las novelas en mi librero, fue el primero que tuve en mi vida. Si ya de por sí tenía a Ben en un pedestal, mi idea de un amor adolescente que dura para siempre se encontraba en otro incluso más alto.

¿Cuántos de nosotros nos inventamos estas historias de enamoramiento adolescente, en las que anhelar es más importante que saber y la fantasía supera a la realidad? Esta clase de amor joven siempre surge con una hermosa intensidad; se entiende cuando eres adolescente, ya que tienes mucho tiempo en tus manos y tus hormonas te dominan. Podríamos incluso decir que esas fijaciones son una forma de creatividad: la manera en que la imaginación juvenil puede usar los detalles vagos de una conexión ordinaria y crear un mundo nuevo a su alrededor. Así que no, no me arrepiento de mi primera fantasía romántica, pero sí me arrepiento del modelo de amor que obtuve de ella, y de todos los años sucesivos en los que traté de moldearme para encajar en esta fantasía.

Durante mis años universitarios, Ben y yo seguimos jugando a la pelota con nuestro afecto. Él me mandaba CD caseros y notas confusas que yo guardaba en cajas de zapatos bajo mi cama. Me enviaba correos nostálgicos (mi novio de aquel entonces los descubrió y se molestó). En mi memoria, esa fue la primera vez en que él me deseaba más a mí que yo a él, pero si le preguntaran a él, es posible que su historia sea otra (siempre hay dos versiones de todo). Aun así, cuando me sentía nostálgica, dormía con su camiseta negra deslavada de H&M, pues él se había convertido en un recuerdo que asociaba con mi hogar, algo que me ataba a una versión anterior de mí misma. Y, cuando el presente se ponía confuso, era reconfortante volver por un momento a ella.

Lo irónico del asunto es que estaba confundida precisamente porque seguía llevando a cuestas esas lecciones medio inútiles que había obtenido de mi enamoramiento adolescente, y las estaba aplicando a las relaciones que tenía en mis veintes. Mi patrón de comportamiento era casi siempre el mismo: empezaba a salir con alguien nuevo, lo idealizaba, ocultaba partes de mi personalidad e interpretaba el papel de una mujer más agradable de lo que creía ser. Esa mujer nunca pedía nada. Por lo general, salía con estas parejas por meses, a veces hasta más de un año, sin llegar a ser «novios» y sin alcanzar un verdadero nivel de intimidad. Y, al igual que con Ben, todos estos hombres me lanzaban indirectas sobre sus sentimientos sin hablar de ellos en realidad. Como responde Marianne a Eleanor en *Sensatez y sentimientos*, cuando esta le pregunta si Willoughby alguna vez le ha dicho «te amo»: «Estaba implícito siempre, pero nunca declarado abiertamente. A veces creía que lo había hecho… pero nunca ocurrió».

Cuando no eres honesto en una relación, ya sea con la otra parte o contigo mismo, es como tratar de cerrar un frasco de mermelada cuando la rosca de la tapa no encaja: los demás quizá crean que la estás poniendo bien, pero tú puedes sentir cómo se vuelve más y más rígida y, por más que trates, el frasco nunca quedará bien sellado. Esto es lo que pasaba en todas mis relaciones: sentía que algo no encajaba desde el principio, por lo que vivía en un estado de ansiedad constante; trataba de lograr cualquier nivel de intimidad con esa preocupación enterrada en mi mente, sospechando todo el tiempo que la otra persona no me deseaba, pero demasiado asustada como para preguntar. Debido a ello, me volví tan buena para fingir que no necesitaba nada que olvidé cómo ser yo misma. También confundía inestabilidad con atracción, porque las migajas de afecto que los hombres me arrojaban me resultaban más emocionantes por su inconsistencia: un mensaje de texto sorpresa a la 1:30 de la madrugada que decía «¿estás fuera?», o la promesa de un «te amo» borracho que no volvía a mencionarse cuando estábamos sobrios. Los hombres con los que salía nunca terminaban conmigo, pero tampoco se comprometían del todo. Siempre tenían un pie dentro y otro fuera, como el novio de mi amiga, que se mudó con ella, pero dejó casi todas sus pertenencias en la casa de sus papás.

Lo que era más consistente que cualquier clase de afecto era, tal vez sin querer, una crueldad negligente que fui aceptando en silencio y que sirvió como una prueba más de que no merecía recibir amor. Como cuando un hombre me dijo que mis labios siempre se sentían secos mientras me besaba en la cama, u otro que me acusó de usar demasiado maquillaje, o uno más que me espetó que «la inseguridad en una mujer no era nada atractiva», después de que me armé de valor para preguntarle por qué tardaba tanto en responder a mis mensajes.

Descubrí que el lugar más solitario del mundo es la cama, acostada al lado de alguien que te hace sentir pequeña y te da la espalda, mientras tú esperas que se voltee y te abrace.

En ese momento identificaba esta supresión del yo como una vergüenza privada y sin gracia. Sin embargo, ahora entiendo que es un problema bastante común. He hablado con innumerables personas que, a pesar de tener confianza en aspectos laborales, familiares y con sus amistades, se pierden en las relaciones. Moldean sus personalidades para ajustarse a lo que los demás buscan y olvidan sus propias necesidades y deseos para tratar de anticipar lo que sus parejas puedan querer. Este encogimiento del yo empieza de maneras sutiles: fingir que quieres ver una película de terror en el cine; armar listas de reproducción en Spotify con canciones para impresionar, en vez de las que en verdad quieres escuchar; comprar un vestido que se sale de tu presupuesto solo porque crees que podría gustarle. Y de pronto, rechazas invitaciones de tus amigos solo para estar disponible en caso de que quiera verte de último minuto. Actúas como si no fuese grave que haya llegado a tu fiesta de cumpleaños hasta las 11 p. m. Finges que no necesitas poner etiquetas a la relación o estar en comunicación constante, o esos detalles de amabilidad que te hacen sentir amada. Finges que no necesitas nada.

Cuando le pregunté a la psiquiatra Megan Poe por qué la gente pierde su sentido de identidad cuando está en una relación, me respondió que, a veces, esto se debe a que tratamos de «ecolocalizar al otro y no revelar el yo» y fusionarnos con ellos. Según la doctora Poe, quien solía impartir un curso sobre el amor en la Universidad de Nueva York, «la gente piensa que, si ajusta su persona para ser compatible con el otro, quiere decir que tienen compatibilidad, pero eso solo nos vuelve más inseguros porque dejamos de ser nosotros mismos». Este comportamiento también confunde a tu pareja, porque ya no reconoce a la persona en la que te has convertido. «Cuando surgen muchas personalidades falsas, la situación se puede tornar confusa», afirma la doctora Poe, «e, inevitablemente, el otro piensa: "¿Dónde está? Ya no reconozco a la persona de la que me enamoré"».

En 1977, durante un discurso de graduación en el Douglas College, Adrienne Rich dijo que la responsabilidad que tenemos con nosotros mismos «significa insistir en que aquellos a quienes otorgamos nuestra amistad y nuestro amor sean capaces de respetar nuestra mente. Significa ser capaces de decir, como en *Jane Eyre*, de Charlotte Brontë: "Poseo un escondido e innato tesoro que me bastará para vivir si he de prescindir de todo placer ajeno a mí misma, en el caso de que hubiese de pagar por la dicha un precio demasiado caro"». Mientras buscaba la cita original de Jane Eyre, encontré otra que viene antes de la de Rich: «Puedo vivir sola, si el respeto por mí misma y las circunstancias me obligaran a ello». Al leer ambas líneas juntas me percaté de que había hecho todo lo contrario que Jane. Perdí de vista mi tesoro interior (y con él, mi habilidad para abandonar una relación). Como resultado, perdí el respeto por mí misma. ¿Y por qué? No por amor, sino por una corazonada que me decía que todos los hombres con los que salía eran seres humanos extraordinarios, más inteligentes e interesantes que yo (no es casualidad que siempre saliera con periodistas, creativos publicitarios y escritores; todas eran carreras a las que aspiraba, pero que no me había atrevido a seguir). No fue sino hasta que años después entrevisté al psicólogo clínico Frank Tallis cuando entendí lo engañosa que podía ser esa corazonada. Porque, como el doctor Tallis me dijo, solemos «agrandar nuestra propia confusión o falta de percepción» cuando no tenemos evidencia de una verdadera intimidad. Usamos palabras como *química* o *corazonada* porque no tenemos nada tangible en lo que podamos basar nuestros sentimientos, ningún ejemplo de gentileza, cuidado o conexión, solo magnetismo. Tallis argumenta que esta falta de evidencia «se convierte en el impulsor del misticismo romántico. Uno piensa: "Ya que no puedo explicarlo, debe ser el destino. Debe ser algo muy profundo". Pero esa es solo una falsa inferencia que alimenta a otra, y cada inferencia te va alejando más de la realidad». Mientras escuchaba su explicación, me sentí muy identificada; recordé todas aquellas ocasiones en las que me sentí místicamente atraída hacia alguien sin saber quién era de verdad. Pero no entendía esto en aquel entonces, así que seguí borrando partes de mi personalidad para mantener relaciones que no estaban arraigadas en la realidad.

Incluso durante todos esos años en los que Ben y yo tuvimos otras relaciones, seguíamos en contacto. Nuestros padres eran, y siguen siendo, muy cercanos; así que, al crecer, fuimos juntos a muchas vacaciones familiares, y siempre volvíamos a casa en nuestros pueblos natales, que estaban a cinco minutos de distancia. De vez en cuando coqueteábamos, nos besábamos o hablábamos horas por teléfono en las noches. A veces, cuando me sentía sola, lo llamaba, y creo que otras veces él me llamaba cuando se sentía perdido. En términos generales, éramos amigos y nos usábamos el uno al otro cuando necesitábamos atención. Pero hubo una ocasión, cuando teníamos casi 30 años, en que retomamos nuestro romance por un rato, como por un mes o dos. Se sentía como si fuéramos adultos fingiendo tener 13 otra vez, y eso me entristeció. Y mientras trazaba las diferencias entre nuestros cuerpos adultos y adolescentes en la cama (su abdomen más suave y lleno, mis muslos más grandes y con celulitis), no sabía si estaba tratando de encontrar a la persona que solía conocer o a alguien que nunca llegué a conocer del todo. Creo que cada uno buscaba en el otro las respuestas a nuestros problemas de adultos y de intimidad. Era en un sitio donde nunca las encontraríamos.

Un año después salimos a tomar la que sería nuestra última copa juntos. Más tarde esa noche, en la banqueta afuera de un bar en Soho, me percaté de que entre nosotros flotaba una decisión que no tenía nada que ver con la persona que estaba frente a mí. Una decisión entre la inmadurez y el crecimiento, entre la fantasía y la realidad. ¿En verdad quería seguir evadiendo cualquier tipo de intimidad y apoyarme en la seguridad de un enamoramiento nostálgico que no me impulsaba a intentar nada diferente? No. Quería una relación real que existiera en el mundo real. Y eso requeriría valor, autocomprensión, tal vez un poquito de soledad y mucha responsabilidad. Parte de esa responsabilidad implicaba no llamar a Ben cada vez que me sintiera sola, entender el papel que jugaba al idealizar hombres en vez de verlos como en realidad eran, y encontrar ese tesoro interior que había perdido en el proceso. Implicaba, como bell hooks escribió en *Todo sobre el amor*, querer descubrir «el significado del amor más allá del mundo de la fantasía, más allá de lo que imaginamos que puede ocurrir». Aún sentía que mostrarme tal y como era ante una nueva persona era un riesgo, pero en alguna parte de mí había surgido un nuevo entendimiento: que el riesgo de no hacerlo, de que nunca te vean como eres, de nunca expresar tus necesidades, de nunca dar ni recibir amor verdadero, era mucho mayor. Después de años de desempeñar un papel pasivo en el amor, entendí que sí tenemos alternativas, incluso si es difícil verlas al principio. Y las mías eran quedarme en la fantasía dentro de mi mente o salir de ella y empezar a vivir.

Pensar en la persona que eras en tus relaciones pasadas provoca una sensación extraña: es una mezcla de tristeza y comicidad, de mortificación y frustración. Pero, así como uno aprende a reírse con los amigos de los momentos vergonzosos (una de las pocas ventajas de cometer errores en tus relaciones), mi vergüenza había sido reemplazada por compasión hacia la versión más joven de mí, esa que ansiaba desesperadamente encontrar el amor y lo buscaba en los lugares equivocados.

Una parte de mí aún se arrepiente de todos los años que desperdicié preocupándome de haber «fracasado» en el amor o de que nunca lo encontraría. La otra se aterra al pensar que estaba tan obsesionada con una fantasía que, cuando la oportunidad de encontrar el amor verdadero estaba en mis narices, cuando conocí al hombre con el que algún día me casaría, casi la dejo pasar. Sin embargo, también sé que estos «fracasos» son los que me trajeron hasta aquí. Como afirmó Hilary Mantel cuando la entrevisté: «Es necesario cometer algunos errores; son errores creativos». Tenía razón; fue justo en esos errores torpes y años de anhelo que encontré la raíz del primer planteamiento de este libro: ¿cómo encontramos el amor?

Creo que, antes de tratar de responder esa pregunta, sería útil analizarla un poco más a fondo. Porque, ¿cómo podemos descifrar cómo encontrar el amor sin cuestionarnos lo que esa palabra significa en verdad? Eso es lo que exploraré en las siguientes conversaciones: ¿de qué manera nuestra definición de amor puede tener un impacto en la forma y el lugar donde lo encontramos? ¿Qué clichés son de utilidad y cuáles deberíamos descartar? ¿Qué tanto control tenemos en realidad sobre la manera en que encontramos el amor? Las respuestas a estas preguntas no incluyen una estrategia para usar aplicaciones de citas o un estudio basado en porcentajes sobre los lugares más probables para encontrar pareja. Pero espero que sean una invitación para comprender el amor de una forma más extensa y para encontrar ejemplos de amor que tal vez estemos pasando por alto.

Cuando buscaba el amor en mis veintes, parecía haber dos tipos de personas: aquellas que encontraban pareja con facilidad y que se mostraban satisfechas cuando estaban (brevemente) solteras; y aquellas para las que encontrar el amor parecía una tarea imposible, que no parecían ser capaces de hallar la felicidad por sí solas, pero que tampoco podían ir más allá de las etapas iniciales de una relación. Yo siempre pertenecí a la segunda categoría. Así que cuando un colega me dijo que «cuando alguien está soltero por mucho tiempo sin quererlo, suele haber alguna razón», sus palabras en realidad no ayudaron gran cosa, pero me aferré a sus palabras como si fuesen la evidencia de que había un motivo concreto para mi soltería. ¿Era demasiado demandante? ¿Demasiado intensa? En aquel entonces no sospechaba que parte del problema no tenía que ver con quien yo era, sino con el contexto en el cual solía buscar el amor.

Cuando empecé a entrevistar personas sobre sus relaciones, me di cuenta de que gran parte de ellas también caían en la trampa de enfocarse demasiado en el amor romántico. Muchas culpaban de su obsesión por el romance a la narrativa de los cuentos de hadas, tan común en la cultura popular. En mi caso, estos relatos sí que desempeñaron un papel importante, pero también había una historia dañina sobre la soledad que, de algún modo, se había filtrado en mi perspectiva sobre el amor. ¿Por qué solía creer que estar sola es una tragedia? ¿Y qué efecto tenía ese miedo en mi búsqueda por el amor? Esperaba que el filósofo y fundador de la School of Life (Escuela de Vida), Alain de Botton, tuviera las respuestas.

Alain fue una de las primeras personas a las que entrevisté sobre el tema del amor, porque fue uno de los primeros en alentarme a ver su complejidad. De su novela *Del amor*, aprendí sobre el encaprichamiento: las fantasías, las salidas en falso, las obsesiones y las historias que proyectamos en los demás. Y más adelante, de su libro *El placer del amor*, me instruí sobre los desafíos que conlleva la intimidad mucho después de que el brillo del deseo ha desaparecido. Pocos saben cómo analizar el amor con un rigor tan meticuloso y pragmático como Alain. Así que no me sorprendió darme cuenta de que fuese directo al meollo del motivo por el cual, para algunos de nosotros, la búsqueda del amor resulta una experiencia tan vulnerable.

LA PSICOLOGÍA DE ESTAR SOLO
Conversación con Alain de Botton

NL: Las personas caen en la trampa de ver el amor romántico como la solución a todos sus problemas. ¿Cómo dificulta ese malentendido la búsqueda de una relación?

AdB: Eso da a entender que, si la búsqueda de tu pareja no funcionó, es una tragedia, y básicamente has desperdiciado tu vida. Eso sienta un precedente frenético e inútil para la búsqueda del amor. Lo mejor es, y esto aplica para todo lo que uno pueda querer, mentalizarte de que tienes la capacidad de alejarte si aquello que buscas no llega a funcionar. De otro modo, quedas a merced de la suerte y la gente abusa de tu desesperación. Así que, curiosamente, la capacidad de decir «puedo estar solo» es una de las mayores garantías de que algún día podrás ser feliz con alguien más.

La psicología de estar solo es interesante, porque cada uno la experimenta de un modo distinto: más o menos humillante, dependiendo de la historia que nos contamos. Por ejemplo, si estás solo un lunes por la noche, en realidad no te sientes tan mal al respecto. Piensas: «Tuve un largo día de trabajo y me queda toda una semana por delante, así que pasaré algo de tiempo a solas». Por otro lado, si estás solo un sábado por la noche, podrías pensar: «¿Cuál es mi problema? Todos están afuera disfrutando de su maravillosa vida con alguien más».

Por lo general pensamos en la vida de los demás de forma muy simplificada, lo que agrava nuestra desesperación por estar solos. Cuando estamos a solas, tendemos a imaginar que todos, salvo nosotros, tienen relaciones felices. Es muy fácil pensar: «Soy la única persona relativamente decente a la que esto le pasa». Y no es así; hay muchos seres humanos dignos y competentes que se encuentran solos, por el motivo que sea. No tiene por qué ser una tragedia.

Pero a veces uno sí se siente solo cuando sus amigos con pareja, que por lo general están disponibles entre semana, desaparecen durante el fin de semana. ¿Cómo crees que podemos cambiar la manera en que vemos esos fines de semana?

Para empezar, hay que identificar el origen del problema. El problema no es estar solos, sino estar solos cuando, en nuestra mente, nos hemos hecho toda una historia sobre los seres humanos y cómo es que la compañía encaja en ella. En vez de salir a aprender a bailar simplemente para evitar la agonía del sábado por la noche, podrías cambiar esa historia mental sobre lo que significa estar solo. Porque, si estar solo un lunes está bien, pero es una tragedia un sábado, el problema no es el hecho objetivo de estar solo, sino la historia que nos estamos contando.

Alguna vez me dijiste que cuando usamos la palabra amor, *en realidad pensamos en conexión. Eso me hizo pensar en todas las ocasiones en que creía no tener amor en mi vida, cuando no era el caso. ¿Resulta útil reevaluar lo que significa la palabra* amor*?*

Sí, o reevaluar lo que en verdad buscamos del amor. Alguien podría sentir que su vida está incompleta si no tiene una relación, pero si le preguntaras qué aspecto de la soltería provoca esta desesperación, por lo general notarías que la respuesta son pequeñas áreas de incomodidad que pueden resolverse de otro modo. Algunas personas aseguran querer amor, pero cuando las obligas a pensar en los motivos, descubres que en realidad quieren una conexión. ¿Es imprescindible tener una relación para eso? No necesariamente, porque uno puede establecer conexiones fuera de una relación. Otros podrían decir: «Busco estimulación intelectual». Bueno, ¿es imprescindible tener una relación para eso? De nuevo, no necesariamente. Muchas de las cosas que asociamos con relaciones están a nuestra disposición en otros lugares. Por ejemplo, la jerarquía entre las amistades y las relaciones de pareja está mal alineada, lo cual es una tragedia. Es extraño cómo hemos relegado a nuestras amistades al fondo de nuestra fila de prioridades. No siempre fue así: a principios del siglo XIX, en Alemania, tener un buen amigo se consideraba más importante que tener un amante, y estaba muy ligado al origen de la felicidad.

Un tema sobre el cual siempre recibo distintas opiniones es el cliché de que tienes que amarte a ti mismo antes de poder amar a alguien más, y me pregunto si, en vez de amor propio, el conocimiento propio sería un objetivo más útil. ¿Qué opinas al respecto?

Yo también me enfocaría en conocimiento propio, y la capacidad de comunicarlo. Si alguien dice «no me adoro, pero estoy interesado en mí mismo y puedo comunicar la verdad sobre mi persona a los demás», me parecería más reconfortante que alguien que dice «soy perfecto». Reconocer tus heridas, tu dolor y tus insuficiencias es de verdad algo romántico. De hecho, si te enfocas demasiado en tu admiración propia, puedes terminar distanciándote de los demás, mientras que comprometerte con tu propia vulnerabilidad es clave para crear un vínculo. Cuando hablamos de amor propio, lo más importante no es amarte a ti mismo, sino aceptar que todos los seres humanos tenemos un lado menos admirable, de modo que este no tiene por qué acabar con tus posibilidades de tener una buena relación; no significa que seas alguien terrible que no merece amor, sino que eres parte de la familia humana.

Si no te valoras o entiendes a ti mismo, ¿corres mayor riesgo de perderte en una relación?

Suena extraño que podamos perder el contacto con nosotros mismos. ¿Cómo sería eso posible? Somos quienes somos, ¿cómo podríamos perder parte de nuestro ser por estar con otra persona? Sin embargo, a veces recibimos información de nuestros sentidos y de nuestra parte emocional que puede anularse por la información que recibimos de otros. Un clásico ejemplo de esto es cuando decimos «estoy un poco triste» y alguien más responde: «No, claro que no. Estás bien. Te está yendo muy bien». Puedes pensar que tu punto de vista no es legítimo y que ellos tienen razón: estás bien. Cuando, en realidad, tal vez sea importante que pongas todo en perspectiva y reconozcas que sí estás atravesando dificultades.

Una forma de ver el riesgo de perderte a ti mismo es a través del prisma del amor y el odio hacia ti mismo, pero otra también es preguntar: ¿cuánta lealtad vas a aportar a esta situación al estar seguro de tus propios sentimientos? y ¿qué tantos de tus sentimientos dejarás que sean anulados por historias que vienen del exterior? Porque, por lo general, cuando estás en una relación, la otra persona suele tener una idea de lo que es bueno para ti o de lo que está bien y mal en el mundo. Y la capacidad de decir «lo que dices es interesante, pero yo tengo mi propia realidad y no estoy seguro de que encaje con la tuya» tiene que practicarse desde la niñez para funcionar, es como un músculo que se ejercita. Normalmente no es el caso, ya que muchos aspectos de la realidad de un niño son anulados por los padres. Un niño podría decir: «Quiero matar a mi abuelita. Es tan tonta». Y un padre respondería: «No, no es así. Tú amas a tu abuelita». En realidad, un padre más sabio debería responder: «Supongo que todos nos enojamos un poco con los demás de vez en cuando, ¿no? ¿Será que tu abuela te decepcionó de algún modo? ¿Por qué crees que estás enojado con ella?». Entonces, el niño puede analizar sus sentimientos para entender el motivo y puede hablar al respecto. Pero la gente suele ignorar los sentimientos perturbadores que puedan experimentar sus hijos, y los alientan a hacer lo mismo. Entonces, al crecer, creen que esos sentimientos no son válidos.

Al inicio de mis veintes, lo que me metía en problemas en mis relaciones era seguir esa especie de «misteriosa corazonada». ¿Por qué crees que hacer eso puede llevar a situaciones problemáticas cuando se trata del amor?

Nuestras emociones no son del todo confiables: cuando tienen un objetivo en la mira, tienden a apuntar demasiado lejos o demasiado cerca. Por ejemplo, piensa en el miedo. Solemos temerles a cosas a las que no deberíamos, en vez de a las cosas dignas de temer. Les tenemos miedo a los fantasmas, pero no nos asusta lo corta que es nuestra vida, o la posibilidad de desperdiciar nuestros verdaderos talentos. No somos muy buenos para saber a qué debemos temer, o lo que debemos amar (ni en qué medida). Si aparece un candidato sumamente encantador, corremos el riesgo de perder la cabeza. Empezamos a imaginarnos quién es, cómo sería vivir juntos para siempre, y vemos a esa persona como la fuente de la felicidad absoluta.

En casos como este, sería útil reconocer que se trata de un ena-moramiento. Debería de haber una parte de nuestra mente que siempre esté al tanto de lo que está pasando y comprenda el entusiasmo sin perder contacto con la realidad. Así tendría-mos presente que, a fin de cuentas, se trata de un desconocido; que una buena tarde o un buen fin de semana juntos no lo es todo; que estos sentimientos no pueden usarse para predecir el futuro de manera confiable. Creo que esos dos lados son compatibles: el uno puede disfrutar del enamoramiento y el otro, razonar. Es como cuando vemos una película de terror: parte de nuestra mente está aterrada («oh, por Dios, ¡ahí viene el monstruo!»), mientras que la otra piensa: «No, es una película. No es real». Podemos adoptar roles similares (ser el que observa y el que siente) en las primeras etapas del amor.

Cuando uno está en medio de un enamoramiento intenso, puede ser difícil darse cuenta de que es una fantasía. ¿Cuáles son las posibles señales?

La escala de idealización. Si se te olvida que acabas de conocer a otro ser humano y no a una divinidad, al final será muy frus-trante cuando te des cuenta de que también tiene sus defectos. Así que resulta útil ser algo pesimista respecto a las personas, pero creo que eso puede ser compatible con la amabilidad y el entusiasmo. Uno de los mejores modelos de amor es el de los padres hacia sus hijos. Los padres en verdad los aman mucho, pero, al mismo tiempo, hay veces en las que no les agradan tanto: les aburren, creen que se portan muy mal o quieren un descanso de ellos. Todo eso también ocurre en las relaciones amorosas de los adultos: a veces nos hartamos o nos damos cuenta de los evidentes defectos del otro, pero seguimos estando de su lado. Nos molestan, pero seguimos amándolos.

Eso me hace pensar que idealizar a alguien es de hecho lo opuesto a amarlo, porque significa que te rehúsas a verlo en su totalidad, ¿cierto?

Así es, no lo estás viendo de forma adecuada. En realidad, nadie quiere ser idealizado; todos queremos ser vistos, aceptados, perdonados, y saber que podemos ser nosotros mismos, incluso en nuestros momentos menos edificantes. Por lo tanto, ser el receptor de los sentimientos de idealización de una persona puede resultar alienante. En apariencia, nos ven y admiran como nunca antes, pero, en realidad, se olvidan de muchas partes importantes de nuestro ser.

En este tema del amor, una de las cuestiones que más se me dificultan es el control. Porque, de cierto modo, creo que tenemos más control sobre el amor de lo que nos han hecho pensar, y es importante saber que no jugamos un papel pasivo. Por otro lado, me pregunto si es necesario reinstaurar la idea de la suerte en el amor, porque, aunque uno sea abierto, consciente y esté dispuesto a conocer a alguien, a veces las cosas no salen como esperamos.

No hace falta ser religioso para creer que la suerte desempeña un papel importante y que la vida de las personas es en verdad un gran misterio. La influencia que podemos tener es en realidad muy limitada. Tal vez creamos que, si decimos las cosas correctas o si leemos todos los libros disponibles al respecto, reducimos las posibilidades de fracasar y adquirimos mayor control, pero eso solo es parcialmente cierto. No podemos saber cómo se sienten los demás en algún momento determinado de su vida. Tal vez solo no les gustes y, aunque es algo muy desafortunado, no debemos luchar contra ello, sino aceptarlo, como lo hacemos con el mal clima. No podemos controlar el clima, como tampoco podemos controlar el hecho de que otros nos encuentren atractivos o no. Así que, en efecto, resulta útil hacernos a la idea de que, incluso si estuviéramos solos, eso está bien. Para llegar a esa aceptación es necesario hablar con más gente: personas divorciadas que de seguro tratarían de disuadirte de tener relaciones a largo plazo; personas mayores que han pasado toda su vida solas y satisfechas; sacerdotes, monjas y monjes. Tenemos que alejarnos de esta estrecha y punitiva visión de la vida que nos dice que es necesario tener citas en nuestros veintes, encontrar a nuestra pareja ideal a los 28 y tener a nuestro primer hijo antes de los 31 o, de otro modo, nuestra vida será miserable. Si ocurre ese tipo de narrativa, será genial en algunos aspectos y terrible en otros. Es importante tener más imaginación respecto a nuestra percepción de una buena vida.

¿Qué desearías haber sabido antes sobre el amor y cómo encontrarlo?

Que está bien tomarse el asunto con más calma. Que las cosas pueden resultar o no, pero que, incluso en ese caso, no todo está perdido. Este modelo en blanco y negro que nos dice «tiene que ser así para ser perfecto» simplemente no funciona. No importa a quién conozcas ni cuándo; siempre hay dolor y alegría de ambos lados de la balanza. Así que no te apegues con tanta rigidez a una sola versión de tu vida y su significado, porque es muy probable que te equivoques. De hecho, existen muchas maneras de vivir la vida.

De haber tenido esta conversación 10 años atrás, mi soledad hubiera sido mucho más llevadera. Alain me hizo comprender la situación de otro modo: en vez de ver mi soledad como un reflejo de los aspectos «menos admirables» de mi personalidad, ahora pienso en esos momentos como una historia poco imaginativa sobre los vínculos que me estaba contando a mí misma.

Ahora me doy cuenta de que todas aquellas ocasiones en las que me rechazaron en realidad eran bendiciones a futuro o hechos de la vida que tenía que aceptar en vez de resistirme. Gasté en vano mucha energía tratando de mantener estas relaciones a flote; no había necesidad de desperdiciar más preguntándome por qué alguien no me amaba o qué podría haber hecho distinto para cambiar el resultado. El único resultado posible era el que ya había ocurrido. Y, como lo señaló Alain, «siempre hay dolor y alegría de ambos lados de la balanza». Si me hubiera quedado con alguien que conocí al inicio de mis veintes, nos hubiéramos mudado a una casa junto al mar, hubiéramos adoptado un perro y tenido un bebé a los 30; esa historia habría tenido capítulos maravillosos, pero también otros más mundanos, así como la vida que he llevado estos últimos años. Por cada cita deprimente, surgió una maravillosa amistad; por cada sábado solitario, descubrí una nueva ambición.

En mis primeros esfuerzos por encontrar el amor, la imaginación jugaba el papel de una ladrona que me robaba la verdad, la perspectiva y el tiempo. Era una distracción que no me permitía ver la realidad, que me mostraba amor donde no existía. Pero Alain me hizo preguntarme si existía una manera de usar la imaginación para expandir nuestro concepto del amor en vez de nublarlo. ¿Podemos imaginar las distintas formas en que se puede desenvolver nuestra vida? ¿Podemos imaginar los sufrimientos y alegrías potenciales de todas esas historias? Tal vez, de poder hacerlo, nos daríamos cuenta de que después de todo no existen historias «correctas» o «incorrectas», solo una vida repleta de posibilidades frente a nosotros.

Alain me convenció de que encontrar el amor partiendo del miedo no era la forma adecuada de iniciar una historia, ya que eso implica motivaciones egoístas, como evitar la soledad o depender de alguien más para ser feliz, que te llevan en la dirección equivocada. Como escribió el psiquiatra M. Scott Peck: «Si ser amado es tu meta, no la alcanzarás». Fue esta frase la que me inspiró a hablar con alguien que sí había logrado tener una vida plena sin necesidad de una relación romántica, que había logrado separarse del deseo individual de ser amado y accedido a todas las formas de conexión disponibles. Porque una cosa es saber que debes evitar que tu vida gire en torno a la búsqueda del amor romántico, y otra lograrlo. En mi opinión, la autora Ayisha Malik lo consiguió.

En su novela debut, *Sofia Khan is Not Obliged* (Sofia Khan no está obligada), y su secuela, *The Other Half of Happiness* (La otra mitad de la felicidad), Ayisha no solo explora cómo son las relaciones románticas para una mujer musulmana, sino que captura el humor, el desamor y el autoconocimiento necesarios para cualquiera que busque el amor. Así que, cuando hablamos por primera vez, esperaba que nuestra conversación se centrara en el tema de las citas románticas. En vez de eso, descubrí que Ayisha tiene una visión expansiva del amor. Lo encuentra en todas partes: en su trabajo, su fe, su familia, sus amistades, su búsqueda constante del autoconocimiento y el estudio de la filosofía. Le planteé la pregunta que desearía haberme hecho hace dos décadas: ¿cómo se liberó del poderoso mito del amor romántico, y aprendió a encontrar conexiones en tantos lugares?

NINGUNA PERSONA PUEDE VERTE EN TU TOTALIDAD
Conversación con Ayisha Malik

NL: ¿Cómo era tu visión del amor cuando eras más joven?

AM: Tenía una versión reducida e idealizada de cómo debe ser una historia de amor, y esta siempre involucraba la búsqueda de una pareja romántica. Conforme fui creciendo, aprendí que la expectativa de que alguien te salve de ser quien eres o de lo que has o no has hecho es una falacia. Es demasiado esperar que alguien más se encargue de llenar un vacío en tu interior. Eso no le corresponde a un amigo o a tu pareja, sino a ti.

¿Puedes identificar en qué momento se expandió tu entendimiento del amor?

Parte de esa lección fue encontrar una historia de amor con mis amigos en mis veintes, cuando me di cuenta de lo profundas, sinceras, generosas y consistentes que podían resultar esas amistades. Lloviera o relampagueara, aunque fueran las dos de la mañana, siempre estábamos disponibles para hablar y ayudarnos con todo, sin importar lo que fuera. Esas amistades me alentaron a cuestionarme quién era como persona: en qué creía y por qué lo creía.

41

La otra parte fue el entendimiento gradual de que nada es consistente y nadie es perfecto. Todos pueden decepcionarte, incluso tus padres. Una vez que lo acepté, dejé de esperar conocer a alguien que me salvara o me facilitara la vida. Soy bastante sensata y equilibrada; no necesito un héroe. Si llego a conocer a alguien, será un humano común y corriente tratando de encontrar su camino en el mundo, alguien con defectos que cometerá errores, al igual que yo.

¿La comprensión de que, además de una relación, hay muchas formas de amar y ser amado tuvo que ver con esa aceptación?

Sí, encontré amor en mis amistades, en mi trabajo y en mi fe. Antes mencioné que nada es consistente, pero eso no es del todo cierto. Incluso durante mis complicados años adolescentes y mis solitarios veintes, o cuando mis relaciones familiares y de amistad eran inciertas, Dios siempre ha sido la única presencia sólida y consistente de mi vida. La gente podría preguntar: «¿Cómo es posible que una persona racional crea en un solo Dios?». Tal vez les parezca una locura creer en un ser omnipotente que controla todo el universo. Pero, para mí, la fe es amor. Es algo en lo que puedo confiar y que me da un sentido de pertenencia. Está ahí, la sienta o no, incluso en tiempos desesperados. Cuando uno se siente completamente solo y a la deriva, una corta oración puede darte la fuerza necesaria para acceder a ese lugar interior donde se encuentra el amor.

¿Alguna vez te has sentido distanciada de tu fe?

Sí, durante un tiempo. Hubo un periodo en mi vida en el que mi único objetivo era convertirme en una escritora exitosa. Pero me di cuenta de que, con cada éxito, mi espiritualidad se reducía. Recuerdo un día en que estaba orando, hablando con Dios, y dije que si el precio de mi éxito era perder mi espiritualidad, entonces no lo quería. Prefiero tener paz y autoconocimiento que estar luchando una y otra vez por alcanzar el éxito en un sistema que está diseñado para que siempre quieras más y más. Al vivir en una sociedad muy individualista, siempre nos enfocamos en lo que queremos y lo que merecemos, y nos olvidamos de que el mundo no nos debe nada. Existen miles de millones de personas en el planeta y, en el gran esquema de las cosas, no somos sino una parte diminuta del todo. Mi fe es una brújula que de manera constante me recuerda eso y me ayuda a mantenerme humilde.

La fe ha sido una forma de amor en tu vida. ¿De qué otra forma ha moldeado la manera en que ves el amor en un sentido más general?

Me ayudó a dejar de querer controlar cómo se desarrolla mi historia de amor o mi vida a largo plazo. Renunciar a ese control implica tener fe en que las cosas ocurrirán como tengan que ocurrir, y si algún plan no sale de acuerdo con lo contemplado es porque hay algo más esperando por ti, solo que aún no lo sabes. Hace poco escuché un pódcast sobre estoicismo y encontré una conexión con el islam. En ambos existe la idea de entender que lo único que podemos controlar es cómo reaccionamos a las situaciones y cómo tratamos a los demás. Por lo tanto, la fe ha cambiado la forma en que veo el amor porque, en lugar de centrarme en mí misma, me enfoco en las personas a mi alrededor. Me ha demostrado que el significado de la vida proviene de la bondad y de la compasión que mostramos a otros, así como de una aceptación profunda y pacífica que nos permite enfrentar los desastres y las alegrías directamente con la misma clase de sensatez.

Creo que mi falta de control en el amor es una de las cosas con las que más he lidiado, ya que por lo general tenemos la ilusión de estar en control y eso puede resultar muy confuso.

Sí, definitivamente. Caemos en el engaño de creer que tenemos el control. Por ejemplo, pensemos en las citas: es un proceso muy tenso. Uno se concentra muchísimo en encontrar a alguien para construir cierto estilo de vida, entonces conoces a alguien y piensas: «Ah, es agradable, me gusta y le gusto». Pero antes de siquiera llegar al siguiente nivel, ya estás imaginando todo lo que podrías perder si pierdes a esa persona; estás perdiendo la idea que tenías del futuro. Estás tan enfocado en esto que ignoras las señales que te dicen que tal vez no sea la persona correcta para ti. Pero cuando renuncias a querer controlar cómo se dan las cosas, reduces el miedo de perder algo. Esto es importante, ya que el miedo a la pérdida nos lleva a tomar malas decisiones cuando se trata del amor.

Mencionaste que, así como los amigos y tu fe, el trabajo también es para ti una forma de amor. ¿En qué sentido?

Un amigo me preguntó una vez: «Si tuvieras que elegir entre casarte con el amor de tu vida y escribir, ¿cuál elegirías?». Respondí que escribir. Creo que escribir es el amor de mi vida, porque puedes entender mejor la condición humana a raíz de ello. Todos buscamos la verdad, y yo la encuentro en las palabras. Como escritora, les muestras a los lectores parte de ti. En retrospectiva, me doy cuenta de que el propósito que encontré en mi trabajo puede ser el amor que estaba buscando. Todos queremos pertenecer, y aunque puedes encontrar ese apoyo o «ancla» en tu familia, por ejemplo, tus parientes también tienen su propia vida. No pueden ser absolutamente todo para ti. Supongo que eso es lo que la gente busca en una pareja; necesitan sentirse ancladas a otra persona de manera inextricable. Yo obtengo esa sensación por medio de la escritura, porque, sin importar las altas y bajas en mi vida, me siento conectada y anclada a mi trabajo. Sigo estando abierta a tener una relación romántica, pero quiero que el amor sea solo una parte del rompecabezas de mi vida, no la imagen completa.

Ese es el punto al que todos queremos llegar, pero las expectativas de los demás dificultan el viaje. ¿Alguna vez te has sentido presionada por la sociedad para tener una relación? Y de ser así, ¿cómo lograste librarte de eso?

Incluso si uno se siente bien estando soltero, en cuanto alguien siente lástima por ti, es inevitable pensar: «¿Acaso no estoy llevando la vida que debería?». Pasamos toda la vida tratando de alcanzar metas impuestas por alguien más. Perdemos de vista quiénes somos, porque estamos demasiado ocupados persiguiendo cosas externas. En lo que se refiere al amor, eso significa que la gente busca lo que está fuera de ella (una pareja) y pierde de vista lo que está dentro de sí (el potencial de desarrollarse y entenderse).

Existe un sistema rígido en el que tenemos que haber hecho ciertas cosas cuando cumplimos cierta edad. Eso estaba tan consagrado en mi subconsciente que ni siquiera lo cuestionaba. Empecé a tener citas en mis veintes porque era lo que se suponía que debía estar haciendo, no porque quisiera. Soñaba con desearlo. Veía películas sobre desearlo. Pero, en realidad, no estaba lista para una relación. También había visto la manera en que le presentaban «pretendientes» a mi hermana y sabía que no quería pasar por eso, porque la mayor parte de los matrimonios arreglados que conocía eran un total desastre. Mi padre falleció cuando éramos muy jóvenes, así que, ya que mi mamá estaba criando a dos hijas por sí sola, tenía mucha presión para asegurarse de que la mayor se casara. Ella sabía que yo no lo haría, pero sigo teniendo esa presión. De hecho, hace poco mi cuñado me dijo: «Ayisha, ya es tiempo de que te cases». Y cuando voy a bodas o a reuniones familiares, la gente suele señalar que sigo soltera. Parte de descubrir lo que en verdad quieres hacer con tu vida implica ser selectivo sobre las personas que te rodean, así que ahora evito en la medida de lo posible ir a lugares donde sé que me interrogarán por no estar casada. Porque no lo hacen por amor o genuina preocupación, solo por entrometidos.

En cuanto a tener citas, encontré la manera de hacerlo bajo mis propios términos. Nunca he sentido gran interés por tener hijos, y ya sin la carga de querer ser madre, puedo enfocarme en buscar una persona con la que en verdad quiera estar, lo cual me permite tomar el proceso con más calma.

¿Qué consejo le darías a alguien a quien le cuesta trabajo encontrarle significado a su vida más allá de una relación?

Descifra qué es aquello que estás buscando afuera y que no has podido encontrar dentro de ti. ¿Buscas una relación porque en verdad lo deseas o lo haces porque no te amas lo suficiente y crees que encontrar a alguien que te ame te validará de alguna forma? A veces la gente entabla relaciones para validar aquello que siente que le falta. Mucho de esto tiene que ver con el autocuestionamiento. Por otro lado, sentirse satisfecho de estar soltero es una gran bendición, pero también hay que asegurarse de no tomar decisiones basadas en la apatía, el conformismo o el temor. Podemos ser tan cínicos cuando se trata del amor que a veces me pregunto si no terminamos perjudicándonos. Esta idea de, por así decirlo, «ser una mujer fuerte e independiente que no necesita un hombre» puede ser peligrosa, porque ser fuerte no significa que no necesites a otras personas. No nacemos para estar solos; necesitamos vivir en comunidad, independientemente de cómo busquemos esa compañía: en una pareja, en tus amistades, en tu familia. Creo que es peligroso alejarse del amor para reivindicar tu feminismo cuando, en realidad, uno aprende a conocerse en relación con aquellos que nos rodean. También es posible encontrar independencia en tus conexiones con los demás.

¿Qué desearías haber sabido antes sobre el amor y cómo encontrarlo?

Pasé mucho tiempo pensando que el amor consistía en poner mis expectativas en alguien para que me viera por lo que soy y me amara a pesar de todo. Pero, en realidad, eso es algo insostenible para cualquier persona, ya sea tu pareja, tu hermano o tu mejor amigo. La gente te ve de modos distintos, y nadie, ni siquiera tus padres, puede verte en tu totalidad. Así que lo importante es encontrar a todas las diferentes personas a las que puedes amar y apreciar lo positivo que cada una de ellas aporta a tu vida.

Me he preguntado en varias ocasiones por qué solía aferrarme a relaciones miserables hasta que la otra persona se decidía a terminarlas. ¿Por qué preferimos hacernos más daño a futuro negando una verdad dolorosa en el presente? Muchos de nosotros lo hacemos. Casi todas mis amistades lo han hecho alguna vez. Una amiga solía andar con un hombre que se comprometía a acompañarla a eventos familiares, como bodas o bautizos, y siempre cancelaba en el último momento. Otra se aferraba a una relación con un tipo que olvidaba todos los eventos importantes de su vida (entrevistas de trabajo, exámenes de conducir, la cirugía cardiovascular de su madre), a pesar de que ella había asistido a todos los eventos o partidos de futbol que eran importantes para él. Otra amiga seguía con alguien que le daba regalos desconsiderados, como una cuchara extraña o una sola maraca, y una más estaba con un sujeto que la invitaba a salir sin acordar la hora y el lugar, así que ella pasaba todo el día esperando ansiosa hasta que se veía obligada a escribirle para preguntar si la cita seguía en pie.

Cuando tuve experiencias similares, hubiera deseado saber que es más aterrador tener una relación que te empequeñece que estar soltera. Y que la forma de enfrentar ese temor es buscar distintas maneras de sentirse menos solo. Después de hablar con Ayisha me di cuenta de que, cuando nuestra felicidad deja de depender de una sola persona, no solo encontramos la confianza necesaria para cuestionar una relación que no está funcionando, sino que podemos tener una vida más variada e interesante. Como ella dijo, nadie es capaz de vernos por completo.

También aprendí que para construir una relación romántica sólida es necesario ser autosuficiente y entendernos: dos cosas que había perdido en mis relaciones anteriores. Antes de poder encontrarlas, como explicó Ayisha, tuve que descifrar qué es lo que estaba buscando en el exterior que no podía encontrar dentro de mí, y entender quién era en el presente y en relación con mi pasado.

Después de cuatro años de entrevistar gente sobre el amor, me di cuenta de que muchos de nosotros tenemos en común un temor secreto: no ser lo suficientemente buenos. Sin embargo, me sorprendió descubrir que la psicoterapeuta Philippa Perry también solía sentirse así. La autora del exitoso título *El libro que ojalá tus padres hubieran leído (y que a tus hijos les encantará que leas)* es alguien a quien yo y miles de personas alrededor del mundo recurrimos para tratar de entender cómo nuestra infancia influye en nuestras relaciones adultas. Así que después de enterarme de que ella también solía pensar que no era digna de recibir amor, recordé que estos problemas no son casos aislados de fracasos individuales, sino experiencias humanas ordinarias que todos compartimos.

Quería descubrir cómo podemos encontrar algún sentido entre todo este desastre de malentendidos, tanto de nosotros mismos como de los demás, y así empezar a construir un amor verdadero, y no una fantasía. Ya había experimentado los primeros tumultuosos meses de una relación infeliz, así que me preguntaba: ¿cómo sería el inicio de una buena relación?

NADIE ES LA PERSONA «INDICADA» PARA ALGUIEN MÁS
Entrevista con Philippa Perry

NL: ¿Cuáles son los beneficios de enamorarse lentamente?

PP: Lo que hace que una relación de pareja resulte satisfactoria no es pensar desde el principio que «es el indicado o la indicada para mí». No existen las «personas indicadas». De hecho, lo que las vuelve indicadas es el compromiso. Cuando estás comprometido con alguien y existe un verdadero diálogo entre ambos, eso quiere decir que has permitido que la otra persona tenga impacto en ti y viceversa. Ya no tienes una perspectiva rígida e inflexible, sino que te acoplas. Es como frotar dos piedras hasta lograr que encajen. Primero vienen los años de atracción sexual hasta que desarrollan algo más profundo que los enlaza. En vez de tener una relación con tu fantasía de la persona, empiezas a tener una relación con el ser humano real; han tenido un impacto mutuo suficiente como para llegar a conocerse en verdad, y conocer a alguien es amarlo. Así pues, se transforman el uno al otro en la persona indicada. No existe nadie que encaje a la perfección con alguien más, sino que eso debe desarrollarse a lo largo de la relación. Es por eso por lo que las relaciones van mejorando con el tiempo, porque permitimos ese impacto mutuo.

Cuando conociste a tu esposo Grayson, ¿sentiste una atracción instantánea o fue algo gradual?

Asistíamos a las mismas clases vespertinas y yo pensaba: «Oh, qué chico tan grosero». De hecho, salí a tomar algo con otros chicos de la clase antes de salir con él. Al principio no hubo atracción alguna, pero al cabo de seis meses congeniamos de tal manera que los encuentros casuales se convirtieron en amor. En realidad, esa me parece una forma más satisfactoria de comenzar una relación. La única posibilidad de que conozcas a alguien y en una sola cita pienses que quieres volver a verlo es si tienen «química», lo cual es genial para un encuentro casual, pero no es un indicador de amor a largo plazo. Frecuentar a alguien ocurre en una situación en la que te acostumbras a estar cerca de esa persona. Cuando te gusta o amas a alguien, es porque amas la versión de ti mismo cuando estás a su lado, y eso toma tiempo. Tienes que dejarlo entrar.

¿Por qué a tanta gente se le dificultan las etapas iniciales del amor?

A veces queremos convertirnos en la fantasía de la otra persona, para no perderla. Entonces, puede que perdamos un poco nuestra forma, lo que no es igual a permitir que haya un impacto mutuo. Lo primero es adaptarse, y eso es malo a la larga porque cambias de forma para complacer a otra persona; mientras que, en el caso de un impacto mutuo, no es necesario fingir para complacer a nadie. Permites el impacto porque así es el flujo del diálogo y, con suerte, ambos lo hacen.

Quisiera hablar sobre transferencia erótica mutua. ¿Podrías explicar este concepto y cómo puede afectarnos cuando conocemos a alguien?

Solemos conectar con aquello que nos resulta familiar porque nos hace sentir bien. Nuestro cuerpo tiene recuerdos inconscientes: la forma en que el cabello de tu nana se sentía sobre tu frente o los paseos en la espalda de tu papá. No tenemos recuerdos de esos sentimientos porque nunca se expresaron en palabras: son recuerdos preverbales. Sin embargo, eso no quiere decir que no resuenen profundamente en nosotros cuando los vemos o sentimos de nuevo. Por ejemplo, supongamos que un chico y una chica se conocen y, aunque él no lo sepa, los tobillos de ella le recuerdan a los de su madre. Él tendrá una sensación familiar, como si volviera a casa. A pesar de que estos son recuerdos preverbales, se sienten bien, así que uno podría decir: «En cuanto lo conocí, supe que era para mí».

El cuerpo puede conectar con muchas cosas: el sonido de la risa o la entonación de una persona al hablar. Son como fantasmas de un recuerdo, y cuando nos aferramos a ellos (en especial a los que tienen asociaciones positivas) nos sentimos de maravilla.

¿Te parece que algunas relaciones corren el peligro de caer en un patrón en el que uno de los dos se vuelve la figura paterna y el otro el niño?

¡Sí, y no es nada bueno! En todas las relaciones existen roles distintos, y es bueno compartirlos. Los más dominantes son aquellos que yo llamo «el soñador» y «el contador». Uno de los dos es el que tiene todos esos grandes sueños («¡Hay que mudarnos un año a Tailandia!» «¡Hay que poner un negocio!») y el otro es el que se encarga de la logística (pensar en los impuestos, pagar las cuentas, reservar los vuelos). En mi primera relación, yo era la soñadora y mi esposo se encargaba de los impuestos y las cuentas. En mi relación actual, con regularidad me veo obligada a asumir el papel de la contadora mientras que Grayson se encarga de soñar, y yo me resisto a esto. De otro modo, me la pasaría abriendo sobres y haciendo listas, sin dejar espacio para expresar mi creatividad. Lucho por mi turno para ser la soñadora.

Hay relaciones que atraviesan malos momentos y otras que simplemente son malas. ¿Cuáles crees que sean las señales de que se trate del segundo caso?

Cuando empiezas a sentirte solo. Si el otro te ve más o menos como tú te ves a ti mismo, o incluso tal vez exaltado por la forma en que otra persona te ve, entonces te sientes realizado dentro de la relación. Si, por el contrario, estás siendo menoscabado, entonces te sientes insatisfecho. Si sientes que el otro no te ve en absoluto, y que la otra persona sigue teniendo una relación con su fantasía de ti en vez de contigo, te sientes solo. ¿Y si es una fantasía negativa? Es una relación tóxica.

¿Alguna vez has estado en una relación en la que sentías que no te veían?

Cuando conocí a mi primer esposo, empecé a creer que no era nada sin él, porque no pensaba que fuese lo suficientemente buena. Él tenía lindos pómulos, pero no me respetaba mucho. Mis amigos del trabajo me decían: «Creo que no te conviene».

También pensaba que nadie quería ser mi amigo, y que solo querían ser amigos de él porque era muy ingenioso. Mis amigos me repetían una y otra vez: «¡No! Somos tus amigos. No salimos contigo por él», pero era como si no los escuchara.

Un fin de semana en el que él estaba de viaje, invité a unos amigos a comer. Mientras estaba montando una mesa plegable, me machuqué la mano y empecé a sangrar mucho. Les llamé para avisarles: «Me temo que debo cancelar; tengo que ir al hospital». Y no podía creer lo que ocurrió: fueron a verme al hospital y se portaron muy amables conmigo todo el día. Después, cuando mi esposo llegó a casa y vio mi mano vendada, me reclamó: «Ay, Dios, siempre te tiene que pasar algo». En vez de aceptarlo como un comentario normal, pensé que era una actitud muy distinta a la simpatía de mis amistades. «Hmm, esto no me agrada. Tengo que ponerle fin». En cuanto me di cuenta de ello, fue sencillo. Fue como despertar.

Si alguien con quien pasas gran parte del tiempo te dice que no vales mucho, eso empieza a afectar tu confianza. Así que cuando mis amigos me dijeron: «Oye, no, soy amigo tuyo, no de tu esposo», fue de gran ayuda para mí. Eso ocurrió cuando estaba por cumplir 30 y tenía un trabajo que me gustaba con compañeros agradables. Empecé a verme de un modo distinto y me di cuenta de que no me agradaba quien era cuando estaba con mi primer esposo. Porque cuando te agradas a ti mismo estando con alguien más, te das cuenta de lo importante que es rodearte de gente que te haga sentir así. Ellos reflejan tus mejores cualidades y así te das cuenta de que las tienes.

Creo que una de las razones por las que las personas se quedan en ese tipo de relaciones es porque sienten que no merecen amor. ¿De dónde crees que provenga este sentimiento?

Creo que puede ser porque, cuando eran niños en formación, pensaban que tenían que ser de cierta manera para que los amaran, fuese o no cierto. Tal vez piensen: «Si me conocieras en realidad, no me amarías», porque sienten que su verdadero «yo» no recibió amor. Si creciste con padres que siempre estaban apurados o estresados, tal vez solo te felicitaban cuando tratabas de ser una persona distinta para llamar su atención. Lo que ocurre entonces es que creas una coraza brillante a tu alrededor que les agrada a los demás y te hace sentir bien, pero esa coraza es una mentira, una especie de identidad forzada, y no tu verdadero ser.

Cuando las personas vienen a terapia por primera vez, suelen decir la misma frase, de maneras distintas: «Si me conocieras en verdad, no te agradaría». Así que yo les digo: «Muéstrame lo peor». Incitar a las personas a decir sus pensamientos negativos en voz alta les demuestra que no son malas. En muchos casos, se sienten así no por haber hecho algo malo, sino por una vergüenza que flota a su alrededor porque desde pequeños aprendieron a creer que eran malos.

Además de ir a terapia, ¿cómo podemos ser más amables con nosotros mismos a pesar de esos pensamientos negativos?

Todos tenemos una voz interna crítica o ansiosa. Escribir las cosas ayuda a transformar todos los «¿qué tal si...?» en «sí, ¿y qué?». Tus amigos o tu pareja pueden también retarte cuando estás neurótico, pues escuchar las ideas de los demás, siempre y cuando sean bienintencionadas, es terapéutico. Se trata de encontrar a alguien con quien puedas ser tú mismo sin tener que actuar, sin tener que fingir que eres el alma de la fiesta o la persona exitosa que tiene todo bajo control. Alguien con quien puedas experimentar ser vulnerable y te acepte. Eso puede hacerte sentir como alguien nuevo. Y cuando te arriesgas a ser vulnerable con otros, y ellos te aceptan tal y como eres, se siente increíble.

¿Por qué es difícil para algunas personas pedir que se satisfagan sus necesidades en una relación?

Durante los últimos 100 años más o menos, hemos educado a los niños para que no pidan nada, porque eso es molesto. Los niños aprenden que «los que piden no reciben». Y luego, cuando son adultos, piensan que sería egoísta decir: «Me siento bien cuando me envías un mensaje de texto para desearme buenas noches antes de dormir». No suena como mucho pedir, ¿o sí? Pero de algún modo se siente como un favor enorme, debido a pequeños comentarios como: «Ya te he dicho dos veces que no me llames después de mi hora de dormir». Los padres no lo hacen con mala intención; piensan que tienen que hacerlo para que no te conviertas en un molesto pedigüeño. Sin embargo, ocurre lo contrario, porque si no pides que satisfagan tus necesidades, no lo harán, y eso te puede volver demandante.

¿Dirías que encontrar el amor en tus amistades o tu comunidad, así como en una relación, es importante para mejorar tu autoestima?

La idea de que una conexión debe provenir completamente de una sola persona es ridícula. Es obvio que me gusta estar casada; de otro modo, no llevaría 30 años con el mismo hombre. Él es alguien con una curiosidad insaciable, lo amo y me encanta estar con él, pero colocar el amor de pareja por encima del *agápe* (amor caritativo por los desconocidos o por Dios), *philia* (un vínculo de amistad) y *storgé* (amor entre padres e hijos) no ayuda. Necesitamos más que el amor de una pareja, ya que este puede ser demasiado introspectivo si no existen otras formas de conexión. Por eso es importante preguntar: ¿de qué forma puedes demostrar amor a tu grupo de amigos o a tu comunidad? ¿Cómo puedes derribar las barreras para sentirte aceptado en esas relaciones?

Entonces, tal vez el punto es esforzarnos por encontrar distintas formas de amor en vez de pensar: «Tengo que estar satisfecho por mi cuenta».

Pensemos en tribus cazadoras y recolectoras; sus miembros rara vez están solos. Somos animales que viven en manadas. Así pues, la ideas de irnos de vacaciones solos o de hacer un esfuerzo sobrehumano para abrirnos camino por nuestra cuenta son tonterías. Si no te gusta estar solo, no te gusta, y eso está bien. Obligarte a hacer algo cuando cada célula de tu cuerpo grita «no» solo produce pánico. Es difícil distinguir entre obligarte a hacer algo que no es bueno para ti y tener miedo a hacer algo que sí es bueno para ti. Si el temor es una buena fuente de motivación para ti, no lo evites, siéntelo y hazlo de cualquier modo. Pero es distinto si esa enorme fuerza de voluntad nace solo de la presión social.

¿Qué desearías haber sabido antes sobre el amor?

Que no es necesario preocuparme por no ser suficientemente buena. Y que el amor se trata de encontrar un hogar. Nuestros padres no vivirán para siempre, así que pienso que debemos encontrar una tribu, una familia, una comunidad o un grupo con el que nos sintamos como en casa. Un lugar en el que nos vean y podamos ver a los demás.

En mis veintes, me dejaba llevar por las relaciones románticas. Así que, en mis treintas, estaba decidida a no cambiar por nadie. Sin embargo, Philippa me mostró que parte de enamorarse es permitir que la otra persona tenga un impacto en ti. Como dijo ella, no somos rígidos e inflexibles, sino que nos alteramos el uno al otro, como «frotar dos piedras hasta lograr que encajen». ¿Cuál es la distinción clave que debemos hacer aquí? Cambiar para conservar el interés de una pareja se llama «adaptación», lo cual es malo porque estás moldeando tu identidad para complacer a otros. Mientras que cambiar juntos es un «impacto mutuo», porque no estás fingiendo para complacer a nadie; más bien, existe un crecimiento tanto individual como conjunto.

En mi opinión, la verdad es el núcleo del amor. Como me dijo alguna vez una mujer llamada Gill Hammond: «Cuando logran llegar a la verdad, incluso si no resuelven el problema, logran conectarse de cierta forma». Y cuando no decimos la verdad, cuando actuamos o fingimos en el amor, o probamos distintas versiones de nosotros mismos para obtener la aprobación de alguien, le estamos abriendo la puerta a la soledad. Aunque tratamos de atraer el amor, en realidad estamos bloqueándolo. En vez de hacer que nos conozcan y nos vean, nos ocultamos y reprimimos.

La solución obvia es no fingir ser alguien que no eres y, a la vez, permitir que la persona con la que sales llegue a conocerte (y viceversa). Casi todos sabemos esto. Y aun así, muchos lo evitamos. Porque ser tú mismo en una relación implica un riesgo. Significa mostrar a alguien aquellas partes que te conforman (las manchas debajo del maquillaje; la inseguridad escondida en el cinismo) y armarte de valor para decir: «Este soy yo. Tómalo o déjalo». Y decirlo en serio.

La autora Juno Dawson es un ejemplo de alguien que tomó ese riesgo y que estaba dispuesta a alejarse con tal de poder ser ella misma por completo. Fue una decisión que tomó después de años de hacer lo contrario. Durante los primeros 29 años de su vida, Juno se presentaba ante el mundo como un hombre. No fue sino hasta su transición que pudo vivir como ella misma, como una mujer, y dejar de actuar en sus relaciones y en su vida. Así que me interesaba saber, ¿cómo cambió su experiencia en la búsqueda del amor después de atreverse a ser ella misma? ¿Esta honestidad le facilitó dejar al amor verdadero entrar en su vida?

LA BRECHA ENTRE QUIENES SOMOS
Y QUIENES FINGIMOS SER
Entrevista con Juno Dawson

NL: Antes de tu transición, ¿sentías que esa sensación de no terminar de entenderte a ti misma dificultaba que el amor entrara en tu vida?

JD: Era como si siempre tuviera algo en la punta de la lengua, algo que no acababa de entender. Ahora me parece obvio, porque cuando te presentan como «mi novio» o te proponen matrimonio refiriéndose a ti como «futuro esposo», utilizan palabras que se refieren a un rol de género muy específico, y yo no lograba identificarme con eso. Tampoco entendía lo que los demás podían ver en mí, porque se estaban enamorando de un hombre que en realidad se sentía como una mujer; todo era una farsa. Para todos nosotros, es difícil no actuar un poco cuando tenemos una cita, y en mi actuación trataba de ser alguien que no era: un hombre. Así que cuando empecé mi transición pensé: «Tal vez nunca vuelva a tener un novio, pero al menos seré yo misma. Tal vez muera sola, pero moriré como mujer». Sabía que, incluso si ningún hombre volvía a desearme, estaba haciendo lo correcto. Tenía a mis amigos, a mi perro y una vida bastante buena. Para mí, era más importante ser yo misma y ser soltera que continuar fingiendo. (Tal vez esa sea una lección que todos podamos aplicar). Así que, por suerte, tomé esa decisión, y resultó que había todo un mundo lleno de amor esperándome después de mi transición.

¿Piensas que, sin importar a quien hubieses conocido, habría sido imposible que una relación funcionara antes de ese punto?

En retrospectiva, el amor antes de mi transición siempre iba a ser algo imposible. No porque fuera demasiado selectiva, ni porque eligiera a los hombres equivocados, sino porque tenía mucho trabajo que hacer en mí misma antes de encontrar el amor. En particular, salí con dos chicos encantadores que tenían todo lo que estaba buscando, pero aún sentía que algo me faltaba. Y ese hueco no tenía nada que ver con las otras personas, sino conmigo y con el hecho de que me estaba ocultando de mí misma.

Incluso cuando decidí dejar de ocultarme, mi transición fue un proceso lento, difícil y frustrante, repleto de listas de espera, procedimientos médicos, píldoras, doctores y 18 meses de terapia. Esa historia de que vas con tu médico de cabecera, pasas por un túnel y sales convertida en una mujer es un mito de los tabloides. Trabajé mucho con mi terapeuta para descubrir el origen de la intensa insatisfacción que sentía. Llegué a un punto en el que simplemente dije: «Escucha, tengo que intentarlo; llevamos un año hablando al respecto. Tengo que empezar a vivir como Juno y ver qué pasa». Y si eso me hubiese hecho sentir desdichada, tal vez las cosas habrían sido distintas. Pero, poco a poco, me fui sintiendo más y más feliz, y no he mirado hacia atrás desde entonces.

¿Cómo te sentías saliendo con alguien después de tu transición?

Es como cuando al fin logras resolver una adivinanza. Pasé los primeros 29 años de mi vida luchando contra un gran enigma. Una vez que logré superarlo, se liberó espacio en mi cabeza para otras cosas, incluyendo el amor. Cuando cumplí los 30 y empecé a salir con otras personas, por primera vez pude dejar de fingir en una cita. Me sentaba y decía: «Hola, ¿qué tal? Mi cuerpo está por experimentar una gran transformación y mi vida es algo complicada. Esta soy yo». Un tipo me respondió: «Qué bien, aprecio la honestidad. Veamos qué pasa». Y seguimos viéndonos. Estaba impactada, porque pensaba que nadie estaría interesado, sobre todo en alguien que apenas empezaba con su transición. Era un chico encantador, pero era demasiado pronto; en ese momento, la prioridad tenía que ser yo. Sin embargo, cuatro años después, cuando conocí a Max [el prometido de Juno], ya me había descubierto a mí misma y mi vida era más tranquila. Además, ya tenía treinta y tantos, y buscaba algo más serio. Tal vez la madurez fue otro factor que ayudó.

Cuando conociste a Max, ¿se sintió diferente a tus relaciones anteriores?

Cuando nos conocimos, yo seguía mal por una relación terrible que acababa de terminar con alguien que me hizo perder el tiempo. Me convirtió en alguien enloquecida e insoportable que no podía dormir por la incertidumbre de que él tardara hasta tres días en responder a mis mensajes. Esa es una lección importante en el amor: ¡nadie está demasiado ocupado como para responder a un jodido mensaje!

Después de eso, volví a descargar Tinder; Max le había dado *like* a mi perfil, obviamente en el periodo que no tuve la aplicación. Acepté tomar una copa con él, pero seguía estando de mal humor. En ese momento le deseaba lo peor a toda la humanidad y asumí que, después de que volviera de un viaje de trabajo, la relación de seguro terminaría. Pero entonces tuvimos una segunda cita: fuimos a comer pizza y la pasamos bien. Me di cuenta de lo ingenioso y amable que era. Me dije a mí misma: «Esta no es una conversación que podría tener con cualquier persona». Unos meses después atravesó una crisis de salud, y casi se queda ciego luego de una cirugía de desprendimiento de retina que salió mal. En ese momento comprendí lo mucho que me importaba.

Diría que esta relación no es distinta, sino que yo lo soy. Estar con alguien requiere mucha preparación emocional: en vez de dramas, hay acuerdos. En lugar de berrinches y salidas tempestuosas, aprendemos a leer las señales, a saber cuándo retroceder, cuándo ceder y cuándo no. Y es difícil navegar todo esto si no te entiendes a ti mismo. En mi opinión, esto es lo que deberían enseñar en las escuelas.

¿Qué desearías haber sabido antes sobre el amor y cómo encontrarlo?

Que es como mezclar pintura: a veces, cuando combinas dos personas, el resultado es un color horrible. Hay quienes sacan los peores colores en ti y, si ese es el caso, el problema es la relación, no tú. No es obligatorio dejar de dormir o pasártela llorando por amor. No deberías pelear para obtenerlo. Si se siente como una batalla, no pierdas el tiempo.

Juno me recordó que debemos esforzarnos por tratar de entender nuestros verdaderos sentimientos, el motivo real por el que una pequeña crítica nos molesta o por qué nos enfurruñamos cuando nos sentimos inseguros. Siempre estaremos tentados a ocultarnos de nosotros mismos; lo importante es darse cuenta de esto y poner resistencia para encontrar la manera de que la honestidad prevalezca en nuestras relaciones. (Ah, y también hay que recordar una lección que podría ahorrarnos muchos años de sufrimiento innecesario: nadie está demasiado ocupado como para responder a un mensaje).

CAPÍTULO 2

El insoportable peso de lo desconocido

«Creo que nuestra labor, nuestro "deber"
incluso, es soportar la carga del misterio
con toda la gracia que podamos».

ELIZABETH STROUT, *Olive, Again*

Cierto domingo, en un café a dos calles de mi casa, un hombre se sentó en la mesa junto a mí. Yo tracé una imagen mental de él con los pocos detalles disponibles: rostro de expresión amable; un suéter tejido de color azul marino que me hubiera gustado pedirle prestado; el libro que estaba leyendo (*El jurado*, de John Grisham). Parecía la clase de persona que, por educación, seguiría mostrándose entusiasmado cuando tus padres le contaran la misma historia por tercera vez, y que limpiaría el fondo del bote de basura en vez de ignorar la mugre y colocar otra bolsa negra encima. La clase de pareja que te dice cosas como «¡puedes hacer lo que sea!» cuando dudas de tus capacidades, y lo dice en serio. La clase de pareja que responde a tus mensajes de texto inmediatamente después de recibirlos. En ese momento pensé que quizá esa sería la manera en que conocería a alguien. No en una aplicación de citas, sino en la vida real, en una cafetería un domingo por la mañana, haciendo plática sobre un libro de John Grisham desde una mesa cercana. Recordé lo que decía esa canción de Lou Barlow: «Cualquiera puede ser tu nuevo amor». Entonces llegó una mujer, su novia, se sentó frente a él y dijo: «Perdón por el retraso». Me quedé viendo fijamente la pantalla de mi laptop mientras destruía la imagen mental de ese hombre que mi imaginación había creado. Así pasé el ocaso de mis veintes: siempre creyendo que estaba a punto de conocer a alguien, detectando oportunidades en cualquier parte, y luego sintiéndome un tanto patética cuando estas no se materializaban. La búsqueda era una distracción constante: como si estuvieras hablando con un amigo en una fiesta, pero te la pasaras mirando por encima de su hombro para ver quién más llega. Excepto que, en vez de perderme una conversación, me estaba perdiendo mi vida.

Mucho antes de escuchar a Alain de Botton cuestionarse por qué tendemos a sentirnos más solos los fines de semana que los demás días, mis domingos solían pasar de manera más lenta. Para que mis mañanas no fueran tan tediosas, tenía que encontrar un motivo para levantarme temprano, bañarme, vestirme y salir de mi departamento, así que solía ir a un pequeño café mediterráneo con mi laptop y el periódico dominical. «¿Mesa para uno?», preguntaba siempre el mismo mesero. «Sí, por favor», respondía yo. «¡Cerca de un enchufe!». Aunque el resto de los clientes eran desconocidos, me agradaba tener su compañía. Cuando me esbozaban una sonrisa cálida o me hacían una pregunta amable, me sentía conectada a algo, incluso si aún no estaba segura de lo que significaba exactamente ese sentimiento.

En ese momento, todos mis amigos cercanos, salvo uno, tenían una relación. Estaban demasiado ocupados como para vernos los domingos y siempre se quejaban de su falta de tiempo. Ansiaban que el día tuviera más horas: tenían bolsas de recuerditos para fiestas infantiles que llenar, suegros que recibir, parrilladas domingueras que organizar. Tenían menos tiempo, así que lo apreciaban más; yo tenía demasiado tiempo a mi disposición, así que lo apreciaba menos. Sabía que el tiempo es algo precioso que debe usarse de manera más productiva: estaba viva, podía hacer lo que fuera, escribir, ofrecerme como voluntaria, practicar yoga, ir a una galería de arte, tomar una clase de alfarería, salir a hacer nuevos amigos. Estaba resentida con el tiempo por enfatizar mi soledad, y conmigo por desperdiciarlo.

La conclusión más obvia era que no era feliz siendo soltera. Pero debajo de eso se hallaba el temor personal de que siempre lo sería; y, peor aún, una ansiedad proveniente de la incertidumbre. Simplemente no podía enfrentarme a lo desconocido. Era como subir una maleta pesada por las escaleras de una estación: me imaginaba que sería más fácil si hubiera un punto final a la vista, porque cuando logras ver la cima de las escaleras o la meta de una carrera, resulta más fácil encontrar un poco más de fuerza en tu interior para llegar ahí. Lo que me parecía agotador de mi búsqueda por una relación romántica era que no tenía manera de saber a ciencia cierta si existía una meta. Solía decirles a mis amigos: «No me importa que pasen otros 10 años antes de que conozca a alguien, solo quiero estar segura de que algún día ocurrirá».

Es fácil ver ahora la poca visión que tenía respecto a esta porción de mi vida, lo enfocada que estaba en recibir amor, pero no en darlo, en esperarlo en vez de construirlo. Muchas de las cosas que buscaba en una relación, como contacto físico, una conexión, o la oportunidad de convertirme en madre, de hecho estaban a mi alcance y sin necesidad de una pareja. Sin embargo, en aquel entonces, no me daba cuenta del papel que jugaba en mi propia soledad, así que vivía a la sombra de una posible relación incierta.

¿Alguna vez has experimentado el insoportable peso de no saber? ¿Alguna vez has pensado que, si pudieras tener la certeza de que algún día obtendrás lo que anhelas, podrías relajarte? O incluso si sabes que nunca lo obtendrás, al menos diseñarías otro tipo de vida, en vez de desperdiciar energía esperando algo que quizá esté a la vuelta de la esquina: ¿una anhelada relación? ¿Un embarazo? ¿Un empleo en cierta industria? A menos que creas en los psíquicos, todos tendremos que enfrentar algo de esta incertidumbre en el transcurso de nuestra vida: es una parte integral de la existencia. Tal vez nos brinde algo de consuelo saber que, sin importar lo que tengamos o no tengamos en comparación con los demás, todos compartimos esta misma vulnerabilidad ante el azar. Cada día despertamos sin tener idea de cuándo moriremos o lo que podría ocurrir una vez que lo hagamos. Con cuánta facilidad nos olvidamos de esta gran pregunta, que está entretejida en todo lo que nos rodea. Qué pequeñas son el resto de las preguntas en comparación.

No es que sean menos importantes, pero sí más manejables si las ponemos en contexto.

Otro domingo, alrededor de esta misma época, visité a mi abuelita. Su casa solía ser un lugar caótico, siempre desordenado y lleno de gente. Se volvió más tranquilo cuando sus hijos se mudaron, y aún más desde que mi abuelo y sus perros murieron. A sus ochenta y tantos, empezó a tener problemas en las piernas, por lo que se le dificultaba salir y, fuera de algunas visitas familiares, su única compañía era la televisión. «La cosa es, Natasha, que casi todos mis amigos han muerto. Así es la vida, así nos pasa a todos», me dijo aquella mañana. En ese instante, en esa casa tan callada, me di cuenta de que el tiempo avanzaba verdaderamente lento para mi abuelita. Estaba en esa etapa inevitable de la vida en que la salud en deterioro te priva de experiencias, la muerte te priva de tus amistades, y una vida antes caótica se vuelve tranquila.

Mientras conducía de regreso a casa, me puse a pensar cómo los aspectos inciertos de mi vida, aquellos contra los que luchaba, también estaban repletos de posibilidades. Comencé a recordar todo lo que no sabía cuando era bebé, cuando era niña, cuando era adolescente; pensé en todas las experiencias que me quedaban por vivir. Me pregunté si la mayor y peor infelicidad no proviene directamente de lo que te falta, sino que se genera por desear de forma constante tener una vida distinta. Quizá ese sentimiento no sea un estado de nostalgia después de todo, sino una forma de ver las cosas. Una elección disfrazada de una no elección.

Tenía que preguntarme, ¿cuál sería una mejor manera de ver? ¿Cómo seguir adelante cuando la incertidumbre te tienta a caer en el cinismo? Creo que las respuestas se encuentran en algo que la autora Sheila Heti me dijo en una entrevista cuando le pregunté sobre la decisión de tener hijos. Ella me explicó que lo importante no era tomar la decisión «correcta» o la «mejor», sino «unirte de un modo estrecho a lo que sea que estés viviendo». Me explicó que «la vida se vuelve significativa cuando tú le das significado, no es inevitablemente significativa como resultado de tus decisiones». Estábamos discutiendo esto en el contexto de la toma de decisiones, pero creo que también aplica a las circunstancias. Ni la relación romántica ni la familia que buscaba podrían darle significado a mi vida; hacerlo dependía solo de mí.

Esto significaba que debía pensar en mi soledad genuina como una señal de que tenía que hacer un cambio (crear conexiones nuevas y significativas), pero también como una oportunidad. La diferencia entre ambas cosas es algo que Vivek H. Murthy, antiguo director general de Salud Pública bajo el gobierno de Barack Obama, explica en su libro *Juntos*. Hay muchos momentos en los que nos encontramos en soledad, conectados con la naturaleza o con algún propósito o significado, pero no nos sentimos solos. También hay muchos instantes en los que estamos con otros y nos sentimos, como Vivek lo llama, «emocionalmente solos», como yo misma he experimentado en relaciones anteriores. Él escribe que «cuando nos sentimos solos, hablamos de una infelicidad, del deseo de huir de un pesar emocional. En cambio, hallarnos a solas... nos aporta paz... es una oportunidad de pensar con tranquilidad, de conectar con nosotros mismos sin interrupciones ni distracciones». Esta diferencia me hizo darme cuenta de que, además de ser una carga, mi anhelo por encontrar el amor me hacía apreciar más los pequeños momentos de belleza que existen en la soledad:

el sonido trascendental de los instrumentos de cuerda en una canción melancólica; el poder preciso de una oración enunciada a la perfección; la forma en que media docena de pétalos caen de una rosa sin previo aviso, girando en el aire antes de aterrizar. Tal vez, al no tener algo que deseas, descubres otra clase de romance. Y cuando la vida te obliga a vivir en la intensidad de lo desconocido, entre dos posibles futuros, también te brinda la oportunidad de desarrollar recursos internos y un amor que te servirá en tus años venideros.

Parte de mí desearía poder compartir esta epifanía con mi yo más joven, sentada en aquel café, sintiéndose como una tonta por haber armado en su mente un encuentro romántico con el novio de otra mujer. Quisiera decirle que ella también se sentará en esa misma mesa algún día, comiendo panqués con un maestro de primaria con el que acaba de empezar a salir, y a quien llegará a amar. Y que, incluso si ese momento será maravilloso, será solo una de las muchas mañanas que pasará en ese café. Aún falta la taza de café con una nueva amistad que se volverá un gran amor; la que tomará cuando vaya ahí en duelo; el desayuno que compartirá con su hermano a la luz del sol cuando decidan mudarse al departamento que está a la vuelta de la esquina. Y claro, todas las mañanas de domingo en que irá ahí por su cuenta, a escribir este libro, a entender por fin la diferencia entre sentirse solo y la soledad, y lo romántico de tratar de encontrar significado en la segunda. Pero tal vez, aunque pudiera, no se lo diría, porque eso significaría privarla del regalo extraño, complicado y a veces agotador que es lo desconocido. Privarla de la emoción de todos los lugares que le quedan por visitar, todos los rostros por conocer.

Entonces, tal vez esa sea la manera de soportar la carga del misterio con gracia: encontrando humildad donde solías ver autocompasión y oportunidad donde encontrabas ausencia. Diciendo: «Incluso si no obtengo lo que quiero, tengo una buena vida», y prestando más atención a los pequeños detalles que la hacen hermosa. Y recordando que el hecho de no saber lo que ocurrirá después, también quiere decir que todo puede suceder.

Resulta que sí encontré otro amor en esa década; pero, en vez de una pareja, fue una amiga. Conocí a Marisa a los 27 años, cuando me entrevistó para un trabajo como pasante en una revista para mujeres. A pesar de que ella dejó el empleo poco tiempo después para trabajar en un periódico, encontramos formas de coincidir.

Recuerdo aquellos años como un periodo de enamoramiento: riendo mientras bebíamos vino blanco tibio en los bares de Soho, salidas que terminaban con cantineros aburridos que encendían las luces y nos pedían que nos marcháramos. Nunca nos alcanzaba la noche para decir todo lo que queríamos. Nos convertimos en la clase de pareja que yo detestaba encontrarme en la pizzería donde trabajaba como mesera en aquel entonces. Recuerdo una noche en que no nos percatamos de que era hora de irnos hasta que empezamos a oler el cloro, ya que habían empezado a trapear el piso a nuestro alrededor.

A pesar de este romántico comienzo, nuestra relación no fue como el enamoramiento de una chica adolescente, sino una amistad basada en la comprensión mutua. Si por un lado sentía que los hombres con los que salía entonces solo me veían como el bosquejo de una persona, Marisa, por el otro, no solo me veía con claridad, sino que sacaba a relucir todos los colores en mí. Cuando pasas tiempo con una amiga que te hace sentir así, te queda una prolongada sensación de paz. Sus preguntas te acercan a conocerte mejor, y su amor reduce tus inseguridades. Así fue como, amando y sintiéndome amada por Marisa, aprendí a valorarme.

Muchas de las personas con las que he hablado han reflexionado acerca de la posibilidad de encontrar un anclaje similar en una amistad. Ayisha Malik les atribuye a las amistades que tuvo en sus veintes el hecho de haber expandido su visión del amor, mientras que Philippa Perry reveló que haber sido valorada de verdad por sus amigos en el trabajo le dio la valentía necesaria para terminar su primer matrimonio. Nuestras experiencias reflejan algo que el filósofo Simon May descubrió sobre la idea que tenía Aristóteles sobre la amistad y el amor (lo que los antiguos griegos conocían como *philia*). En su libro *Love: A History*, May encontró que *philia* es algo que te acerca al autoconocimiento y profundiza tu autoestima. Ya que es tan difícil llegar a conocernos a nosotros mismos, Aristóteles creía que amar a un amigo es una parte integral para adquirir ese conocimiento emocional. May escribe: «Aprendemos sobre nosotros mismos a través de un ser querido no tanto por lo que esta persona nos dice, sino por observar nuestro propio reflejo en ella».

Esta también ha sido la experiencia de la autora Candice Carty-Williams. En su exitosa novela *Queenie*, ella explora el duradero sistema de apoyo que podemos hallar en una amistad. En su propia vida, fue ahí donde ella encontró un sentido de pertenencia y un hogar. Su experiencia ha sido lo opuesto a algunas de mis conversaciones anteriores: en vez de tender a centrarse en el amor romántico, a Candice le resulta más fácil encontrar amor en sus amistades. Así pues, quería saber por qué ha sido más fácil para ella mostrarse vulnerable en sus amistades que en sus relaciones románticas, qué le aportan sus amigos a su vida que no puede obtener en ningún otro lado y cómo logran conservar esa cercanía.

EL PODER DE LOS AMIGOS
QUE VEN LO BUENO EN TI
Conversación con
Candice Carty-Williams

NL: *¿En qué momento se convirtió la amistad en algo tan importante en tu vida?*

CCW: Hoy en día, si alguien me preguntara: «¿Quién es el amor de tu vida?», lo primero que se me vendría a la mente serían mis amigos, porque la amistad es la forma de amor que he dejado entrar en mi vida. Tuve una infancia difícil; es por eso que siempre temo que las personas con las que me encariño puedan dejarme. Mi papá siempre estuvo ausente y mi mamá tuvo que aprender a separar su papel de madre y amiga. Luego, cuando tenía 25 años, dos de mis mejores amigos fallecieron. Creo que este miedo al abandono me ha hecho reticente al amor romántico, pero no a la clase de amor que uno encuentra en la amistad. Es aquí donde aprendí a dejar entrar a las personas.

Hasta ahora, mis amigos me han tratado con más amabilidad que cualquiera de mis parejas. Y me parece de suma importancia pasar tu vida con aquellos que no solo vean la bondad en tu interior, sino que la saquen a relucir. Sé que tengo que aprender a abrirme a una relación romántica, pero opino que dedicarse a construir amistades sanas, amorosas y alegres es igual de importante.

¿Qué has aprendido de tus amistades sobre el amor?

Nunca encontré un grupo de apoyo en mi familia, así que cuando conocí a mis amigos de la universidad, fue la primera vez que sentí el apoyo de un grupo de personas que veían todos los lados diferentes de mi personalidad. Todos actuábamos de manera distinta y teníamos personalidades diferentes, pero ellos se convirtieron en una especie de familia para mí, esa que estaba buscando. Me enseñaron que el amor podía ser consistente, sólido y constante, que podía hacerme sentir segura. Sé que algunos les dan prioridad a las relaciones románticas por encima de la amistad, pero la verdad es que amo a mis amigos más de lo que jamás he amado a cualquier pareja. Ellos son quienes me han enseñado lo que significa amar y ser amada. En comparación con el amor romántico, la amistad me parece algo mucho más sencillo.

Muchos se sienten más cómodos siendo ellos mismos con sus amigos que en las primeras etapas de una relación. ¿A qué le atribuyes eso?

Puedo ser más vulnerable con mis amigos porque, cuando les muestro mi verdadero yo, de algún modo se siente menos arriesgado. Existen muchas expectativas sociales que aplican a las relaciones: comenzar a llamarse «novio» o «novia», mudarse juntos, casarse, tener hijos. Esto quiere decir que, en algún punto, alguno de los dos se cuestionará si realmente desea permanecer unido a esa persona el tiempo necesario como para hacer todo eso. Es por eso por lo que me cuesta ser yo misma en una relación romántica; no puedo evitar pensar: «¿Y si le muestro partes mías que ni siquiera a mí me gustan y me deja?». Asocio las primeras etapas de una relación con un miedo al abandono, porque ya antes he experimentado lo que se siente que alguien que tendría que amarte se marche. Pero cuando se trata de mis amistades, puedo entender y confiar en que siempre estarán ahí, así como el amor que compartimos.

Tal vez por el hecho de que no ponemos etiquetas en las relaciones, no nos preocupa tanto que pudieran terminar de un modo oficial. Claro que una amistad puede terminar, pero, de ser así, la separación puede ser algo más gradual.

Tampoco existe la insinuación o la presión social que dicte que tienen que mudarse juntos o comprometerse de alguna manera específica. Claro que existe un compromiso mutuo, pero bajo sus propios términos, no los de alguien más, sin etiquetas ni pautas oficiales. Por ejemplo, no diríamos que el hecho de que dos amigos no hayan ido juntos de vacaciones significa que su amistad no durará. Mientras que al tratarse de una relación, la gente que nos rodean, en especial nuestra familia y amigos, nos cuestionan sobre estos hitos: «¿Cuándo piensan mudarse juntos?» o «¿Ya se dijeron "te amo"?». En mi experiencia, esas expectativas dificultan el amor romántico.

¿Qué significa para ti ser un buen amigo?

Creo que, en primer lugar, tienes que hacerte esa pregunta a ti mismo. Para mí significa demostrar amor, invertir tiempo y estar al tanto de las personas, de su historia, sus deseos y sus necesidades. También significa ver y aceptar sus diferentes facetas, y encontrar el romance en su relación. Yo sí «cortejo» a mis amigos. Les digo lo increíbles que son porque quiero que se sientan bien consigo mismos. Cuando colgamos el teléfono, no me despido con un «adiós, nos vemos», sino con un «te quiero». Cuando no nos vemos, les confieso lo mucho que los extraño, y cuando estamos juntos, les recuerdo lo hermosos que se ven. Los cumpleaños también son eventos importantes para mí, porque tuve una amiga del trabajo que, después de que tuve un rompimiento muy doloroso, asumió el papel de mi novio durante el mío. Sabía que nadie más planearía nada, así que ella organizó un día especial para mí. Y, hasta la fecha, seguimos haciendo eso en nuestros cumpleaños: preparamos un itinerario y pasamos el día mimando a la cumpleañera. Esos pequeños rituales les muestran a los demás que su amistad es importante para ti.

Sé que dos de tus amigos fallecieron, y que hablabas con uno de ellos todos los días. ¿Eso te dificultó confiar en la consistencia de la amistad?

Dan era mi amigo incondicional, mi mejor amigo. Siempre estaba a mi lado cuando lo necesitaba. Fue el primero en decirme: «Puedes hacer lo que sea». Como es obvio, les he permitido a otras amistades entrar en mi vida desde entonces, pero perder a Dan es parte de la razón por la que huyo de la intimidad en las relaciones románticas. Creo que por eso siempre soy la primera en terminarlas. Tengo que superar ese sentimiento dominante que me dice que la gente puede marcharse en cualquier momento, porque sé que no es así. Ese temor también es el que me impide pedirle cosas a la gente que amo. En cuanto a mis amistades, tengo que esforzarme por salir del papel de la cuidadora, porque eso está arraigado en mi deseo de que me necesiten. He forjado gran parte de mi identidad con base en cuidar a los demás, y sé que una pieza importante del amor que existe en la amistad es pedir que satisfagan tus necesidades también.

¿Qué significa para ti la intimidad auténtica en una amistad?

La gente me ve como alguien muy fuerte, pero no lo soy. Soy vulnerable y frágil, y para mí la intimidad significa poder mostrarme así ante mis amigos, y que ellos me vean como soy, tanto en momentos de dicha como de dolor. Significa que mis amigos entiendan que puedo sentirme ansiosa y deprimida, pero también ser salvaje y tímida, o boba y temerosa. Cuando mis amigos ven todas esas partes de mí, y me guían a través de ellas con gentileza y paciencia, eso es verdadera intimidad. Y es algo mutuo; un amigo puede llamar para decirme: «Oye, lo siento, yo sé que no soy la persona más divertida últimamente», y yo le respondería: «No es un requisito que seas divertido. No eres un mono cilindrero que existe para entretenerme. Estoy para ti en las buenas, en las malas y en las regulares». Los verdaderos amigos pueden ver a través de cualquier actuación, negación o evasión.

Conforme tu carrera ha ido creciendo y te has ocupado más, ¿has encontrado nuevas maneras de procurar ese amor?

Cuando estaba en la universidad, siempre tenía el celular a la mano, e invariablemente estaba disponible para mis amigos. Ahora no siempre puedo ser esa persona, por el trabajo y las exigencias de la vida adulta. Pero me parece que es más importante dedicarle a alguien toda tu atención y concentración cuando hablan que responder a cada mensaje al instante.

Espero que mis amigos estén conscientes de que siempre tendré tiempo para ellos, incluso si no puede ser en ese preciso momento. Algo que he aprendido es que el hecho de que yo sepa lo que siento por mis amigos, no quiere decir que ellos también lo sepan en automático. Si dejo de escribir durante un par de días, no es porque no me importen, sino porque estoy un poco abrumada. O a veces es porque me deprimo y siento que no tengo nada interesante que decir; estoy tratando de mejorar eso: entender cómo me ve la gente, entenderme a mí misma y expresar en voz alta cómo me siento, en vez de asumir que la gente lo sabe. Así que, si estoy deprimida, en vez de desaparecer prefiero avisarles: «Me siento abrumada de momento, así que no escribiré mucho estos días». Es la misma acción, pero se los hago saber. Esa es una diferencia crucial.

Hablamos sobre hallar nuestro valor propio y no depender de una pareja romántica para ello. ¿Crees que la amistad también sea un medio para encontrarlo?

Yo no sería la persona que soy hoy en día sin mis amigos. Hay veces en las que ellos me señalan mis éxitos cuando yo misma no puedo verlos. Me hacen notar las mejores partes de mí cuando siento que no me agrada cómo soy. Suena dramático, pero a veces así es. Como ya mencioné, todo se remonta a mi infancia. Mi abuelo es de la India y mi abuelita es afrocaribeña, de Jamaica. Mi mamá y sus hermanas tienen narices más rectas y otro color de piel. Tengo una prima que se parece mucho a ellas: rizos sueltos, piel clara y nariz recta, y yo no luzco así. Recuerdo que, cuando era pequeña, la gente opinaba: «Tu prima es bonita, pero tú eres inteligente». (Ahora que soy mayor me pregunto: ¿a quién se le ocurre decirle algo así a una niña?). Después, cuando entré a la escuela, dijeron que tenía problemas de comportamiento y me pusieron en los grupos más atrasados. En esos momentos pensaba: «Vale, entonces no solo soy fea», lo que, tenía entendido, determinaba mi valor como persona en el mundo, «sino que tampoco soy inteligente». Cuando tienes esas ideas en la cabeza hasta que cumples 15 años, es imposible que te conviertas en una mujer adulta que piense: «Soy increíble». Incluso cuando mi libro entró a la lista de los más vendidos, no acababa de asimilar lo que había logrado. Así que me conmueve que mis amigos me motiven a celebrar mis éxitos.

¿El hecho de tener a esos amigos animándote ha cambiado la forma en que te ves a ti misma?

Me han ayudado a sentir más confianza en ciertas situaciones, a darme cuenta de que merezco el lugar que tengo y a valorarme. Gran parte de eso tiene que ver con ser una mujer negra que siempre ha estado en espacios blancos, así que resulta muy importante para mí haber encontrado un grupo de amigas que también son mujeres negras. Puedo contarles: «Tuve una discusión con alguien y dijo esto y aquello», y nunca me responden cosas como «estás exagerando» o «tal vez no lo dijeron con esa intención». En vez de eso, me dicen: «Sí, eso también me ha pasado. Cuéntanos». Es un recurso que nunca había tenido en mi vida, porque si le contaba a mi mamá que «esta persona dijo tal cosa y siento que lo hizo porque soy diferente», siempre respondía: «No, no, no te preocupes, Can. De seguro no lo dijeron con mala intención. Todos somos humanos». Creo que eso fue un problema, porque nunca entendí que sí existen las diferencias, y que no tiene nada de malo reconocerlas. Así que mis amigas me enseñaron que mis sentimientos son válidos. Ahora, si alguien me dice algo que suene racista, puedo hablar libremente de eso con ellas. Claro que tengo otros amigos en otros ámbitos, pero es maravilloso que te entiendan sin necesidad de explicar todo el tiempo.

¿Qué desearías haber sabido antes sobre el amor?

Que tus amigos te aman por quien eres, no solo porque tengas algo que ofrecerles.

Hablar con Candice me hizo pensar que Alain de Botton tenía razón: es una verdadera lástima que consideremos la amistad como una forma de amor menos importante que las relaciones románticas. Porque, independientemente de si eres soltero o no, los amigos tienen acceso a una parte de ti que nadie más conoce. Entonces, ¿cómo podemos devolverle a la amistad el lugar que le corresponde en la jerarquía del amor? Creo que por medio de pequeños rituales y recordatorios. Para Candice, por ejemplo, esto implica planear un itinerario de cumpleaños cada año. La corresponsal de guerra Janine di Giovanni, por otro lado, asiste a un desayuno por Skype con su amigo todos los domingos, a pesar de vivir en países distintos. Para Marisa y para mí, significa reunirnos de manera regular en Pizza Express, donde conocemos tan bien el menú que no tenemos que perder tiempo pensando qué pedir. También incluye usar el brazalete de oro, con la inscripción «Que siempre bailemos a la luz del refrigerador» grabada en el interior, el cual me regaló cuando vivíamos a unas calles de distancia y nuestras vidas estaban estrechamente entrelazadas. Ahora que vivimos lejos, funciona como un recordatorio de que siempre debemos encontrar la manera de acercarnos. Es un pequeño símbolo que significa: «Nunca dejemos de ser una prioridad para la otra».

De manera similar a Candice, he experimentado con mis amistades la gratificante alegría de amar a otro ser humano. Pero, cuando se trata de una relación romántica, no he dedicado mucho tiempo a pensar lo que esto podría requerir; lo que se sentiría combinar dos vidas, dos familias, o ver a tu pareja con claridad y darle espacio para cambiar y crecer, alentar sus sueños, aceptar sus defectos y perdonar sus errores. ¿Cuál es la mejor manera de amar a alguien para sacar a relucir lo mejor de esa persona? ¿Cómo podemos comprometernos por completo no solo con quienes son el día de hoy, sino con quienes podrían ser en el futuro? Decidí plantearle estas preguntas a Heather Havrilesky, la autora detrás de la aclamada columna «Pregúntale a Polly».

Como consultora sentimental, Heather siempre tiene una respuesta, bellamente redactada, para cada problema de amor. Por ejemplo, a un lector que buscaba amor romántico, le dijo: «Tienes que pensar como un artista, ser creativo y pintar un retrato de tu vida de soltero que sea hermoso». A otro, que se sentía atormentado por una aventura, le explicó: «Cometiste un error, pero en el camino te ofrecieron una invitación para responder al llamado solitario de tu alma abandonada». En varias ocasiones he recurrido a sus palabras para usarlas como guía, así que estaba segura de que ella podría describir la loca acción de elegir amar a alguien de manera objetiva, sin romantizar el proceso. Porque, si lo pensamos un poco, vaya que es una locura decidir comprometerse con alguien a pesar de no saber cómo serán ambos en 10, 20 o 30 años. Haces un pacto para formar una vida con otra persona sin saber cómo será esa vida, sin saber quién podría hartarse, perder su empleo, perder el apetito sexual o tener parientes con necesidad de cuidados constantes. Esto es lo que hacemos al empezar una relación: nos comprometemos a algo desconocido. Quería preguntarle a Heather cómo podemos hacer esta apuesta sin saber cuáles son las probabilidades de ganar, así como lo que ha aprendido sobre el acto de amar y dónde encuentra amor hoy en día.

EL AMOR SIEMPRE EMPIEZA CON IMAGINACIÓN Y MIEDO
Conversación con Heather Havrilesky

NL: *Alguna vez mencionaste que, a pesar de recibir distintos tipos de cartas de tu público, por unos años te sentiste particularmente atraída por aquellas que tenían preguntas sobre el amor. ¿Por qué?*

HH: Creo que se debía a que me sentía como si acabara de salir del campo de batalla y necesitara escribir sobre la guerra. Había salido con muchas personas que siempre guardaban su distancia. Estaban comprometidos a medias con la relación y yo me esforzaba por llenar las carencias que ellos dejaban. Hacía concesiones y mi vida giraba en torno a sus personalidades y preferencias. Entonces, como era de esperarse, luego de casi un año los bajaba del pedestal y tenía que conformarme con el ser humano real. Por eso mis relaciones solo duraban más o menos dos años: para el segundo, me hartaba del humano que vivía debajo de la fantasía que había creado. Eso no es necesariamente culpa de nuestras parejas; uno es el que crea esa fantasía sobre ellas.

¿Cómo lograste salir de ese patrón de conducta?

Solía pensar que los hombres escaseaban. Siempre que estaba soltera, sentía que debía encontrar a uno desesperadamente; de otro modo, creía que estaría sola de por vida. Entonces, cuando terminé con mi último novio, me di cuenta de que, cada vez que salía de una relación, conocía a alguien más en menos de un año y empezaba otra relación seria de inmediato. Así que me dije: «No pienso seguir apresurándome a empezar relaciones con la primera persona que conozca». Compré una casa, adopté un perro. Me decidí a encontrar la manera de ser feliz a toda costa, porque mi felicidad no podía depender de algo tan frágil como el amor. Sin importar lo que pasara, tendría hijos y haría todo lo que siempre había querido. Poco después conocí a mi esposo.

Entonces, ¿estabas pensando en la clase de persona con la que querías estar en vez de elegir a quien te eligiera a ti?

Sí. Además, para cuando conocí a mí esposo, estaba decidida a ser honesta. Ya no deseaba «engañar» o atraer a un hombre para que se quedara a mi lado; quería a alguien que pudiera verme a mí y a mis defectos con claridad, ¡y que lo aceptara todo o se largara! Me parecía mejor darme cuenta de inmediato si no le gustaba a alguien en vez de dejar pasar uno o dos años, así que, obstinada, me afirmé en mi derecho a ser un tanto mandona y emocional. Mi esposo estaba encantado. Ya antes había estado casado y había tenido sus propios problemas, así que le daba gusto que pudiéramos ser tan abiertos. Además, yo ya tenía 34, y sabía que quería tener hijos, así que no quería perder el tiempo con alguien a quien no le gustara (o que no lo demostrara).

Aunque sé que tener 34 no quiere decir que estés viejo, creo que entre más esperas, más agradecido estás por encontrar a alguien con quien encajas. Cuando has atravesado dificultades, es más fácil comprometerse y reconocer cuando una relación se siente sencilla y bien. Aún puede haber peleas, pero cuando te sientes afortunado por tener a alguien, la manera de relacionarte con esa persona cambia. Es más difícil sentirse así cuando eres joven y no has tenido relaciones malas.

¿En qué aspecto fue diferente la relación con tu esposo?

Él me envió un correo porque yo había escrito en mi blog que estaba soltera. A pesar de que recibía muchos mensajes similares, el suyo me pareció gracioso, no era tan adulador, y algo en su tono hizo clic conmigo. La relación fue seria y mágica desde el comienzo, y luego de tres meses los dos pensamos: «Bueno, sabemos que ambos estamos comprometidos con esta relación, ¿ahora qué? ¿Con quién acabo de decidir pasar el resto de mi vida? ¿Quién es esta persona mundana con la que tendré que convivir de aquí en adelante?». Porque es importante conocer a la persona mundana que existe detrás del ser místico creado por tu atracción, tu amor y la euforia de haber conocido a alguien genial. Pienso que el amor siempre empieza con imaginación y miedo. Al principio, apuestas sin tener mucha información.

Creo que una diferencia esencial fue que los dos teníamos claro quienes éramos realmente casi desde que empezamos a salir, ya que nos comprometimos desde un principio. Cuando alguien se muestra totalmente como es, y tú también lo haces, la experiencia es muy distinta. Para empezar, no te pierdes a ti mismo, lo cual es algo muy común cuando estás obsesionado con alguien, porque enfocas toda tu atención en esa persona. Pero ¿qué ocurre cuando tu pareja está tan comprometida como tú? Estás más al tanto de tu propia incapacidad de estar presente o de corresponder el afecto con afecto. También estás más consciente de ti mismo porque te prestan mucha atención, a diferencia de las parejas desatentas.

¿Qué aprendiste sobre la construcción de una relación al enamorarte de Bill?

Bill y yo pasamos muchísimo tiempo juntos, pero respetamos nuestros límites. Eso es importante para tener una buena relación. Siempre habrá estrés en la vida cotidiana y eso puede llevarte a hacer a un lado a tu pareja. Yo lo veo como fundar una religión privada con alguien más: la honestidad y la vulnerabilidad deben formar parte de ella. Tienen que reconsiderar sus necesidades y temores. Y, si eres una persona dura, tolerar la vulnerabilidad de otro puede resultar difícil. Yo soy bastante dura, pero, aun así, tengo que animar a mi esposo a analizar y expresar sus sentimientos, y tengo que ser paciente con lo que sienta. Por ejemplo, él es siete años mayor que yo y siempre se queja de su espalda. Yo también tengo muchos problemas con el cuello, así que lo entiendo, pero no me quejo. El problema es que si piensas «no quiero escuchar sobre tu dolor porque yo no me quejo del mío», se acabó el amor. Tienes que ser tolerante y darle a la otra persona lo que necesita. De otro modo, corren el riesgo de encerrarse cada uno en su propio mundo y dejar de compartir con el otro. Hay cierta dureza que siempre amenaza con acumularse; tienen que romperla como equipo de alguna manera, una y otra vez.

Mencionaste que esperar que tu pareja haga las cosas del mismo modo que tú acaba con el amor; entonces, ¿qué sería lo contrario? ¿Cómo debemos abordar estas diferencias?

Es como si tu pareja fuera varias personas a la vez y tú tuvieras relaciones diferentes con cada una de ellas. Algunas son geniales y otras son molestas. De cualquier modo, hay que esforzarse por apreciar toda la belleza y complejidad que yace dentro de todas las capas y versiones de alguien, aceptarlas y sacar las mejores a relucir. ¡Y eso incluye escucharlos cuando se quejen de su dolor de espalda! Porque estar enamorado significa reconocer la importancia de los momentos pequeños y mundanos. Cuando alguien se queja de su espalda, eso es parte del regalo de abrirte las puertas de su complejo y hermoso mundo. Son un personaje en la obra de tu vida. Y tal vez ese personaje se queja para lidiar con la desesperación y seguir existiendo. Esos pequeños sonidos quejumbrosos que tú y tu pareja emiten son una especie de poesía extraña; hay que apreciar la riqueza y el valor de esos significantes, y hasta encontrarles el lado divertido. No siempre es fácil, pero la mejor definición de felicidad es: la habilidad de entender la vida como una hermosa obra de arte en proceso, que siempre cambia y nunca es como tú esperas, pero que es más hermosa que cualquier otra vida supuestamente perfecta e inmaculada. Así que aprender a amar a alguien a pesar de todos sus defectos y sus capas extrañas es una manera de aprender a estar vivo, pleno y satisfecho con la vida que tienes.

¿Qué consejo le darías a alguien que aún no encuentra a la pareja que espera y se siente agotada de buscar el amor?

Cuando estás en la agonía de la obsesión, existe una posibilidad que se abre cada segundo que te rindes. Y cuando digo rendirse, no me refiero a renunciar a encontrar una pareja, o a tener un bebé o a lo que sea que estés buscando, sino a dejar de tratar de controlarlo todo. Cuando intentas controlar tu obsesión por algo que de verdad deseas, es reconfortante dejar de pensar que todo depende por completo de ti. Si eres una persona lista y trabajadora, es posible que sigas esforzándote y esforzándote; sin embargo, retroceder, relajarte un poco y pensar «así es como tienen que ser las cosas» puede hacerte más feliz. Así, vives el romance del anhelo en vez de vivirlo como una tortura. También ayuda reconocer que la intensidad no tiene por qué ser el equivalente de tristeza, y el anhelo no tiene por qué ser igual a la desesperación. En realidad, el anhelo puede ser una actitud de gestación que se siente muy bien.

Pero ¿cómo se puede encontrar el balance entre esfuerzo activo, esperanza y aceptación?

Haz las cosas que tienes que hacer, pero intenta hacerlas de una manera un tanto desprendida; así podrás reconocer que siempre hay algún elemento que está completamente fuera de tu control. Todo lo que debes hacer es posicionarte, dar la cara y esperar el momento oportuno… sin esperar demasiado. Existe un baile entre expectativas, laboriosidad y desapego. Es difícil expresarlo en palabras porque es muy difícil esperar a que el amor toque a tu puerta. El mejor consejo que puedo ofrecer es: intenta ver las cosas desde diferentes posturas. Rendirse es una postura que puede ayudar; a la vez, creer con firmeza que va a suceder en algún punto también es una postura útil. Cada día es un panorama distinto al que tienes que sintonizarte y en el cual debes resistir la necesidad de teñir en vergüenza o melancolía las cosas que emergen cuando contemplas tus sentimientos. Resiste el mal hábito de pensar cosas como «soy un fracaso como mujer» o «no tengo ningún tipo de encanto femenino». Lo experimenté cuando tuve un bebé. Eran pensamientos estúpidos. Era vergüenza de mi pasado.

Entonces, ¿cómo podemos deshacernos de la vergüenza y evitar que el anhelo constante extraiga toda la felicidad de nuestra vida?

Algo que ayuda a sentirse mejor cuando uno pasa por un periodo de anhelo prolongado es cambiar la forma en que experimentamos la intensidad, y hacerlo de una manera más positiva y emocionante. ¿Cómo hacemos para experimentar una historia triste sin enloquecer ni deprimirnos? Podemos plantearnos el peor escenario posible y reflexionar: «Bueno, ¿qué haría si esto definitivamente no funciona? ¿Qué decisiones tomaría si supiera que, dentro de 10 años, esto no habrá llegado a nada, ni habré conocido a alguien o tenido un bebé? ¿Adoptaría? ¿Viajaría? ¿Cómo sería la mejor versión de mi vida incluso sin tener aquello que anhelo?». Siempre incito a mi esposo a hacer esto, a contemplar los peores escenarios posibles. Puede ser algo duro, pero también liberador.

Día a día estoy más convencida de que uno tiene que salvarse a sí mismo. Solía detestar esa frase, pero en verdad es cada vez más importante que aprendamos a apoyarnos a nosotros mismos en los momentos difíciles y a disfrutar de nuestra propia compañía. Eso no impide que sintamos una tremenda cantidad de amor y admiración por otras personas, ni que tengamos todo lo que siempre hemos querido. Por lo general, la gente tiene la idea de que la independencia es una posición empobrecida y arriesgada, y cuando amas con intensidad, como yo, es fácil caer en eso. Pero la verdad es que estar enamorado, o amar a alguien y ser genuinamente feliz, tiene mucho que ver con un comportamiento de dominio propio. Requiere que vayas encontrando el camino hacia lo que deseas, tomes tus propias decisiones y te salves a ti mismo.

¿Qué desearías haber sabido antes sobre cómo encontrar el amor?

Antes habría respondido que desearía haber sabido que solo puedes sentir amor cuando te sientes digna de recibirlo, y eso incluye hacer cosas que te hacen sentir bien, como tener una carrera, independizarte y tener amigos. Pero, en realidad, creo que es más importante entender tus deseos, tus necesidades y tu complejidad, y rechazar las narrativas dominantes que te dicen que eres débil, dependiente, mala y frágil, para así definir por ti misma quién eres.

Aún creo en el amor, tal vez más que nunca, y si tengo la oportunidad, ¡seguiré buscándolo hasta en el asilo para ancianos! La diferencia es que ahora no obstruye mi visión como antes, sino que es solo una pieza más de una vida emocionante. Entiendo por qué está en el centro de todo, en particular cuando tienes hijos y cuando eres joven. No obstante, yo siempre lo había sobrevalorado y ahora estoy aprendiendo a no hacerlo. Estoy aprendiendo a valorar mi imaginación y mi habilidad para crear arte más que la posibilidad de ser adorada o adorar a alguien. Aún puedo establecer conexiones y mi matrimonio sigue siendo una parte muy importante de mi vida, pero también creo que el simple hecho de estar viva me brinda una felicidad que no depende de nadie más. Hay algo permanente en reconocer que la energía que define mi vida ahora está centrada en mí, no definida por alguien más.

Lo que Heather me enseñó es que no es buena idea abordar el tema del amor, que es una experiencia fluida, desde una posición inflexible, ya que habrá ocasiones en las que queramos o necesitemos poner todo el esfuerzo posible en una amistad o una relación. Y habrá otras en las que el amor será solo uno de los hilos que conforman un gran tapiz de ambiciones, deseos y descubrimientos.

También me recordó que, a pesar de que el amor en muchos casos requiere meditación y reflexión, a veces hay que cerrar los ojos y dar el salto sin tener un plan. El hecho de atrevernos a dar ese salto, sin saber si las cosas resultarán, es un acto de fe y esperanza que puede ayudarnos a superar tiempos difíciles, particularmente cuando miramos hacia atrás y pensamos maravillados en la poca certeza que teníamos y en lo fácil que hubiese sido encontrar pretextos para no dar ese paso. Tal vez nos sentiremos agradecidos por esta decisión ingenua que nos permitió tomar cientos más. Pienso en esto cuando escucho a mi esposo cantando «Hard-Headed Woman» de Cat Stevens en la regadera, consciente de que hubiese bastado un pequeño cambio (una cita cancelada, un mensaje ignorado, una cruda) para que nunca nos hubiéramos conocido. Qué suerte. A veces esas apuestas funcionan.

Aunque al principio de esta conversación mi intención era determinar cómo podemos aprender a aceptar los defectos de los demás, Heather me proporcionó una nueva perspectiva: no solo debemos aceptar estas imperfecciones, sino apreciarlas, verlas como una «especie de poesía extraña». Desde luego, no somos santos; es normal que a veces nos sintamos molestos cuando nuestra pareja se la pasa quejándose de su trabajo o de lo cansado que está o de lo mucho que le duele la espalda. Así como he aprendido que la vida está compuesta de alegrías y de sufrimientos, también me he dado cuenta de que nuestros seres queridos tienen facetas, algunas maravillosas y otras frustrantes. Pueden ser misteriosos, sexis y divertidos. Y también aburridos, inseguros y asquerosos. Quizá repitan la misma historia cuatro veces, se tiren pedos, tengan comida entre los dientes, pregunten varias veces al día «¿no has visto mis lentes?» o hagan gestos extraños cuando tienen un orgasmo. Pero Heather me hizo darme cuenta de que estos hábitos aburridos, inseguros o asquerosos pueden ser momentos que recordemos con nostalgia en un futuro. Quizá verlos como divertidos o entrañables, o hermosos pedazos de una persona completa, es lo que significa amar.

Con Philippa Perry exploré la forma en que las historias de nuestro pasado siguen influyendo en nuestro presente, y cómo podemos usar nuestro conocimiento para que nos guíe en nuestros comportamientos instintivos. Pero ¿cómo podemos seguir conectados con nuestro pasado y no permitir que nos defina? Para encontrar la respuesta, pedí ayuda al poeta, autor y locutor Lemn Sissay, ya que él ha pasado gran parte de su vida tratando de descubrir el delicado balance que existe entre entender nuestro pasado y permitir que este controle el rumbo de nuestra vida.

En muchos de sus poemas, las historias de amor y desamor más grandiosas ocurren en la familia, y explora cómo ese primer amor, o la falta de este, nos convierte en quienes somos. Esto se debe a que Lemn creció sin una familia; su adolescencia transcurrió en casas de paso después de que sus padres adoptivos lo corrieron sin explicación a los 12 años y lo regresaron a la oficina de servicios sociales del estado. Ya de adulto, después de ganar una compensación del Wigan Council por el maltrato que recibió de niño, usó los registros de servicios sociales como base para escribir su historia en una autobiografía titulada *My Name Is Why*. Mientras la escribía, se dio cuenta de que, al no haber recibido amor cuando era joven, obtuvo el don de entenderlo siendo adulto. Así que decidí preguntarle cómo encontró ese don y qué es lo que le ha enseñado sobre el valor del amor.

LOS LAZOS QUE NOS UNEN
Conversación con Lemn Sissay

NL: ¿Cómo hiciste para encontrar la manera de entender y aceptar tu pasado sin dejar que este definiera tu futuro?

LS: Es un proyecto en el que trabajo a diario. Hay días en los que siento que no tengo nada, y otros en los que despierto y creo que lo tengo todo. Hay días en los que me cuesta superar lo que he perdido, y otros en los que siento que se amontonan sobre mí y se convierten en estratos dentro de una gran roca impenetrable. Básicamente, así es para todos nosotros.

He pasado mucho tiempo preguntándome cómo superar algo, evitarlo, enterrarlo o revivirlo; y ahora me pregunto si, metafóricamente hablando, esas son las decisiones adecuadas.

Porque nuestras experiencias pasadas son parte de nosotros, y si las negara, estaría negando también quien soy. Son estas experiencias las que me permiten apreciar lo que no tuve. Todos tenemos historias únicas y pareciera que queremos hacerlas más ordinarias, o negar su existencia creyendo que eso nos vuelve «normales». De hecho, no tiene nada de malo si has pasado por momentos dolorosos. Para muchos de nosotros, es parte de lo que nos hace humanos.

Preguntarse «¿por qué a mí?» de manera constante puede convertirse en una trampa peligrosa, porque rara vez encontramos la respuesta a esa pregunta, además de que no aporta nada a nuestra vida. ¿Cómo podemos evitar sentir autocompasión cuando hemos atravesado momentos dolorosos?

Oh sí, claro que sí, es una situación muy dura. Es importante sentir compasión por nosotros mismos, pero no es lo mismo que vivir en un estado constante de lástima. Es como un ciclo emocional infinito que no te permite llegar a la aceptación. Así que una forma de ser más amables con nosotros mismos es entender la diferencia entre autocompasión y lástima. Alguien me dijo una vez: «Si fueras tu propio padre, ¿qué te dirías?». Todos deberíamos despertar a ese padre amoroso que vive dentro de nosotros más a menudo, porque cuando puedes ser amable contigo mismo, puedes serlo con los demás, al menos en mi experiencia.

Me comentabas que al crecer privado de una forma de afecto (el familiar), recibiste el don de entender el amor. ¿Cómo ocurrió?

Si de pronto no pudieras respirar, tu corazón empezaría a latir más rápido. Tus pulmones se expandirían y tus piernas se sentirían débiles. Uno no se da cuenta de lo importante que es la respiración hasta que la pierde, así como no valoramos nuestra salud física hasta que nos enfermamos. De manera similar, al experimentar una privación emocional, empecé a entender lo importante que es el amor. Por ejemplo, al cumplir los 12 y volver al sistema, dejé de tener contacto físico con otras personas. Me di cuenta de que mi abuela tocaba mi rostro y mis manos cuando era niño, y lo hacía porque su esposo había fallecido y también anhelaba el contacto. Entendía la importancia del tacto porque ya no lo tenía. Del mismo modo, una vez que me vi privado del amor en mi juventud, llegué a entender que el acto de amar lo es todo. Es tocar a alguien, contestar el teléfono, visitarlo, decir lo que piensas o lo que consideras necesario, y hacer todo esto una y otra vez. El amor nos exige de manera consistente que lo demostremos con acciones.

A muchos les cuesta trabajo seguir adelante cuando han sido privados de alguna forma de amor. ¿Cómo haces para evitar que el amor que no tuviste te distraiga del que sí tienes?

Hay una pregunta que me hacen muy a menudo: ¿cómo es que no estás amargado? Porque para aquellos que han sido privados de amor, y esto es algo que todos podemos experimentar de uno u otro modo, es común llenar ese espacio vacío con emociones negativas: culpa, ira, vergüenza, amargura, envidia. Pienso que es necesario hacerle espacio al amor. Por ejemplo, algo que tuve que hacer fue dejar de beber, que era una forma de hacerme daño a escondidas. Puede ser cualquier otra cosa para los demás, pero lo importante es preguntarse: ¿qué es lo que podría estar bloqueando la entrada al amor y haciendo que vuelva a caer en las mismas emociones negativas? ¿Es por no hacer ejercicio a pesar de que lo consideras necesario? ¿Es porque no llamas ni devuelves las llamadas de los demás? ¿Cómo puedes hacer espacio en tu vida para permitir que el amor prospere? De otro modo, no lo hará.

¿Cuándo entendiste la importancia de esto?

Después de salir de una relación muy larga, recuerdo que solía pensar que todo había sido culpa de la otra persona, porque ella había cortado conmigo. Sin embargo, unos meses después me di cuenta de que había hecho lo correcto. Ni yo reconocía al hombre con el que ella había estado saliendo. Pensaba que era un buen tipo, pero en realidad estaba actuando mal porque tenía asuntos sin resolver.

Ella me dijo: «Tienes que seguir con este viaje por tu cuenta, porque yo ya no soporto cargar con la culpa de todo». Y tenía razón: cuando no lidiamos con la mierda en nuestra vida, dejamos que nuestras historias se apoderen de las relaciones y convertimos a nuestra pareja en la culpable de nuestros problemas. Para ser sincero, independientemente de lo que haya ocurrido con mi familia, cuando se trata de mi relación con el amor, yo soy la fuente del problema. Y lo que resulta increíble es que también soy la solución. Yo soy el único que puede decidir cómo vivir mi vida de aquí en adelante.

Si tu primer contacto con el amor fue complicado, entonces, cuando tienes una relación y recibes amor, es común que esos sentimientos salgan a la luz. Muchos de los que tuvieron relaciones malas con sus padres piensan: «Ya me alejé de ellos y ahora estoy bien». Pues en realidad no, porque llevas a cuesta esa primera experiencia con el amor. No puedes huir de ella.

Por ejemplo, en mi caso, parte de enfrentarla fue perdonar a mis padres adoptivos. Una vez que lo hice, empecé a ver su vulnerabilidad. Antes de eso, me sentía inseguro cuando las personas a mi alrededor se mostraban vulnerables. Y en una relación, eso es esencial.

Entonces, ¿dirías que perdonarlos fue un acto de amor propio?

Exacto, pero tuvo que ser un perdón sincero. No tenía idea de lo bien que me sentiría después, solo sabía que debía confiar en mi instinto. Esa es otra de las ventajas del perdón: te permite confiar en ti mismo. No les pido a otros que hagan lo mismo, solo digo que yo creía que jamás sería capaz de perdonar, pero al hacerlo sentí que me quitaba un gran peso de encima.

Muchos de los escritores que he entrevistado hablan de su profesión como un acto de amor: una manera de ser vistos y crear conexiones. Para ti, ¿escribir poesía es una forma de amor?

Sí, eso es exactamente lo que es. De hecho, mi psicoterapeuta describe la poesía como un acto de amor propio, el cual me permite que haya una sensación de tener un propósito. Para algunos podría ser la alfarería, para otros podría ser pintar o correr. Los artistas no somos dueños de la creatividad. Es posible encontrarla en todas partes: en tus hábitos de compra, en cómo decoras una habitación o cómo arreglas tu cabello. Desearía que más personas lo entendieran, porque entonces podrían aprovechar su poder por completo y encontrar ese sentido de identidad y amor que yo he experimentado al crear algo importante. A veces uno siente que los poemas son como hijos. Cuando salen al mundo, algunos pueden criticarlos, pero yo pienso: «Bueno, es mi hijo, así que no me importa. Conozco sus virtudes, sus defectos y su potencial». La poesía también ha sido mi amiga más cercana y mi familia. Me tiene en mente. Es una bandera en la montaña de mi camino. Si leo poemas que escribí a los 18, estos me dicen dónde me encontraba en ese momento, lo que sentía, lo que estaba viviendo y quién era. En lugar de una familia, eso es lo más cercano que he experimentado a que alguien me mantenga presente en su mente, lo cual es una parte importante de lo que es el amor.

¿Dirías que tus experiencias y el trabajo que has hecho en ti mismo te han permitido estar más en sintonía con los pequeños detalles que embellecen la vida?

Bueno, creo que nuestras experiencias son puentes, no barrancos. Nos permiten entender mejor al mundo y sus disfunciones. ¿Por qué creemos que todo es perfecto? ¿Por qué creemos que la pérdida no es parte de la experiencia humana? ¿Por qué nos impacta tanto? De hecho, todo lo que experimentamos, tanto lo bueno como lo malo, es una gran oportunidad para establecer una conexión con el mundo y con los demás.

¿Qué desearías haber sabido antes sobre el amor?

En este momento, te hablo desde la estación de tren King's Cross, y todos a mi alrededor tienen una historia única. Pero hay algo que tenemos en común: queremos amar y ser amados. Cuando uno entiende esto, es más fácil empatizar con los demás y comprender que todos somos parte de algo más grande.

Después de colgar con Lemn, me imaginé la escena silenciosamente espectacular que me describió: todas esas personas caminando por la estación King's Cross, cada uno con una

historia propia, con esperanzas, decepciones y anhelos privados, conectados por el deseo de amar y ser amados.

Cuando uno logra ver el mundo de este modo, creo que
nos sentimos menos solos. Nos damos cuenta de que nuestra
vergüenza privada es en realidad algo universal, que otros
también han sentido el dolor de un corazón roto y sobrevi-
vieron a ello. Y que, como dijo Lemn, «nuestras experiencias
son puentes, no barrancos», sin importar lo dolorosas que
puedan ser.

He descubierto que otra forma de experimentar esta humanidad compartida es a través de las historias. A pesar de que
existen narrativas de cuento de hadas que podría culpar por
mis fantasías cuando se trata de relaciones, también hay historias que le han brindado una forma de amor real a mi vida. No
me refiero en específico a libros o novelas sobre amor, sino a
pasajes que tienen el poder de hacerte sentir más vivo. Esos pá-
rrafos que te provocan un cosquilleo familiar. Esas líneas que
parecen haber sido escritas específicamente para una parte profunda y secreta de ti que ni siquiera conocías, hasta que esas
palabras la despertaron.

Creo que leer esta clase de pasajes es una forma de amor.
Como en cualquier relación, ese reconocimiento intrínseco es
una forma de entender y ser entendido, de ver y ser visto. El
psiquiatra Gordin Livingston dice que «un requisito fundamental para cualquier relación satisfactoria es la habilidad recíproca de ver el mundo como lo ve la otra persona, de ponerse
en sus zapatos». Y eso es lo que puede hacer un escrito preciso:
nos concede acceso a la realidad de alguien más y así permite
que nuestra mente sea más empática.

Esta comprensión profunda no ocurre a menudo. Pero cuando ocurre, esos pasajes se convierten en una fuente de amor a nuestra disposición para la próxima vez que nos sintamos desesperados o solos, como un salvavidas que te arrojan cuando no tienes energía para seguir nadando. Así me sentía cada vez que leía los libros de Elizabeth Strout o veía las películas de Kenneth Lonergan. Y es como me siento cada vez que leo a la autora Sarah Hepola o cuando hablo con ella. Sus palabras me transportan a ese lugar pacífico en mi interior donde sé identificar lo que en realidad importa.

Además de escribir una exitosa autobiografía sobre su alcoholismo, *Blackout: Remembering the Things I Drank to Forget* (Apagón: recordando las cosas que bebí para olvidar), Sarah ha explorado la búsqueda del amor a través de sus ensayos para el sitio web Salon, *The New York Times*, el pódcast *Fresh Air* y el nuevo libro en el que ahora está trabajando. Sus escritos me recuerdan que a veces uno encuentra lecciones ocultas en esos momentos en los que no obtenemos lo que queremos en la vida, lo cual decidí explorar más a fondo en esta conversación con ella. ¿Cómo podemos encontrar significado en la ausencia, resiliencia en la pérdida y voluntad en una vida que no podemos controlar? Quería saber si logró (y en ese caso, cómo lo hizo) hacer las paces con el hecho de no haber encontrado una relación romántica en el momento exacto en que ella lo esperaba, y en qué medida eso le enseñó a apreciar la vida que tiene. Y es que miles de filósofos, escritores y terapeutas han compartido teorías sobre cómo podemos ser más agradecidos y vivir más en el presente, pero así como es la lección más sencilla de aprender, también es la más fácil de olvidar. En particular cuando nuestra vida no sigue la senda recta que esperábamos.

LOS REGALOS DE NO OBTENER
LO QUE QUEREMOS
Conversación con Sarah Hepola

NL: Uno de los problemas a los que me he enfrentado es cómo seguir adelante y tener una vida plena cuando no obtenemos exactamente la clase de amor que buscábamos en un momento determinado. ¿Has encontrado alguna manera de evitar que lo que no obtienes te distraiga?

SH: En tiempos recientes me sometí a dos cirugías para extirpar un fibroma en mi útero, que era como del tamaño de una toronja. Y como parte de ese proceso tuve que preguntarme si podría tener un hijo por mi cuenta, en caso de que no conociera a alguien. Al final decidí que no quería seguir ese camino, pero sí atravesé un periodo en el que pensaba que todo eso no era justo. Muchos de nosotros pasamos por esos momentos en los que señalamos a los demás y decimos: «Ellos tienen esto y yo no». Pero, a fin de cuentas, nada de eso importa, porque sé que soy afortunada de tener la vida que he tenido. Pude darme cuenta una vez que me olvidé del resentimiento. Así que el diagnóstico me hizo pensar: esta es mi vida, ¿qué pienso hacer con ella? Si tienes suerte, recibes esa clase de recordatorios: hay decisiones que puedes tomar y otras que no dependen de ti. Así que, ¿cómo piensas lidiar con las decisiones que sí son tu responsabilidad?

Empiezo a pensar que, además de la tristeza que sentimos por no encontrar cierta forma de amor, la falta de control también dificulta esos momentos. Tal vez por eso sentimos que no podemos soportar lo desconocido. Porque si tuviéramos la certeza de que algo ocurrirá o no ocurrirá, tal vez sería más fácil lidiar con ello. ¿Qué has aprendido respecto a vivir sin saber?

Yo tampoco soporto la incertidumbre. Hace poco me enamoré de alguien por primera vez en mucho tiempo. Cuando supe que no funcionaría, deseé que alguien me hubiera dicho que había terminado para poder soltar esa carga. Sin embargo, también tenía miedo de soltar en caso de que aún hubiera esperanza. Terminé atrapada entre dos resultados, y, de algún modo, eso es más difícil que saber.

Y hay ocasiones en que la incertidumbre aviva el anhelo que sientes por alguien. En situaciones como esa suelo preguntarme: si las cosas hubieran funcionado, ¿habría sido más fácil ver los defectos de la otra persona, en vez de romantizar lo que pudo haber sido en su ausencia?

Definitivamente. Hace poco volví a estar en contacto con un hombre llamado Nick. En mis treintas, pensaba que me casaría con él. Nunca había experimentado un amor similar, así que me aferré a él durante años. Al final lo dejé ir, él se casó con alguien más y mantuvimos un contacto muy superficial. Entonces, de la nada, recibí un correo suyo en el cual me contaba que un amigo en común había fallecido y que debería ir a Nueva Orleans y quedarme con él. Luego, me enteré de que su segundo matrimonio había terminado. Y sí fui. Tuve una oportunidad que poca gente recibe: pude volver al pasado que deseaba y darme cuenta de lo mal que hubiese resultado. Él seguía siendo encantador, pero me di cuenta de que no habría sido una buena pareja para mí. Fue hasta entonces que noté lo afortunados que podemos ser a veces cuando alguien nos deja.

Siempre creemos saber lo que es mejor para nosotros, pero eso es una señal de arrogancia juvenil. Conforme he ido envejeciendo, me he dado cuenta de que las cosas que quería no eran necesariamente las cosas que necesitaba en su momento.

Yo también he experimentado ese sentimiento varias veces, pero solo en retrospectiva. Es difícil darse cuenta en el momento. Cuando volviste a ver a Nick en tus cuarentas, ¿sientes que te fue más fácil entender la relación que cuando estabas en tus treintas?

Una de las cosas que al principio me atrajo de él fue su calma. Nunca se alteraba, mientras que yo me sentía como un volcán en erupción. Pero cuando volví a verlo, me percaté de que en realidad esa era una compleja habilidad para compartimentar, lo que siempre sería un problema cuando se tratara de amor. Supe que nuestra relación nunca hubiera funcionado, y eso fue algo muy bueno para mí, porque creo que muchos de nosotros vivimos en la sombra del «¿y si...?»: ¿y si las cosas hubiesen salido así? ¿Y si hubiésemos regresado? ¿Y si me hubiese dado otra oportunidad? Mientras que yo tuve la oportunidad de entender: «Vale, las cosas resultaron mejor para mí». Mi error fue pensar que solo porque lo amaba, nuestra relación tendría que durar para siempre, en vez de comprender que solo fue una experiencia extraordinaria de seis meses.

¿Sientes que esa experiencia te ha ayudado a darte cuenta de que existen regalos extraños en esos momentos en los que no obtenemos lo que queremos en el amor?

Absolutamente. Creo en la idea budista de que el dolor proviene de nuestra incapacidad de ver las cosas como en realidad son. Desde luego, es difícil que yo, que no he perdido a nadie, le diga a alguien que sufre una gran pena: «Te estás aferrando a algo que no era para ti». Pero la realidad de la vida es que hay mucho dolor. Hay más pérdida y sufrimiento del que quisiéramos creer. ¿Cómo podemos aprender a superarlo? Es lo que todos estamos tratando de descubrir en este viaje.

¿Sientes que esa idea ha cambiado tu perspectiva en lo que se refiere a la búsqueda del amor?

Yo quería conocer a mi pareja en mis cuarenta y tantos, antes de tener un hijo, y eso no ha ocurrido. Se debe en parte a la suerte, a las circunstancias y el resto es un misterio. Pero una de las lecciones que he aprendido es que, a pesar de que muchas de mis relaciones no han tenido la forma que yo hubiese elegido, tenían la forma que encajaba con esa persona y hacía sentido para nuestra conexión.

Mis padres llevan 50 años de casados, y tal vez yo llegue a tener una relación igual de longeva; aunque lo más probable es que no llegue a plantar ese árbol, no importa, porque podré plantar otros y tener un jardín con mucha variedad. Me he dado cuenta de que tal vez no tendré una larga historia de amor, sino una serie de historias más cortas. Y, de igual modo, tendré que aceptarlo poco a poco. Porque la vida nunca deja de tomarnos por sorpresa. Hay personas que encuentran el amor, pero lamentan no haber tenido un segundo hijo, o que su madre haya fallecido y no pueda acompañarlos en su vida adulta. Mi madre sigue viva, así que aún no me ha tocado experimentar esa pérdida, pero tengo una amiga muy querida que tiene una hermosa casa, un esposo y dos hijos; sin embargo, cada momento de felicidad en su vida se ve opacado por el hecho de haber perdido a su madre en sus veintitantos. No puede sentir alegría sin sentir esa pérdida. De algún modo, su pérdida me ayuda a reenfocarme en las partes de mi vida que he pasado por alto. Como el hecho de tener una madre y un padre que siguen estando sanos en sus setenta y tantos. Ese es un regalo, y tengo que recordar sentirme muy agradecida por él. De lo contrario, me estoy perdiendo algo muy importante.

¿Has aprendido a ver la relación con tus padres como una historia de amor primordial en tu vida, a diferencia de cuando eras más joven?

Viven a 10 minutos de mi casa, así que es fácil darlos por sentado, pero es algo que trato de evitar todo el tiempo. Como humanos que somos, nuestra configuración de fábrica es ser gruñones, flojos, egoístas y holgazanes. Todos a quienes conozco que tienen vidas significativas deben hacer un gran esfuerzo por contrarrestar esa configuración, ya sea a través de la oración, la meditación, diarios de gratitud o ejercicio físico. Somos criaturas guiadas por nuestro deseo, pero también por nuestra conciencia. Así que la forma de evitar esos anhelos constantes es prestar atención a lo que tenemos. Por ejemplo, yo podría ver el hecho de vivir en casa sola como una sentencia en prisión. O podría hacer lo que hice esta mañana: despertar, pasar tiempo con mi adorable gato y sentirme agradecida por estar viva en este mundo.

Creo que, para mí, leer es una forma de luchar contra esa configuración de fábrica.

Para mí también. Es como un realineamiento emocional, como si alguien ajustara mi columna. Cuando me siento sola, recurro a esos escritos que alimentan el alma; pueden guiarte de vuelta a la mejor parte de ti, o ayudarte a expresar aquello que no logras decir. Cuando te topas con alguien que experimenta lo mismo que tú, te sientes menos solo. Eso es enamorarse: reconocerte en alguien más. Una comunión de almas.

¿Ahora te das cuenta de que, a pesar de que aún quieres una relación romántica, esto no es una garantía permanente de felicidad?

Esa parte ya la he comprendido por completo. Tenemos la idea de que, si tan solo encontramos a alguien que nos ame, podremos liberarnos de la sombra de la infelicidad. Entonces, conoces a alguien que te ama y aún sientes aquella sombra pesada sobre ti. Tal vez no eres tú el del problema. Tal vez hace falta aprender a tolerar el acecho de esa sombra, ya que es en parte lo que nos recuerda que estamos vivos.

En mi vida adulta, he visto a varios amigos casarse y divorciarse. Es como si estuviera formada en una larga fila para subir a una atracción y entonces, todos salieran y dijeran: «Esta atracción es un asco». Pero eso me ayudó a entender que la relación romántica que añoraba no iba a ahuyentar la sombra de infelicidad. La realidad es que es difícil no encontrar una relación, es valiente empezar una relación, y es duro encontrar una y después perderla. En algún punto todos tenemos que aprender lo que significa que nos rompan el corazón.

¿Cuáles han sido los regalos de no obtener lo que querías?

Durante una gran parte de mi vida, tenía la sensación de que no era lo suficientemente buena o que era mejor que todos los demás; vacilaba entre un sentimiento de inferioridad y de superioridad. Al no obtener lo que quiero, siento que por fin estoy a la mitad, y puedo darme cuenta de que no soy distinta a los demás. Me hizo entender que todas esas cosas que ignoré por ir corriendo hacia lo que quería fueron los verdaderos regalos. Y me hace estar agradecida de que mi vida se haya desarrollado de un modo que hubiera sido inimaginable para mujeres de generaciones previas. Hay muchas cosas que dependen del azar, pero también tenemos decisiones y recursos que las mujeres no tuvieron por mucho tiempo. Creo que ni siquiera tenían la posibilidad de anhelar el amor de la forma en que tú y yo podemos.

Definitivamente es un privilegio que tenemos como mujeres, pero también significa que ponemos muchas expectativas en el amor.

Sí, por lo que quisiera hacer una corrección: tengo que estar agradecida de no ser alguien a quien casan por una dote, y también tengo que medir las expectativas del mundo que tengo. ¿Cómo me volví tan insaciable? ¿Podría aprender a pedir menos? He tenido la oportunidad de viajar, de formar una carrera como escritora, de vivir una historia de amor inusual y fascinante. Estoy agradecida por todo esto, a pesar de que no me ha llevado a tener la relación amorosa y la familia que yo quería. En otras circunstancias, creo que habría sido una madre estupenda. Pero también creo que, en la vida que me tocó, he sido una gran buscadora. No obtuve todo lo que quería, pero aquello que sí conseguí ha sido maravilloso. Y tal vez el no obtener lo que queremos nos permite ver la belleza de lo que sí tenemos. De otro modo, la vida sería demasiado aburrida.

Me interesa saber si ahora piensas en la soltería de manera distinta a cuando eras más joven. Porque, durante mucho tiempo, yo tuve la idea de que ser soltera significaba pasar mucho tiempo sola. Luego me di cuenta de que no tenía que hacerlo para demostrar que podía pasar tiempo sola.

A mí me pasó lo mismo. Empecé a viajar sola porque veía gente que viajaba en pareja y pensaba: «La soltería no va a detenerme. Iré sola». Fue maravilloso hacerlo a los 25, aceptar la vida que tenía y salir a buscar aventuras; sin embargo, en algún momento del camino, me olvidé de que también podía hacerlo con otras personas. Estaba demasiado absorta en la idea de viajar sola, como si estuviera en órbita y no pudiera volver a la Tierra. Creo que tenemos que encontrar un balance entre la idea de ser independiente y autosuficiente, y el deseo humano de establecer una conexión, de amar y ser amado.

Algunas de esas ideas eran las que me hacían sentir como un fracaso por querer una relación romántica. Ahora pienso que se trata de separar la idea de «solo seré feliz si tengo pareja» del deseo de estar acompañada. Porque el problema no es querer amor, sino creer que la única forma de ser feliz es tener una relación.

Exacto. Estamos en un proceso de transición de un mundo en el que el matrimonio e hijos eran la única opción a otro en el que estamos tratando de abrir la puerta a muchos estilos de vida distintos. Y me parece muy bien que así sea. Pero todas las personas que conozco quieren sentir esa conexión con alguien más, de un modo u otro. Ahora sé que no quiero estar sola y no tengo por qué estarlo. Lo que no puedo controlar necesariamente es cómo será esa compañía. Yo quería una pareja romántica, y tal vez eso ocurra o tal vez no, pero, de cualquier forma, las conexiones siguen siendo una parte esencial de mi vida y existen muchas maneras de llenar ese espacio. Los más sabios son aquellos que las usan todas. Ha habido veces en las que mis amigas casadas o con hijos están demasiado ocupadas criándolos, pero he encontrado amistades solteras con las que puedo irme de viaje. Incluso he conocido muy buenos amigos hombres en las aplicaciones de citas. Compartimos nuestros infortunios amorosos y nos damos consejos, y me siento muy afortunada de tenerlos en mi vida.

¿Qué desearías haber sabido sobre el amor?

Que el amor de una pareja puede ser una experiencia tremendamente significativa y transformadora, pero que es solo una de muchas otras. Hablando como alguien que ha buscado ampliamente a alguien que la ame, siento que me he perdido la gran historia de amor de mi vida, que es tener dos padres que me aman sin que yo tenga que pedirlo. Uno de los trucos más útiles en la vida es estar agradecido por aquello que se nos da. Y vaya que no puedo pensar en nada, en nada, que haya sido mejor para mi vida y mi crecimiento que haber tenido eso desde un principio. Conozco personas que no han experimentado esa clase de amor, y no me alcanzará la vida para acabar de agradecerlo. Creo que la búsqueda del amor, como yo lo he visto en mi vida y en mi trabajo, es también la búsqueda para darme cuenta de que ya lo tengo.

Si tenemos la suerte de tener uno o dos padres que nos amen, ¿por qué no solemos describir esa relación como la gran historia de amor de nuestra vida? Creo que muchos no aprecian el amor familiar lo suficiente. También ha sido mi caso. He recorrido los pasillos de las tiendas de regalos y, al encontrarme con tarjetas del Día de las Madres, las veo como un doloroso recordatorio de mi lucha por ser madre, en vez de sentirme afortunada porque la mía sigue viva. Cuando he salido a un restaurante con mis padres, he desperdiciado tiempo con ellos revisando mi celular debajo de la mesa, para ver si un hombre, al que en realidad no le importo, ha respondido a mis mensajes, sin darme cuenta de que las personas más importantes en mi vida están sentadas frente a mí.

Además de servirme como un recordatorio de que no debo ignorar esta forma de amor esencial, hablar con Sarah me hizo pensar en las decisiones que dependen de nosotros y las que no, y el hecho de que muy pocas personas (si no es que ninguna) obtienen todo lo que quieren, cuando quieren. Creo que sus respuestas nos invitan a preguntarnos: ¿quiénes son todos aquellos que le brindan alegría a nuestra vida? ¿De quién es la voz del otro lado del teléfono que nos recuerda que tengamos fe? ¿Quién nos recuerda nuestras mejores cualidades cuando las hemos olvidado? ¿Quién nos hace reír cuando estamos al borde del llanto? Y entonces, ¿cómo podemos apreciar a estas personas y mantenerlas cerca? Sin duda esta es la decisión más importante que sí podemos tomar todos los días.

CAPÍTULO 3

Estar atentos

«La falta de amor en mi vida no era una realidad,
sino una falta de imaginación y el uso descuidado
y estrecho de una palabra esencial».

KRISTA TIPPETT, *Becoming Wise*

Una vez, el año pasado, mi mamá me llamó mientras me estaba preparando para salir al trabajo. Ya se me había hecho tarde, y mientras ella me contaba de sus planes para esa semana (sus clases de pilates, las amistades que iba a invitar a cenar, las recetas que estaba pensando en preparar), yo hacía preguntas sin prestar mucha atención, con el teléfono en una mano y revisando un cajón con la otra para encontrar el par de un calcetín. Primero apareció un sentimiento familiar: una combinación de distracción, frustración y estrés; un recordatorio de que no tenía tiempo para hablar. Pero luego llegó otro: la conciencia repentina de la belleza efímera de esa llamada. Este sentimiento solo apareció porque, unos cuantos días antes, había entrevistado a una mujer que perdió a su madre, quien me contó que lo que más extrañaba eran esos pequeños y aparentemente insignificantes detalles que compartían día a día, como quién era su concursante favorito del *reality show* que vio recién, o las plantas que habían florecido esa semana en su jardín, o el solista o cantante de pop que le parecía más guapo. Fue esa conversación la que me hizo sentarme en el borde de la cama y escuchar con atención la voz de mi mamá: me percaté de cómo decía «lates» en vez de pilates; cómo repetía la frase «te doy un *tip*…» cada vez que me explicaba una receta. En vez de esperar el momento oportuno para interrumpir, quería registrar cada detalle de esta conversación en mi memoria. «¿Y qué vas a preparar de postre?», le pregunté, consciente de que ya era tarde de cualquier modo y cinco minutos más no harían gran diferencia. Quería que mi mamá siguiera hablando, que siempre estuviera del otro lado del teléfono, contándome sobre el matrimonio de Karl y Susan en el programa *Neighbours*, o preguntándome a quién deberíamos invitar ese año para la cena de Navidad, a pesar de que estábamos en febrero.

¿Acaso nos damos cuenta de estas sutiles oportunidades de amor entrelazadas en nuestro día a día? Creo que, por lo general, las pasamos por alto, como yo estuve a punto de hacerlo. No debería requerir una historia sobre la pérdida de alguien más para apreciar una llamada telefónica con mi mamá un martes por la mañana, pero he notado que pocas epifanías en la vida nos llevan a un cambio de hábitos inmediato. Incluso después de aprender una lección, es probable que la olvidemos y tengamos que aprenderla otra vez, y aun cuando reconocemos un error, tenemos que volver a cometerlo un par de veces más antes de salir de ese patrón por completo. Sin duda esta es la forma en que yo he aprendido, y sigo aprendiendo, que una vida valiosa se compone de distintos tipos de amor. No se trata de un punto de inflexión radical, sino de una colección de pequeños recordatorios que nos van acercando poco a poco a la verdad, como un barco a la deriva que el viento guía de repente en la dirección correcta.

Solía pensar que el amor era ese sentimiento que existía en ese momento durante esa llamada con mi mamá, una mezcla de lo que sentía por ella y lo que ella sentía por mí. Pero ahora entiendo que el amor fue el acto de cambiar la forma en que respondía a la situación, tanto en la intención como la elección de enfocarme conscientemente en ella. Cuando uno entiende el amor de esta manera, como una acción y no como un sentimiento, es más fácil darse cuenta de que no es bueno considerar la ausencia de una forma de amor como una falta total de amor en nuestra vida. La mejor descripción de este error que he encontrado es la del psicoanalista y filósofo Erich Fromm, quien compara esta actitud con «la de una persona que quiere pintar, pero que en lugar de aprender el arte, sostiene que debe esperar el objeto adecuado, y que pintará maravillosamente bien cuando lo encuentre». De acuerdo con su definición, el amor es «un poder que produce amor». No se trata del objeto que estés pintando, sino del proceso de aprender a pintar. No se trata de admirar flores a la distancia, sino de cuidarlas para que no se marchiten. Es una «actitud», un «poder del alma» o «una orientación del carácter que determina el tipo de la relación de una persona con el mundo como totalidad».

Pero ¿cómo podemos comprometernos a practicar el amor de manera activa, el amor hacia la gente y el mundo, sin permitir que el anhelo por una forma de amor que no tenemos nos distraiga? Creo que hay que sumergirse en las profundidades de nuestro ser hasta encontrar un propósito que nos emocione. Hay que tomar todo el esfuerzo que hemos puesto en ese anhelo y usarlo para encontrar el amor que ya está ahí, en nuestras narices, para que podamos cultivarlo. Esto no significa fingir que no queremos encontrar pareja, o tener un hijo o hacer amigos o encontrar la forma de amor que estemos buscando, sea cual sea; significa tener el suficiente valor para anhelar aquello que queremos, pero tener la inteligencia necesaria como para saber que la vida no se limita a una sola historia de amor, sino a varias. Significa tratar de cultivar el amor con una pareja, si es que quieres tenerla, pero también hacerlo conscientemente en solitario, creando algo con lo que los demás puedan conectar, en las palabras amables de un desconocido, en la amistad, la familia y en ese cielo, a veces azul, a veces gris, que ha estado ahí toda tu vida. También significa entender que todas estas formas de amor no se dan ni se adquieren, sino que se aprenden y se ganan.

Recibí otro recordatorio de esto cuando cumplí 30 años, lo que en aquel entonces parecía ser un hito significativo. Siempre había esperado tener un novio para invitarlo a mi fiesta, o al menos alguien para tener una cita. Sin embargo, para este cumpleaños entendí que el amor romántico no era algo que llegaría a mí de la nada después de años de esperarlo pacientemente. Debía que crear las oportunidades para que llegara y tener esperanza. Así que al final me decidí a descargar una aplicación de citas, llené mi agenda con salidas los miércoles por la noche y asumí que mi entusiasmo honesto daría frutos. Dejé un espacio abierto en mi lista de invitados, por si acaso.

Cuando llegó la fecha de mi fiesta, aún no tenía ni cita ni novio. (Así es a veces el amor romántico: puedes esforzarte mucho y mantener la esperanza, y quizá ni así llegue. Así que resulta útil entender que esto no es un reflejo tuyo, como si le pusieran mala calificación a tu personalidad. Sin importar lo mucho que te esfuerces, a veces también necesitas algo de suerte).

Sin embargo, de manera inesperada, este cumpleaños resultó ser una noche llena de romance. Mis amigos y familiares cantaron, rieron y bailaron, y también escribieron mensajes de felicitación en un enorme cartel con una foto mía de bebé que mis padres habían mandado hacer. Mientras los observaba, pude ver el amor en el gran corazón de mi mamá, en la gentileza de mi papá y en la comprensión de mi hermano. También en mis amistades, en la sensibilidad de un amigo, en la fe de otro. Se encontraba en las nuevas experiencias que había compartido con mis colegas y mis amigos de la universidad de periodismo, mientras iba forjando una carrera que, por primera vez, significaba algo para mí, y también en las viejas historias que compartía con mis compañeros de piso, cuyos abrazos me hacían sentir como en casa. Al ver a todas estas personas ahí sentadas, los mismos que conocían todas las versiones de mí y yo las de ellos, recordé que todos éramos responsables por una parte del corazón y la felicidad del otro. Esa noche no solo me di cuenta de que la vida está repleta de distintos tipos de amor, sino que la capacidad de amar existe en cada uno de nosotros, y es nuestro deber encontrarla. En vez de esperar a que el amor llegara a mi vida, podía elegirlo. Podía notar, escuchar y prestar más atención a las personas que componen mi vida. Me percaté de que mi búsqueda del amor no me permitía darme cuenta de que ya lo tenía. En vez de preguntarme: «¿Alguna vez encontraré el amor?», debía hacerme una pregunta mejor: «¿Cómo podría amar mejor?». La primera parte de encontrar el amor consistió en ver en mi interior. La segunda era practicar mirar hacia afuera.

El viaje hacia mi interior también fue importante, porque si uno no se entiende o se valora, es más difícil generar amor para los demás. También me hizo darme cuenta de que nunca había amado en verdad a los hombres con los que había salido ni a los que había idealizado en mis veintes. No me había involucrado en su crecimiento personal, ni los había visto totalmente por quienes eran, porque estaba más interesada en la percepción que ellos tenían de mí. Era una versión mal lograda del amor, centrada en el ego, así que estaba decidida a olvidarme de ella.

Ahora creo que buscar cualquier clase de amor es un proceso continuo de mirar hacia adentro y hacia afuera. Hay que mirar hacia adentro para poder entendernos, para sentir curiosidad por nuestras necesidades, nuestros deseos, dones y defectos, para desarrollar la generosidad y la autocompasión. Y luego hay que mirar hacia afuera para usar el poder que todo lo anterior te ha dado y así amar a otros, y también a tu vida. Lo que he aprendido es que uno no encuentra el amor, sino que lo crea, cuando entiende que forma parte de algo más grande. Cuando entiende que es una pequeña mancha de color que resulta vital en la imagen de la vida.

PARTE II

¿CÓMO MANTENEMOS EL AMOR?

«La historia de la intimidad humana consiste
en permitirnos ver constantemente a quienes amamos
de manera más profunda, bajo una nueva luz más fracturada.
Mira bien. Arriésgate».

CHERYL STRAYED, *Pequeñas cosas bellas*

CAPÍTULO 1

La fase de la luna de miel

«Somos el tesoro mismo: brazas de profundidad
en el mundo que hemos creado y vuelto a crear».

DANI SHAPIRO, *Hourglass: Time, Memory, Marriage*

Existen pocas veladas verdaderamente perfectas en la vida; la noche en que Dan y yo nos besamos por primera vez fue una de ellas. Estábamos comiendo papas y bebiendo negronis bajo un fresco cielo de verano; había lucecitas en los árboles. Después, nos detuvimos en el pavimento afuera de un restaurante en Canonbury y él me dijo: «Voy a besarte ahora» (sé que suena un poco incómodo, pero, por alguna razón, no lo fue). Durante años me hice a la idea de que las citas por internet no eran más que entrevistas aburridas que dejaban un sabor a decepción en la boca. Sin embargo, ahí estábamos, dos casi desconocidos besándose en el pavimento.

Lo que no sabíamos en ese momento era que cuatro años después estaríamos juntos en el asiento trasero de un Uber en ese mismo lugar. Estaríamos casados. Estaríamos cansados. Estaríamos tomados de la mano en el asiento trasero de un Toyota Prius que acababa de recogernos del hospital de la Universidad de Londres (UCLH, por sus siglas en inglés), donde un doctor acababa de retirar de mi vientre un feto de 10 semanas al que ya le habíamos puesto ñombre. Como seguía adolorida por la cirugía, hacía muecas de dolor cada vez que el conductor pasaba por un bache o daba vuelta en una esquina. Dan apretaba mi mano, pero no decía nada, porque no había nada que decir. Cuando el auto se detuvo en el semáforo junto al pavimento donde nos besamos por primera vez, me asomé por la ventana. En la radio se escuchaba «I Want to Know What Love Is», de Foreigner. Recordé a las personas animadas y risueñas que éramos esa noche, tratando de desnudar nuestras almas por medio de la conversación y deseando que la cita nunca llegara a su fin. Ahora estábamos deprimidos y silenciosos, deseando que el trayecto en auto llegara a su fin. Teníamos planeado volar a la isla Mauricio el día siguiente para celebrar nuestra luna de miel, pero el doctor nos dijo que no podíamos viajar. Primero tenía que hacerme la cirugía para sacar al bebé.

Cuando planeamos el viaje de luna de miel a la isla Mauricio, pensé que era una buena oportunidad para celebrar un compromiso, así como un pretexto para tomar unas vacaciones costosas. No fue sino hasta después que descubrí la etimología de la palabra, y que esta podía tener un significado más cínico. La palabra *honeymoon* (luna de miel en inglés) viene del anglosajón *hony moone*; *hony* quiere decir «periodo indefinido de cariño y placer entre una pareja de recién casados», mientras que *moone* se refiere al inevitable declive de ese periodo de cariño, como una fase de la luna. Después de que nos vimos obligados a cancelar nuestra luna de miel, parecía que estábamos adelantando el inicio de un periodo de nuestra vida mucho más oscuro y complicado. ¿Acaso esos momentos fáciles y cariñosos ya se nos habían escapado de las manos, como la luna al cambiar de fase?

Debo admitir que aún soy una principiante en lo que se refiere al amor a largo plazo, y sé que habrá retos más difíciles que volver a embarazarse después de haber sufrido un aborto espontáneo, pero el año que siguió a ese viaje en taxi de regreso del hospital me hizo reflexionar sobre lo que he aprendido acerca de tratar de mantener el amor cuando la vida no sale de acuerdo con lo planeado. Porque una relación no es un curso que puedas estudiar y luego completar. Más bien, es una decisión que hacemos todos los días para construir algo significativo con alguien más. Para eso hace falta conciencia y comprensión, de ti mismo y de tu pareja; ambos necesitan también esforzarse y creer que serán capaces de sobrevivir sin importar lo que la vida les quite, y de encontrar la manera de reencontrarse cuando el destino amenace con separarlos. Yo creía saber esto. Pero, en cuanto la vida me quitó algo, nos quitó algo a los dos, me olvidé de todo por un tiempo. Estaba demasiado ocupada mirando hacia atrás, pensando en lo que había perdido, y hacia adelante, enfocada en aquello que no lograba hacer: embarazarme. Sentía que mi vida era un cuadro y mi pérdida era el marco; cualquier cosa que hacía estaba limitada por el contexto de lo que no tenía.

Pasaron seis meses, seis periodos y seis desilusiones más (porque cuando una está tratando de embarazarse sin conseguirlo, en eso se convierte tu periodo, en un mensaje mensual que te rompe el corazón como un huevo estrellado en el piso).

De pronto todas las cosas que solíamos disfrutar juntos también estaban enmarcadas por esa pérdida. Nos despertábamos los domingos por la mañana con el sonido del bebé del vecino llorando en el departamento de arriba. Caminábamos por el Parque Clissold hasta que atardecía y lo único que podía ver era a todas esas parejas empujando sus carriolas, o a una niña pequeña montada en su bicicleta azul con una canasta al frente, gritando: «¡Mira, papi, mira!». Incluso cuando íbamos a cenar a casa de nuestros amigos, alguien ponía esa canción de Foreigner. Me pregunto si Dan se transportó de inmediato a ese Toyota Prius, al igual que yo. No le pregunté, ya que, si no era el caso, no quería llevarlo ahí. Y fue así como, por primera vez en nuestra relación, había cosas que no nos decíamos.

Pasaron otros tres meses. Durante este tiempo, seis de nuestros amigos nos avisaron que estaban esperando. Nacieron tres bebés; dos niñas y un niño. Y yo aún tenía en las notas de mi celular todos los nombres de bebé que no había podido usar. No podía explicarle a Dan cómo se entrelazaba la tristeza de no concebir cada mes con el aborto, porque ni yo misma lo entendía. Tampoco podía explicarle a nadie por qué un periodo tan corto, en particular hablando de fertilidad, se sentía tan agonizantemente largo. Era como si la tristeza se reprodujera de manera constante dentro de mí, como una canción que no podía detener.

Cada mes, cuando tenía que anunciar «no, no estoy embarazada», pensaba en la alegría reflejada en los ojos de Dan la primera vez que vio el corazón de nuestro bebé latir dentro de mi vientre a través del monitor; era una mirada que nunca antes había visto, tan pura y llena de vida. Odiaba tener que ser la mensajera de nuestra decepción mutua.

Después de tantos años de compartir las minucias de nuestros días, se sentía extraño que solo yo conociera ciertas partes de nuestro viaje para concebir. Quería que Dan supiera todas las veces que revisaba con ansias mi ropa interior en el baño del trabajo, asustada de encontrar una gota de sangre que le pusiera fin a nuestra historia de amor. Quería que supiera sobre la mujer con la que compartí cuarto en el hospital. La vi cuando desperté de la anestesia; estaba llorando en silencio y tenía la expresión más triste que hubiera visto en mi vida. Todavía pienso en ella algunas noches. Quería que supiera las pistas que buscaba meticulosamente en mi cuerpo cuando me bañaba (¿pezones oscurecidos?, ¿pechos hinchados?, ¿estómago inflado?) y cómo los consideraba todos para tomar una decisión imposible: si debía arriesgarme y decirle que tenía esperanzas. Quería que lo supiera todo, pero no quería tener que decírselo.

Alrededor de esta época volví a leer una cita de la experta en relaciones Susan Quilliam: «Las relaciones amorosas suelen fallar por la falta de autorreflexión y comprensión». Para ser una buena pareja, sugiere ella, hay que entender cuáles son tus necesidades y temores, así como las inseguridades que se disfrazan de otras emociones. Y para hacer eso, primero tuve que descifrar algo que no me atrevía a admitir. Pensaba que estaba frustrada por la inequidad biológica de nuestra situación, por el hecho de que mi cuerpo tuviera que someterse a procedimientos mientras que el de Dan no. Pero debajo de esta molestia se escondía un sentimiento de vergüenza, la sensación de que el aborto y los problemas para concebir eran culpa mía. Los resultados de nuestras pruebas habían mostrado que el esperma de Dan estaba saludable, pero una de mis trompas de Falopio estaba bloqueada a causa de complicaciones derivadas de la cirugía, así que el doctor me recomendó someterme a otra operación antes de empezar con la fecundación *in vitro*. Cuando recibimos estas noticias, sentí que mi cuerpo nos estaba decepcionando a ambos.

Esta sensación de culpa se agudizaba cada vez que veía a Dan cargando un bebé, o haciendo reír a un niño. Una de las cosas que la gente siempre nota de Dan es que los niños se sienten muy a gusto con él. Además de ser maestro de primaria, es la clase de persona que acaba enseñándoles a los hijos de sus amigos cómo hacer el *moonwalk* mientras los adultos se quedan en la mesa. O que llega a casa con una nota enmarcada escrita con crayola y letras de diferentes colores que dice: «Dan, eres mi maestro favorito. Te voy a extrañar. Con cariño, Alice». Cada vez que lo veía conectar fácilmente con los niños, cuando presenciaba la dicha que le traían y él a ellos, me dolía pensar que yo podía ser la culpable de negarle la paternidad. Su personalidad, su esencia, solo hacía que mi sentido de fracaso se hiciera más profundo. A veces podía ver nuestra pérdida reflejada en su rostro, por lo que prefería no mirarlo a los ojos.

Hubiera sido más fácil dejar que este sentimiento se acumulara junto con los demás, pero una noche, mientras cenábamos pizza, se lo conté todo, incluyendo lo preocupada que estaba de cómo podría afectarnos esto como pareja, en especial si llegábamos al peor de los casos en este viaje de fertilidad. ¿Podríamos sobrevivir a las traicioneras incógnitas? ¿Las fertilizaciones *in vitro* que pudieran fallar, las partes de nosotros a las que tuviéramos que renunciar en el camino? Como respuesta, me tomó de la mano y afirmó: «Lo lograremos incluso si no lo logramos».

A pesar de que identificar y compartir mi vulnerabilidad fue un momento clave, me di cuenta de que Dan no podía cargar con mi anhelo en mi lugar. Lo haría, si se lo hubiera pedido, pero esa no era la respuesta. Hasta cierto punto, cada uno de nosotros debe cargar con nuestra propia tristeza, y yo era la única que podía perdonar a mi cuerpo y aprender a estar en paz con él. Empecé a responsabilizarme por mis sentimientos. Y decidimos seguir recorriendo juntos nuestros caminos individuales.

Si dijera que después de eso aprendí a bajar el volumen de mi tristeza, estaría mintiendo. Seguía conmigo cada día, la silenciosa tonada de una vida que nunca tuvimos la oportunidad de experimentar, y que aún no estábamos seguros de si algún día podríamos. La escuchaba cada mañana cuando pasaba junto a la sección de niños perdidos en el metro de Leicester Square y cuando encendía Netflix en la noche y veía los tres íconos en la pantalla: Dan. Natasha. Niños. La tonada se volvía más fuerte cuando un hombre que vendía pulseras de cuentas se nos acercó durante nuestras vacaciones y nos preguntó con inocencia: «¿Están casados?». «Sí», respondimos. «¿Hijos?». Sacudimos la cabeza y pensé en la forma tan casual en que la gente hace esta pregunta. Esta pequeña palabra puede contener todo un abismo.

Lo que sí aprendí fue a tratar de no silenciar la tristeza y a enfocarme más en vivir. Porque el amor rara vez es una historia perfecta. Habrá maravillosos besos en el pavimento y viajes en taxi dolorosamente lentos. Habrá orgasmos y diarrea, ascensos y deudas, parientes difíciles, desconocidos atractivos y días mundanos y claustrofóbicos. Y tenemos que encontrar la manera de seguir conectándonos con la persona amada, y tratar de entendernos a nosotros mismos, en las buenas y en las malas. Tenemos que reconstruir las relaciones que valoramos una y otra vez, incluso cuando nuestro corazón o nuestro ego estén heridos (aún más en esos casos).

Me tomó un año darme cuenta de que nuestra luna de miel no eran unas vacaciones canceladas a un lujoso hotel en la isla Mauricio, sino 12 meses de intentar y esperar juntos. Este siempre sería el año en el que perdimos una vida y en el que no logramos crear otra. Y en el fondo de este agujero logramos encontrar algo más. No fue una luz brillante, como aquella de un nuevo comienzo. No. Lo que encontramos fue intimidad, intimidad profunda y que conseguimos con esfuerzo. Un tierno amor que nació de una experiencia compartida, en el espacio vacío que nuestro bebé no pudo ocupar. Claro, es verdad que ya no éramos las mismas personas alegres y despreocupadas que fuimos la noche de nuestro primer beso, pero esa versión de nosotros sigue habitando en nuestro interior, junto con muchas otras. Hay muchas versiones de nosotros que descubrir y reconocer. Qué desafío, qué regalo.

El siguiente verano, para festejar nuestro primer aniversario de matrimonio, viajamos a Apulia. Durante estas vacaciones empecé a preguntarme si, al igual que con las estrellas en el cielo nocturno, podía ver las partes hermosas de nuestra vida con más claridad en contraste con ese último año tan oscuro y difícil. Algunos días me imaginaba cómo habría sido nuestro viaje si hubiésemos tenido un bebé de seis meses, como teníamos contemplado. Pero durante otros entendía que la dicha frente a mí no existiría si nuestra vida hubiese sido distinta. Prestaba mucha atención a esos momentos y los guardaba como fotografías mentales; por ejemplo, aquella mañana en que Dan estaba nadando en el mar y yo le grité: «¡Ola!», mientras estaba a punto de derribarlo por detrás. Él solo saludó y yo me reí porque fue una bobería. Esa tarde bebimos demasiado en el almuerzo y fuimos a tomar una siesta a nuestra habitación con aire acondicionado, donde dormimos a ratos, tomados de la mano; nuestros cuerpos estaban pegajosos por el bloqueador solar, y sentía su gran corazón latiendo contra mi espalda. Me di cuenta entonces de que, quienquiera que haya ideado la definición de «luna de miel», se equivocó por completo. La ternura del amor no disminuye con el tiempo, sino que se hace más profunda. Las partes fugaces son pequeños espacios de tiempo como estos, y debemos hacer todo lo posible por prestarles atención.

Un día antes de sentarme a escribir este libro, mi amiga Helena me envió una postal de una pintura llamada *Ad Astra* (*Hacia las estrellas*). Cuando la busqué, descubrí que puede ser parte de una frase que significa «hacia las estrellas a través de las dificultades», y se cree que pudo originarse a partir de la línea «no hay un camino fácil de la Tierra a las estrellas». Dan entró mientras la colocaba en la pared sobre mi escritorio con una tachuela azul. Hablamos por unos minutos y él soltó: «Estuve pensando que, si algún día tenemos una niña, su segundo nombre podría ser...». Y dijo el nombre que habíamos elegido para el bebé que perdimos, que no escribiré aquí, porque esa pieza de la historia es solo para nosotros dos. Entonces lo supe claramente: a pesar de que me había sentido sola algunas veces ese año, en realidad nunca lo había estado.

Después de celebrar el final de ese primer año de matrimonio, tenía otra perspectiva sobre el amor. Ese sentimiento cálido en mi pecho se había expandido y se había vuelto más profundo, más oscuro y sin fondo. Nuestra relación también se había convertido en algo nuevo: un ente vivo, separado de nosotros, y ambos habíamos hecho el pacto de mantenerlo con vida. Ahora era como una planta: no podíamos solo vaciarle una cubeta de agua y esperar que sobreviviera. No. Teníamos que turnarnos para regarla con frecuencia y nutrir sus raíces. Esta cambiaría de forma mientras iba creciendo. Y si la descuidábamos por mucho tiempo, se marchitaría y moriría.

Entonces la siguiente pregunta es: ¿qué hay que hacer para mantener el amor? Ese año aprendí un poco sobre cómo encontrar el camino de vuelta hacia tu pareja en medio de una experiencia dolorosa, pero ¿qué me dicen de los días aburridos y ocupados que existen en medio de todas las altas y bajas? ¿Cómo podemos seguir amando a nuestros amigos, hijos y parejas, y a nosotros mismos, lo mejor que podamos, incluso cuando las otras áreas de nuestra vida (el trabajo, la salud, el dinero) nos exigen más atención? Porque para construir una buena relación se requieren docenas de personas, no solo dos. Y, como ya antes me dijo Ayisha Malik, necesitamos tener varias personas en nuestra vida para poder ver las diferentes partes que nos conforman. Así como hemos hablado del esfuerzo que tenemos que hacer con nuestras parejas románticas, hay que hablar del esfuerzo y las inevitables complejidades que pueden surgir cuando tratamos de amar a todos en nuestra vida.

Uso la palabra *mantener* (*sustain* en inglés) porque significa nutrir, fortalecer y apoyar, pero también soportar o sufrir. Al principio pensaba que esta palabra era demasiado negativa como para describir una relación de amor. Pero conforme empezaba a hablar con más personas sobre los desafíos de un amor a largo plazo (como los cambios, las suposiciones, la autocomplacencia, el tiempo, el miedo a la pérdida), me percaté de que muy pocas relaciones, o prácticamente ninguna, pueden evitar estas dificultades por completo. Atravesar estas situaciones juntos, perdonarnos cuando nos equivocamos y volver a intentar, una y otra vez… es así como evoluciona el amor. Y también nosotros evolucionamos dentro de él. En esta sección del libro exploraré este proceso, y quería empezar echándole un vistazo a la realidad del romance.

Solía envidiar a quienes se enamoran a primera vista, porque no fue así para Dan y para mí. Nos tomó un par de meses, por lo menos, para empezar a conocernos, y un par más para comprometernos a tener una relación. Los dos éramos precavidos, ambos nos conteníamos, y tal vez también estábamos un poco asustados. Por todos esos motivos, los primeros meses en los que salimos fueron como tratar de inflar un globo sin lograrlo; nuestra historia de amor no se parece casi en nada a aquellas que idealizaba al crecer, en las que la atracción es instantánea y avasalladora. Sin embargo, resultó ser mi relación más romántica: una historia de amor a fuego lento, pero no por eso menos conmovedora a pesar de haber tenido su comienzo en una aplicación de citas. Me enseñó la belleza de llegar a conocer la versión completa de alguien más en vez de la fantasía que te haces de esa persona, así como la tranquila solidez del amor real, que, como todo lo significativo en la vida, requiere esfuerzo. Pero ¿cómo es ese esfuerzo? ¿Y cómo podemos encontrar verdadero romance en una relación a largo plazo?

Acudí a la autora Roxane Gay para obtener las respuestas, con la esperanza de que, al redefinir lo que significa el romance, podamos asegurarnos de nunca descuidarlo.

Roxane es ensayista, profesora, columnista y la autora de los exitosos libros *Confesiones de una mala feminista*, *Hambre: Memorias de mi cuerpo* y *Mujeres difíciles*, entre otros. También es una romántica empedernida que estuvo enamorada por muchos años de la idea del amor. Decidí entrevistarla después de leer un artículo sobre el día de San Valentín que publicó en *The Guardian*, en el que escribió: «Solía crear ficciones elaboradas para mis relaciones, ficciones que me permitían creer que lo que cualquier amante y yo compartíamos se parecía mucho al amor. Decía "te amo" como si las palabras fueran dinero, como si pudieran obligar a los objetos de mi afecto a corresponder de forma genuina esos sentimientos». Fue reconfortante darme cuenta de que incluso una de las intelectuales y escritoras más sabias de nuestros tiempos podía caer en la trampa de idealizar una noción poco realista del amor, como yo lo había hecho, y leer que, por medio de la edad y la experiencia, Roxane había aprendido a reconocer la diferencia entre la idea del amor y la realidad. Quería descubrir cómo había aprendido esa lección, y cómo lucía el romance en su relación con la autora y anfitriona de pódcasts Debbie Millman, con quien estaba comprometida cuando llevamos a cabo esta entrevista y con quien se casó en 2020.

REDEFINIENDO EL ROMANCE
Conversación con Roxane Gay

NL: ¿Cuál dirías que es la diferencia entre la idea que tenías del amor cuando eras más joven y lo que entiendes por amor verdadero ahora?

RG: La principal diferencia es que ahora entiendo que mucha de la mitología que rodea al amor es solo eso, mitología. Al crecer, leía y veía muchas comedias y dramas románticos, que por lo general te dan una idea magnífica de lo que es el amor y el romance, pero no necesariamente una realista. Ahora, en vez de ese flashazo instantáneo de amor que solemos ver en estas historias, estoy más interesada en la clase de amor que se vuelve más profundo con el tiempo.

Todos tenemos relaciones distintas con el amor. A veces son buenas y a veces no. El amor nuevo siempre es emocionante, pero lo que ocurre después de que el aspecto novedoso de la relación comienza a desvanecerse es más hermoso para mí. Es algo que crece, un lugar donde existe la paciencia y el humor, donde puedes estar furiosa con alguien y aún amar a esa persona. Ahora aprecio eso, en especial porque soy mayor y tengo una relación funcional. Sin duda me ha demostrado que puedes tener la chispa, la emoción y el romance con alguien que seguirá estando ahí a la mañana siguiente, cuando no te has cepillado los dientes.

Ahora encuentro gozo en amar a mi pareja, así como disfruto ser amada por ella. Y creo que no hablamos lo suficiente sobre lo que de verdad significa ser amado, y ser capaz de corresponder ese sentimiento.

¿Y qué significa ser amada para ti?

Significa sentir que alguien cuida de ti todo el tiempo, que te ve en verdad, que te acepta por quien eres, lo bueno y lo malo, y que espera grandes cosas de ti. Me encanta que mi pareja tenga altas expectativas de mí y siempre intento estar a la altura. También se trata de creerle a tu pareja cuando te dice cómo se encuentra emocionalmente, en vez de tratar de convencerla de lo contrario. Tienes que aceptar sus sentimientos como son, incluso si ve las cosas de manera distinta.

Para mí, lo más hermoso del amor a largo plazo es entender que una persona se ha vuelto necesaria en tu vida. Mi vida no tiene sentido sin mi pareja y yo me siento tan necesaria para la suya como ella para la mía. Además, puede sonar obvio pero es importante: nos hacemos reír la una a la otra todos los días. Disfrutar la compañía del otro es una parte importante del amor. Yo uso a mis padres como modelo: llevan 47 años de casados y se siguen riendo juntos, siguen teniendo citas. Incluso cuando discuten no dejan de ser amigos. Claro, tienen sus altibajos, pero a fin de cuentas se gustan y se respetan. Eso es algo constante.

¿Hay algo que te haya sorprendido acerca de la realidad del amor, comparada con la fantasía que tenías cuando eras más joven?

Lo más sorprendente es que cuando encuentras a la persona indicada no hay mucho trabajo que hacer. La gente suele decir: «Oh, el amor requiere mucho trabajo»; sin embargo, me he dado cuenta de que es un esfuerzo que no se siente como trabajo, solo como mantenimiento. Lo que me encanta y me ha tomado por sorpresa es que, en una buena relación, amar a alguien puede ser sencillo. Claro, todos tenemos momentos en los que no nos agrada mucho nuestra pareja, pero en una buena relación ese es un sentimiento temporal y no afecta el amor que sientes por ella. Ahora, cuando mi pareja y yo tenemos desacuerdos, nunca duran mucho, porque entendemos que la molestia de no hablarnos, de no llevarnos bien, resulta peor que tratar de resolver el problema juntas, sea cual sea.

¿Crees que ahora eres capaz de hacer eso por tus años de experiencia y porque has aprendido de tus relaciones pasadas? ¿O porque esta relación en particular funciona?

Ambas estamos en el momento indicado de nuestra vida para lograr que la relación funcione. Al fin somos lo suficientemente maduras. Las dos hacemos terapia, por separado, y cuando la conocí me sentí más lista que nunca para tener una buena relación y ser una buena pareja. Sin embargo, también creo que tiene que ver con el hecho de que ella es la persona indicada. Es muy paciente, tiene un gran sentido del humor y ya me conocía un poco antes de estar juntas, pues había leído mi autobiografía. En ese sentido, tenía una idea general de al menos una versión de mí. Eso nos ayudó a acercarnos bastante. Entonces, para ser franca, tiene que ver en gran parte con la suerte. Tuvimos suerte.

Yo no solía creer en las almas gemelas. Ahora estoy convencida de que mi prometida lo es. Siento como si la conociera desde hace cientos de años y, aun así, cada día descubro nuevos aspectos de su persona. Me encanta ese potencial, la posibilidad de lo desconocido en lo familiar.

¿Por qué decidieron que querían casarse?

El compromiso es algo importante. ¿Necesitamos el pedazo de papel? No en realidad, pero creo que el matrimonio es más que eso, y me parece extraño tratar de minimizar el compromiso a solo «un pedazo de papel». Para mí, el matrimonio se trata de decir: «Sí, ya estamos comprometidas, pero ahora queremos intercambiar votos frente a nuestros amigos y familiares, y ellos se encargarán de hacernos responsables por estos votos. Nosotras también lo haremos. Trataremos de permanecer juntas sin importar lo que suceda. Vamos a aguantar. No huiremos cuando las cosas se pongan difíciles o alarmantes, y siempre nos esforzaremos por ver lo mejor en la otra: hoy, mañana y dentro de 20 años». El hecho de que estés dispuesto a hacer eso con alguien más, comprometerse para que la relación funcione, me parece algo muy sexi y bonito. A veces no funciona, y no tiene nada de malo. Pero casarte con alguien significa que piensas hacer el intento de cualquier modo.

Creo que, cuando uno decide casarse, también mira hacia adelante y entiende que habrá retos para mantener el amor a largo plazo. ¿Cuáles crees que son los mayores desafíos?

El mayor desafío es reconocer que lo nuevo no siempre es mejor. La gente suele distraerse y pensar: «Oh, mira a esa persona tan sexi. La deseo», o «esta persona me intriga intelectualmente». En vez de pensar que podría ser una buena amiga, consideran la posibilidad de tener una aventura con ella, porque la gente suele estar más interesada en lo nuevo que en lo estable. Pero yo he descubierto que también es absolutamente posible encontrar novedad en una vieja relación, si estás abierto a ello.

Y, siendo sincera, ese es uno de los aspectos más emocionantes de estar enamorado. En mi caso, te aseguro que no tengo interés en conocer a alguien nuevo. Estoy vieja y ya tuve suficiente de eso. No tengo interés en descubrir las peculiaridades de alguien más. ¡Quiero las peculiaridades que ya conozco!

Además de tu matrimonio, tienes una vida satisfactoria, con tu trabajo, tus amistades y contigo misma. ¿Consideras que estas cosas fortalecen tu relación?

Oh, sin duda. Es la primera vez que puedo estar en una relación sin esperar que sea mi mundo entero, o que satisfaga todas mis necesidades emocionales. Tengo una carrera razonablemente buena, buenos amigos y a mi familia. Y adoro el hecho de que mi pareja complementa todo eso, y que puedo incluirla en todo. Pero, justo por tener una vida satisfactoria aparte de la relación, ella no tiene que arreglar todo y serlo todo para mí.

Así como podemos aprender sobre nosotros mismos estando solos, pienso que podemos seguir haciéndolo en una relación. ¿Qué has aprendido sobre ti en esta relación?

Aprendí cuál es mi capacidad para amar, lo que quiero y lo que no quiero, y que está bien expresar mis límites, mis deseos y mis necesidades. Así que sí, esta relación definitivamente ha sido un viaje de autocrecimiento, así como uno de crecimiento mutuo. Pero aún no estoy formada por completo; todavía me cuesta expresar mis necesidades. Intelectualmente, sé que esta relación es un espacio seguro para ser abierta respecto a mi personalidad, mis deseos y mis necesidades, pero a menudo mi pareja tiene que sacarme esa información. Sé que no es algo que uno disfrute mucho, pero ella está dispuesta a hacerlo, y espero que pronto lleguemos al punto en el que esto ya no sea necesario. Creer que merezco el amor es un trabajo en progreso para mí. Trato de creérmelo cada día, y en los días en los que no lo logro, intento no ser demasiado dura conmigo misma. Soy capaz de hacer esto porque sé que nuestro amor es constante. Sé que mi pareja seguirá amándome, sin importar si yo creo que lo merezco o no.

Te has descrito como una romántica empedernida. ¿Crees que eso perjudica o ayuda en una relación a largo plazo?

Ayuda siempre y cuando exista amor verdadero de fondo. No puede ser solo romance porque sí. Me encanta tener gestos románticos con y para mi pareja, y ella hace algo romántico todos los días, como dejarme papelitos con mensajes y corazones por todas partes. Un día en mi maleta, otro día en un cajón o junto a mi cepillo de dientes. Esas palabras dulces siempre son una sorpresa. Por lo general creemos que el romance tiene que ser una habitación llena de rosas, pero a veces es un mensajito en un pedazo de papel. A veces es recoger a tu pareja del trabajo y llevarla a un lugar especial para que se relaje, o sacar la basura antes de que llegue a casa. El romance se trata de encontrar maneras de demostrarle al otro que lo aprecias.

Tal vez soy romántica porque me gusta que me valoren, y me gusta que mi pareja sepa que la valoro también. Es inevitable que, en algún punto de la relación, alguno de los dos subestime al otro. Así sucede. Pero cuando eso ocurra, quiero que sea algo fuera de lo ordinario, no la norma.

¿Qué desearías haber sabido antes sobre el amor?

Si tienes un amor verdadero y sólido, puede soportar todas las dificultades. Aguantará el hecho de que somos humanos y tenemos defectos, y nos sentimos tristes a veces y podemos tener problemas con nuestra pareja. Desearía haber sabido que el amor no desaparece cuando no eres callada y perfecta.

Roxane no es la primera persona que entrevisto que se siente sorprendida por lo fácil que puede ser el amor verdadero. La periodista Christina Patterson afirmó: «Desearía haber sabido que el amor no tiene por qué ser como escalar el Everest». Y Ariel Levy aseguró: «Siempre pensé que el amor debía ser tenso, doloroso y complicado, como una especie de batalla. Desearía haber sabido que puede ser verdaderamente fácil». Sus respuestas me recordaron algo que escribieron en los panfletos que repartieron en el funeral de mi tío abuelo Ken sobre su matrimonio: «Ken y Annette tuvieron la gran fortuna de permanecer enamorados desde el momento en que se conocieron. Ken solía decir que enamorarse de ella fue lo más fácil que hizo en su vida». Cuando leí esas líneas por primera vez, pensé que contradecían mucho de lo que había aprendido sobre el amor: algo que requiere trabajo y renovación constante. Ahora comprendo que lo que quieren decir estas respuestas es que, a pesar de que uno tiene que esforzarse para que una relación funcione, no debería ser necesario convencer a alguien de que te ame. O te aman o no. Esa parte debería de ser sencilla.

Y como Roxane lo señaló, hay veces en las que hasta la parte de «trabajo» en las relaciones no se siente como trabajo, sino solo como mantenimiento: una serie de decisiones que tomamos a diario para no subestimar a las personas que amamos.

Para Roxane puede ser una notita. Para mi amiga Sarah es que su esposo le ponga pasta a su cepillo de dientes para que, en cuanto entre al baño, la esté esperando al lado del lavabo. Para ti podría ser que alguien te traiga tu barra de chocolate favorita de la tienda sin ningún motivo en especial, o doblar y guardar la ropa interior que dejaste tendida para que se secara. Ahora veo que estos pequeños gestos no solo son mantenimiento, sino también una forma de romance. Pequeños y discretos detalles con los que día a día decimos «te amo».

Hay dos lecciones a destacar en mi conversación con Roxane. La primera es aceptar y creer los sentimientos de tu pareja, incluso si son distintos a los tuyos, en vez de tratar de convencerla de lo contrario. La segunda es que uno puede seguir encontrando novedad en una relación a largo plazo.

Quería entender los desafíos que implica seguir aprendiendo esas lecciones, no solo al principio de un matrimonio o una relación, sino después de décadas juntos. ¿Acaso será poco realista esperar seguir encontrando novedad luego de tantos años juntos? ¿Qué se siente que alguien que has conocido durante la mitad de tu vida cambie y exprese sentimientos que difieren mucho de los tuyos? Ya que yo solo llevo seis años en mi relación, no podía responder estas preguntas sola. Así que decidí hablar con una de mis escritoras favoritas, la ilustradora y autora de la autobiografía gráfica *Good Talk* (Buena charla), Mira Jacob, para que me contara lo que ha aprendido sobre mantener una relación después de dos décadas de matrimonio. Mira lleva más de 20 años casada, y ahora ella y su esposo viven en Brooklyn con su hijo de 12 años.

Por suerte, hablar con Mira me convenció de que llegar a conocer a alguien es una historia sin fin: tu pareja puede seguir siendo un misterio para ti incluso después de años de conocerla. Y si aceptas eso en vez de resistirte, es posible volver a enamorarte de ella una y otra vez. Mira me ayudó a ver que un amor a largo plazo te ofrece todo aquello que, según lo que yo asumía, está reservado para los primeros años: misterio, erotismo y hasta romance, si uno presta atención.

LOS RINCONES DESCONOCIDOS DE UN SER AMADO
Conversación con Mira Jacob

NL: Escribiste en Vogue *que, cuando te enamoraste de tu esposo, «no pudiste saltarte las partes vulnerables de enamorarse». ¿Por qué se te dificultó tanto esa parte?*

MJ: Los seres humanos aprendemos a ocultar las partes imperfectas de nuestra personalidad por miedo a que no nos encuentren atractivas. Siempre había pensado que existe un lado desastroso de tu personalidad que guardas para ti mismo, algo que nadie conocerá nunca. Darme cuenta de todas las veces que mi pareja ha sido capaz de atravesar esa barrera fue una experiencia aleccionadora. Puedo fingir que lo tengo todo resuelto, pero cuando me siento peor, él sigue siendo la persona a quien recurro.

Después de tantos años juntos, ¿qué has aprendido acerca de cómo hacer que el amor dure?

Ningún matrimonio es perfecto, pero si intentan perdonarse el uno al otro por los baches ocasionales, que son de esperarse cuando dos personas tratan de vivir juntas, eso ayuda mucho. En ocasiones cometemos torpezas cuando tratamos de amar a alguien, no todas se sienten bien y algunas pueden doler, pero, en nuestro matrimonio, existe mucho perdón por todas las tonterías que podamos cometer en el camino. Y créeme que son muchas. ¡Y seguirá habiendo más!

A veces la gente se refiere al amor a largo plazo como una compañía cómoda. Yo solo llevo seis años en mi relación, pero en ese tiempo he notado lo contrario: de cierta manera, un romance profundo tiende a volverse más intenso con el tiempo. ¿Sientes lo mismo? ¿Dirías que el romance significa algo distinto para ti después de dos décadas juntos?

Creo que la gente prefiere ver el amor más viejo como una compañía segura porque nos asusta pensar en su fragilidad con franqueza. Si admitiéramos lo frágil que es en realidad, nos sentiríamos aterrados, porque gran parte de nuestra vida gira en torno a él. Mientras que, con un amor nuevo, estás consciente de todas las grietas y posibles problemas, pero el riesgo aún no es tan alto. Lo que quiero decir con esto es que creo firmemente que la pasión sigue existiendo en el amor más viejo, porque esas fallas que menciono también continúan existiendo. Tratamos de reconfortarnos pensando que no es el caso, pero claro que están ahí.

Lo que siempre me sorprende cuando hablo con amigos cuyas relaciones de 15 o 20 años han terminado es lo rápido que pueden salir mal las cosas. Muchas veces dicen: «Teníamos problemas desde hace 10 años», pero, a veces, en realidad solo los últimos meses habían sido difíciles. Cuando escucho historias así, pienso: «Espera… Si has invertido 10 años en algo, ¿no debería tomarte al menos 10 años desmantelarlo? ¿O 10 años de errores para que termine?». Pero las cosas no son así. Así que siempre se siente algo traicionero seguir adelante. Sé que eso suena negativo, pero creo que la fragilidad es de hecho una parte positiva del amor.

¿Cómo es que entender la fragilidad de las relaciones a largo plazo las hace más apasionantes?

Cuando yo siento esa fragilidad, va acompañada de una parte aterradora que me recuerda que no debo de subestimar el amor. El otro día estaba en el tren y caí en cuenta de que había conocido a mi pareja ese mismo día 20 años atrás. De pronto pensé: «Oh, por Dios, ¿y si no tenemos 20 años más?» (lo cual, francamente, es muy probable, porque la vida no es tan larga como nos gustaría que fuese). Seguí pensando: «¿Y si el destino no quiere que sigamos juntos? ¿Y si uno de nosotros deja este mundo?». De pronto sentí la urgencia de estar a su lado. En ese momento, supe que los 20 años que había pasado junto a él habían transcurrido más rápido de lo que hubieran pasado dos años con la persona equivocada. En parte porque, de algún modo, él siempre se siente como algo nuevo para mí. Justo cuando empiezo a pensar que lo conozco bien, emerge una nueva parte suya que nunca había visto. Me parece muy interesante seguir descubriendo quién es ahora.

Entonces, ¿permitirse cambiar puede ser una fuente de pasión, así como un desafío para una relación a largo plazo?

Sí, y desearía haber sabido que ese cambio ocurre de manera constante y consistente en una relación. Ha habido momentos en nuestro matrimonio en que siento que es un desconocido, y hasta me he preguntado: «¿Quién eres?». Esos momentos pueden resultar solitarios, pero no quieren decir que te hayas equivocado en tu matrimonio, sino que están atravesando un momento de cambio. De cierto modo, desearía haber sabido eso cuando era más joven. Pero, por otro lado, me alegra no haberlo hecho, porque ha sido maravilloso dejarme sorprender por los cambios en ambos. La verdad es que nunca eliges a alguien, porque las personas cambian, y sus vidas cambian también. Así que cuando escoges a una pareja, en realidad lo haces en función de qué tan bien soporta el cambio. Y también de cómo tú lidias con los cambios a su lado.

Al igual que tú, tu pareja es una obra en proceso. Y ya que la amas, tu trabajo incluye seguir descubriéndola y conservar esa curiosidad. Algo que me enorgullece de mi matrimonio es la curiosidad que siento por mi pareja y la que él siente por mí. Cuando acaba el día, no hay nadie más a quien quiera contarle todo tanto como a él.

Es normal que, al principio de una relación, los dos estén interesados en hacer preguntas sobre el otro, porque se están conociendo. Pero, conforme pasa el tiempo, hay quienes dejan de esforzarse por conocer a su pareja y preguntarse si han cambiado. Creo que esto puede ser algo preocupante.

Estoy de acuerdo. Es aterrador cuando alguien con quien cuentas se transforma en otra persona. Te obliga a ponerte al día y eso es difícil para cualquiera. Te sientes tentado a juzgarlo, pero la verdad es que todos tenemos rincones desconocidos. La parte interesante de un matrimonio es que te comprometes con la idea de seguir conociendo esos rincones, y de prestarles atención conforme se desarrollan y se convierten en algo más. Eso es un matrimonio para mí: estar dispuesto a hacer el esfuerzo de volver a conocer a alguien una y otra vez.

En verdad creo que mi pareja está comprometida con la idea de mi crecimiento. Cada vez que tengo un nuevo proyecto en puerta, o algo que me asusta intentar, él me asegura: «Puedes hacerlo. Puedes resolverlo». E inherente a su confianza en mí, existe el entendimiento de que hacer algo nuevo me cambiará.

Además del cambio, ¿cuáles son otros desafíos que han afrontado juntos?

Es difícil ser una pareja interracial en Estados Unidos. Mi pareja y yo somos de razas distintas, y tenemos distinto color de piel. También tenemos un hijo de raza mixta, así que estamos experimentado el mundo de dos maneras diferentes. Él creció en Nuevo México, al igual que yo, y como yo soy india y él es judío, ambos sabemos lo que se siente pertenecer a una minoría. Pero ahora que estamos en Nueva York, creo que él no vive con el mismo grado de miedo por lo que está pasando. En todo caso, teme por mí y por su hijo, pero no por él. Es como si uno de nosotros estuviese bajo una tormenta mientras que el otro está bajo un toldo, y nuestro amor tuviera que cerrar esa brecha.

¿Cómo logras superar los sentimientos de frustración que pueden surgir por estas experiencias distintas y mantener la intimidad a pesar de ello?

Lo único que hemos podido hacer por el momento es seguir hablando (es fácil dejar de hablar cuando se tienen experiencias muy distintas). También he tenido que aceptar que habrá momentos en los que me sentiré furiosa, porque hay muchos motivos para estarlo. Cuando era joven, me sentía mal por la idea de que mi raza nos complicaba las cosas. Pero, para ser honesta, los problemas de mi raza no son los que están enloqueciendo al país en este momento, ni los que nos han lastimado más como pareja, sino los de la supremacía blanca. Y si él eligió estar conmigo, también eligió vivir estas situaciones a mi lado, sin cansarse de ello, ni rendirse o fingir que es algo que me corresponde a mí arreglar.

Además, algunas cosas son más fáciles de lo que la gente quiere hacernos creer: me sigo sintiendo atraída hacia él, sigo queriendo estar a su lado, aún quiero compartir mi vida con él. Lo difícil es localizar y exponer la vulnerabilidad que existe dentro de ti, aquella que sabes que la otra persona nunca tendrá que soportar, y no sentir resentimiento por ello. Pero, para evitar que ese muro entre los dos se solidifique, hay que hablar y acortar esa distancia.

Convertirse en padres puede implicar un gran ajuste en la vida de cualquier pareja a largo plazo. ¿En qué aspectos cambió su relación después de tener un hijo?

Para mí, fue algo físico e instintivo al principio. Sabía que podíamos darle fórmula para bebés a nuestro hijo, que es lo que hacía cuando tenía que ir a trabajar, pero yo quería amamantarlo y sentir mi cuerpo junto al suyo. Debido a eso, yo era la que siempre se levantaba en las noches, por lo que mi sentido del tiempo y el espacio se vio completamente alterado. Después de que nació mi hijo, yo veía el mundo a través de sus ojos y con sus necesidades en mente. Al principio eso me hizo resentir a mi pareja. Pensaba: «¿Quién es esta persona adulta que tiene tanta libertad? ¿Cómo puedes salir por la puerta sin pensar en todo esto tanto como lo hago yo?». Sin importar si eres un padre biológico o no, creo que por algo existe un padre primario, el que siempre piensa «esto depende de mí». Y cuando haces eso, te aíslas por completo. El enfoque de la relación pasa a ser tu hijo, y tienes que encontrar la manera de volver a tu pareja. Tienes que reconocer la molestia y decirle: «Me enoja haber perdido mi sentido de identidad mientras que tú has podido conservar el tuyo». Debes atender el problema y seguir adelante. Ahora que nuestro hijo tiene 12 años, los dos sentimos la misma presión. Ambos somos los encargados de cuidar de él como ninguna otra persona lo hará.

A pesar de que mi pareja y yo tuvimos que hacer cambios para acomodar a alguien más en nuestra relación, es maravilloso ver a la persona de la que te enamoraste en alguien más. Ver las partes que me cautivan de mi pareja en nuestro hijo, comprender esa extraña química de la naturaleza y cómo funcionó para revelarme estas cosas es algo increíble. Uno hace espacio para un nuevo ser, el cual, sin embargo, está compuesto de muchas de las cosas que amas de la persona que ya tienes a tu lado.

Hemos hablado mucho sobre cómo mantener la intimidad emocional, pero ¿cómo te has asegurado de que sigan físicamente conectados después de tantos años juntos?

Pienso en el sexo como la vida de ensueño de un matrimonio; te dice cosas que no sabes o no puedes admitir en tus horas de vigilia. Creo de verdad que nuestro cuerpo sabe las cosas antes de que nuestra mente esté lista para procesarlas, y, de ese modo, el sexo se convierte en una especie de lenguaje subconsciente, una forma de encontrarle sentido a una parte de ti que no se puede expresar en palabras, como el arte o la música. Lo que más me gusta de esto es que existe una especie de verdad de fondo, una esencia que no puede confundirse con nada más. Uno puede saber si están conectados o si solo están haciéndolo en automático y conteniéndose.

Aunque es verdad que a veces ponemos la intimidad emocional en un pedestal, creo que a veces es más fácil perder el hábito de tener sexo que el hábito de hablar, así que tal vez sea necesario poner el mismo esfuerzo, sino es que más, en ese aspecto.

Absolutamente. Me preocupa cuando no he tenido sexo con mi pareja en mucho tiempo, así como me preocupa cuando llevo mucho tiempo sin escribir. Me siento separada de una parte de mí misma. Y me asusta la idea de hacerlo otra vez, porque me pregunto: ¿y si no me gusta tanto como antes? Me empiezo a sentir nerviosa al respecto, hasta que se vuelve un gran peso para mí. El atajo que yo uso para evitar ese problema de la manera más fácil es seguir haciéndolo con regularidad. Porque, de ese modo, no pongo tanto peso en cada ocasión. Es más bien como: «Sí, lo estamos haciendo de nuevo. ¡Genial! ¿Qué te pareció esta vez?». En ocasiones es increíble y hasta precioso de cierto modo. Y en otras es algo tan rutinario como lavar una camiseta. Prefiero estar hecha a la idea de que el sexo puede tener distintos resultados. No existe un solo tipo de sexo.

No obstante, es importante esforzarse, y no me refiero a esparcir pétalos de rosa por la casa. Lo que quiero decir es que hay que apagar el cerebro y dejarse llevar. Es necesario conversar de manera constante con la persona que amamos, y el sexo es otra forma de conversación. Por eso creo que es emocionante cuando has estado con alguien por mucho tiempo y de pronto empiezan a tener una clase distinta de sexo. Piensas: «¿Qué está pasando? Pensaba que te conocía».

¿Qué desearías haber sabido antes sobre el amor?

Solía preocuparme por mostrarme de cierta manera, porque no quería dejar de ser un misterio y que la otra parte perdiera el interés. No sabía que siempre hay cosas nuevas que descubrir sobre tu pareja, ni que siempre serán un misterio. Existen muchos mundos en su interior que son inaccesibles en ciertos aspectos, pero accesibles en otros. Y eso es ampliamente gratificante.

Tenemos muchas vidas plegadas dentro de nuestra vida principal. Tenemos innumerables secretos, anhelos, etapas y partes alternas de nuestra personalidad. Nuestras parejas viven con todo eso. Puedo estar sentada con mi pareja y, de pronto, me cuenta una historia de su vida, o algo que estaba pensando, que resulta nuevo y muy interesante para mí. No sabía que así funciona el amor. Pensaba que era como un libro que lees y terminas, y ya conoces toda la historia. Pero no es así, porque siempre hay un capítulo nuevo.

Las dudas que tenía acerca de si es posible llegar a conocer a alguien por completo o no, o si pueden seguir habiendo novedades en una relación después de décadas, fueron resueltas. Sin embargo, esta conversación me proporcionó otra pista: el «lenguaje subconsciente del sexo»; o bien, aquello que nuestro cuerpo puede decirnos antes que nuestra mente. A pesar de que mi deseo por concebir ha complicado el asunto del sexo en mi relación, sabía que (en tanto Mira lo describió como la vida de ensueño de un matrimonio), si en verdad quería entender cómo mantener el amor, no podía huir de él.

Pienso que el buen sexo, al igual que la intimidad emocional, requiere mucha vulnerabilidad. Cada vez que acercamos nuestro cuerpo a una persona y nos dejamos llevar, exponemos un poco de nuestro ser. Mostramos nuestros deseos, incluso aquellos que podrían parecer extraños o vergonzosos para alguien más. Es una conversación, otra manera de ver y de ser visto, excepto que hay menos palabras para ocultarse. No hay manera de saber con exactitud cómo se desarrollará la situación, o cómo reaccionará tu cuerpo la próxima vez que se toquen. Si te es físicamente posible y estás en una relación monógama, también es una de las pocas cosas que haces con tu pareja que no haces con nadie más. Eso es el sexo para mí: un misterioso portal que me permite acceder a otra parte de Dan, y a través de este, él accede a otra parte de mí.

Claro que, en el tiempo que hemos estado juntos, nuestra vida sexual ha atravesado distintas etapas: la ardiente urgencia de los primeros años; el sexo menos frecuente, pero más exploratorio, cuando llegamos a conocernos mejor y teníamos menos miedo de probar nuestros límites y más disposición para ser honestos sobre lo que queríamos exactamente. También estuvieron los momentos más funcionales que cumplieron con su propósito: los días torpes en que no estábamos sincronizados, las noches en las que teníamos la cabeza en otro lado. Por otra parte, hubo momentos en los que me preocupé de que mi libido estuviera disminuyendo, porque no sentía ese deseo de manera tan automática como antes. En ese momento equiparaba una buena vida sexual con el deseo espontáneo, y recordaba con envidia el cuerpo que habitaba durante los primeros tres años de nuestra relación, que se encendía tan fácil como un interruptor.

No fue sino hasta que empezamos a tratar de concebir otra vez, luego del aborto espontáneo, que pensé en replantear mi comprensión del deseo por completo. No pienso mentir: cuando tienes sexo para tratar de embarazarte, este se convierte en una actividad tan mundana como tender la ropa. Sabes que tiene que hacerse en un momento determinado, sin importar lo cansada que estés, o de otro modo la ropa empezará a oler a humedad… o pasarán tus días fértiles. También se vuelve más pesado. Lo que solía ser una manera de conectarnos y de disfrutar, pronto se convirtió en una situación más compleja: un boleto potencial a todo lo que deseábamos. El sexo podía darnos un bebé o volver a decepcionarnos, y aunque ocurriera lo segundo, teníamos que volver a hacerlo una y otra y otra vez. No por placer, sino por necesidad. A estas alturas, los doctores nos recomendaban hacerlo cada dos días.

A veces, en especial unos meses después de la cirugía, me sentía tan desconectada de mi cuerpo que no tenía interés alguno por sentir placer. Mi único objetivo era llegar a la meta lo más rápido posible. De vez en cuando nos masturbábamos antes para acelerar el proceso, y otras veces nos reíamos de lo funcional que se había vuelto todo. Sorprendentemente, encontrar el humor en esos momentos nos proporcionaba un nuevo tipo de intimidad. No algo erótico ni misterioso, sino algo en extremo honesto. Incluso un lunes lluvioso a las 5:45 a. m., antes de que Dan se fuera a trabajar, teníamos sexo si yo estaba ovulando. Lo hacíamos por ambos: dos personas que tenían un sueño en común, comprometidas a algo que ninguno de los dos tenía muchas ganas de hacer, tratando de ser amables y generosas mientras lo intentábamos de cualquier modo.

Lo más extraño de estos meses fue que, aunque el sexo se había convertido en un deber para ambos, a veces, cuando llevábamos unos minutos haciéndolo, cambiaba de opinión. Inesperadamente y de la nada, empezaba a desear el sexo que ya estaba teniendo. Y eso no ocurrió solo una o dos veces, sino en varias ocasiones, y era más frecuente entre más nos veíamos obligados a seguir teniendo sexo. Fue la primera vez que comprendí que el deseo espontáneo no estaba relacionado de manera directa con la calidad de mi placer durante el sexo. Y esta revelación me llevó a explorar el trabajo de Emily Nagoski.

Emily, una educadora sexual y autora del exitoso libro *Tal como eres*, usa la ciencia y la psicología para desmentir los mitos que existen alrededor del sexo. Nos desafía a repensar lo que significa tener una vida sexual «normal» (*spoiler*: eso no existe); cuestiona las conjeturas que existen sobre el cuerpo de las mujeres (en particular por parte de los hombres); y nos demuestra que, por lo general, el miedo al fracaso es lo que interfiere con la capacidad de la gente para disfrutar del sexo. La parte del trabajo de Emily que transformó mi actitud respecto al sexo analiza dos tipos de deseo sexual: el deseo espontáneo (un interés repentino por tener sexo) y el deseo responsivo (el cual surge en respuesta, más que en anticipación, a la estimulación erótica). Ella explica que, aunque el deseo responsivo es algo saludable y normal, por lo general, cuando nos preguntamos qué es lo que define el buen sexo, nuestra mente se plantea la pregunta equivocada: ¿cuánto sexo quiero y qué tan seguido lo deseo en automático? De hecho, como Emily y yo discutimos más adelante, solo si nos olvidamos del mito de que el deseo espontáneo es la única medida de una buena vida sexual, podemos empezar a plantearnos una mejor pregunta: ¿qué significa de verdad para ti tener sexo emocionante?

LA CIENCIA DEL SEXO
Conversación con Emily Nagoski

NL: ¿Existe alguna razón científica por la que, durante las primeras etapas de una relación, solemos buscar sexo con más urgencia y más frecuencia?

EN: No es el caso para todos. Esto varía mucho. Pero sí, la experiencia común es que, en la etapa temprana y más ardiente de una relación, el mecanismo de apego en nuestro cerebro impulsa el proceso químico, lo que nos hace querer formar un vínculo con la otra persona para asegurar el apego, y una de las formas de hacerlo es a través del sexo. Cuando nos estamos enamorando y nos sentimos fácilmente motivados para tener sexo, es porque nuestro cerebro piensa: «¿Qué más puedo hacer para acercarme? Oh, ya sé: sexo».

¿Es por eso que, conforme el apego a la pareja va creciendo, hay quienes no quieren tener sexo tan a menudo?

Sí, esa es la ironía: cuando la conexión está asegurada, tu cerebro no necesita reforzar el apego. Pero incluso cuando estás en una relación segura y a largo plazo, si el apego se ve amenazado, el impulso de establecer una conexión puede volver. Por ejemplo, el esposo de mi hermana (que trabajaba como maestro de música en una preparatoria en aquel entonces) solía ir a Europa una vez al año durante 10 días con su coro. Mi hermana se quedaba en casa y decía que se sentía «melancólica», y cuando su esposo regresaba, ella se sentía motivada para tener sexo, porque el apego había sido puesto a prueba. Lo extrañaba, y el sexo reparaba la amenaza al apego. A pesar de que llevaban 20 años juntos, este distanciamiento temporal fortalecía el deseo. Lo mismo ocurre en relaciones inestables: si siempre estás preocupado de que tu pareja vaya a dejarte, esa conexión inestable puede motivarte sexualmente, porque tu cuerpo está tratando de usar el sexo como un medio para estabilizar la relación. Esta es la razón principal por la que el deseo es una tontería. Me encantaría que la gente dejara de darle tanta importancia al deseo cuando habla de su bienestar sexual, porque tener deseo solo significa que estás motivado para tener sexo, sin importar cual sea la motivación, y muchas veces esta puede ser un poco retorcida o mala para ti.

Por la forma en que nuestra cultura habla del placer (por ejemplo, decir que deberías tener sexo cierto número de veces a la semana), algunos pueden sentirse como un fracaso por no tener «suficiente». Por otro lado, ¿dices que tal vez, si uno no desea tener sexo constantemente, podría ser una señal de que tiene una relación fuerte y segura?

¡Sí! Una de las investigaciones más emocionantes que he visto en los últimos cinco años es la que llevó a cabo Peggy Kleinplatz en Canadá, acerca de experiencias sexuales óptimas. Los investigadores entrevistaron a docenas de personas que aseguraban tener vidas sexuales extraordinarias, gente con diferentes tipos de relaciones, incluyendo a quienes llevaban décadas juntos. Les preguntaron: «¿Cómo es este sexo tan genial que describes?». Con base en sus respuestas, los investigadores desarrollaron una lista de características necesarias para tener sexo que no solo fuese óptimo, sino extraordinario, y la publicaron en un libro titulado *Magnificent Sex* (Sexo magnífico). ¿Sabes qué no aparecía en esta lista? Un deseo espontáneo e inesperado por tener sexo. Tampoco mencionaban la frecuencia. Sin embargo, tenemos todos estos referentes culturales sobre el sexo que le dan prioridad a esas cosas.

Entonces, ¿a cuáles de las características que Kleinplatz descubrió deberíamos darles prioridad?

1) Estar completamente presentes en el momento, encarnados, enfocados y absortos. 2) Establecer una conexión, una alineación, estar en sincronía. 3) Tener una intimidad sexual y erótica profunda. 4) Excelente comunicación y profunda empatía. 5) Ser genuino, auténtico y transparente. 6) Ser vulnerable y dejarse llevar. 7) Explorar, tomar riesgos interpersonales y divertirse. 8) Trascendencia y transformación.

Volviendo al ejemplo de tu hermana y su esposo, ¿crees que una forma en la que las parejas con relaciones a largo plazo pueden incrementar el deseo es encontrar oportunidades seguras para poner algo de distancia en la relación?

Sí. En la investigación de Kleinplatz, la frase que salió a la luz fue «solo lo suficientemente seguro». Para algunos eso significa encender las luces o experimentar con una nueva posición. Para otros es ir a un club de *swingers* y tener sexo frente a otras personas. Pero esto no se trata de consejos sexuales repetitivos; lo importante es el riesgo emocional. La vulnerabilidad, la autenticidad. Es algo atrevido aceptar a tu pareja completamente por quien es y por sus deseos, así como que tu pareja te acepte por quien eres y por lo que deseas también. Es mucho más difícil que comprar lencería o ver pornografía, pero es más gratificante. El placer no tiene por qué ser una prioridad todo el tiempo, pero si hay un momento en que dos personas deciden que sí es importante y pueden encontrar el valor de explorar esos lugares mutuamente, entonces toda la relación se transforma. Pueden sentirse más conectados entre ustedes, e incluso, con su propia humanidad.

Entonces, ¿por qué estamos tan obsesionados con el deseo espontáneo como medida de una buena relación sexual?

He pensado mucho en esto y no tengo una respuesta científica. Creo que se debe en parte al hecho de que el deseo es un estado óptimo para el capitalismo. Es necesario que desees tener más cosas para que sigas consumiendo y continúes estimulando la economía. Existe un sentido básico que nos dice que ese estado de deseo constante es lo apropiado, lo cual me parece muy extraño, porque, ¿acaso el deseo no indica que no estamos satisfechos con lo que tenemos en ese momento? ¿Por qué tiene que ser ese el objetivo?

Entonces, si alguien acude a ti y te dice que no siente deseo espontáneo, pero quiere esforzarse para satisfacer su deseo responsivo y el de su pareja en una relación, ¿qué consejo le darías?

Gran parte del proceso consiste en entender que el deseo responsivo es normal, no es un síntoma de nada malo. Una de las razones por la que las personas se resisten a olvidarse del mito de que el deseo espontáneo es necesario es que todos queremos sentirnos deseados. Puede ser decepcionante aceptar que lo que ocurre en realidad es que ponemos el sexo en el calendario. Te pones tu ropa interior favorita, consigues una niñera (si puedes), guardas la ropa limpia y te metes a la cama a esperar a que llegue tu pareja. Dejas que tu piel roce su piel y tu cuerpo reacciona. «Ah, sí, me gusta esto. En verdad me gusta esta persona». Esto es normal. Así es el sexo en una relación a largo plazo, aquellas en las que se mantiene una fuerte conexión sexual durante décadas.

La gente quiere que el sexo sea tan ardiente como cuando se estaban enamorando y no podían esperar para ponerse las manos encima. Pero cuando alegan que el sexo programado suena aburrido, les recuerdo todo el esfuerzo que ponían y la anticipación que sentían en ese entonces antes de tenerlo. Incluso en esa etapa temprana, uno no llega a tener sexo así de la nada; pensaban en ello todo el tiempo. Acicalaban su cuerpo, elegían un atuendo y, durante el proceso, se sentían emocionados. Hacían cosas para cortejarse el uno al otro; no ocurría así como si nada. Y es necesario poner el mismo esfuerzo para crear experiencias sexuales e impresionarse mutuamente en una relación a largo plazo, incluso si la anticipación proviene de un lugar distinto.

Tienes razón al decir que lo que por lo general recordamos como deseo espontáneo era en realidad una serie de decisiones y esfuerzos calculados.

Sí, y la diferencia es que, durante esa etapa temprana de la relación, es fácil darle prioridad al sexo y sentirse motivado. Pero ¿qué ocurre después de 10 años juntos? Sus cuerpos han cambiado, tal vez tengan hijos, están más cansados, quizá haya algo de suciedad emocional acumulada entre ustedes. Si ese es el contexto en el que se encuentran, tienen que lidiar con todo esto primero y analizar cómo se sienten antes de que puedan reconectar de forma sexual.

Para algunos puede ser difícil decir «ya no me apetece tener sexo de manera espontánea, ¿por qué no empezamos a programarlo?». Estás reconociendo que hubo un cambio en la relación (incluso si, como mencionabas, se trata de un cambio positivo). ¿Por qué esa conversación se siente tan pesada?

La idea de iniciar un plan para el sexo es bastante agobiante. Todos somos frágiles y tememos el rechazo; además, se requiere una gran vulnerabilidad para decir: «Si te parece que tengamos sexo el sábado a las tres de la tarde, con gusto estaré ahí, lista sobre la cama». Con eso te arriesgas a que te rechacen, y nuestra identidad está atada a nuestro éxito como seres sexuales. Sobre todo para algunos hombres heterosexuales, quienes tienen la idea de que la única forma en la que pueden acceder al amor y ser aceptados por completo es poniendo su pene dentro de una vagina. Así que, si su pareja dice que no, no solo le están diciendo que no al sexo, le están diciendo no a la persona. El sexo en sí no es una finalidad primordial, pero crear conexiones sí, y no les permitimos a los hombres acceder a otros canales para dar y recibir amor. Si un hombre en una relación heterosexual puede reconocer que existen otras maneras de dar y recibir amor, le quita presión al sexo. Ya no se sentiría tanto como una obligación para la mujer, porque no asumiría que está rechazando toda la humanidad de su pareja solo por decirle: «Hoy estoy demasiado cansada». No tiene nada que ver con su humanidad; solo está exhausta.

Hablando de quitarle presión al sexo, ¿crees que estamos demasiado enfocados en el orgasmo, y que, si nos enfocáramos más en el placer de las dos personas, nos sentiríamos liberados?

Para algunos el orgasmo es muy importante, no se sienten satisfechos a menos que tengan uno, y eso está bien. Pero otros consideran que, si no tienen un orgasmo, son un fracaso, y eso ya es otra dinámica. A esas personas les recomendaría olvidarse por completo del orgasmo como meta. Porque, cuando quitamos el orgasmo de la mesa, el placer se vuelve tu objetivo principal, y no hay manera de fracasar mientras la pases bien. Por lo general, el riesgo de fracasar es lo que dificulta el placer.

Antes de esta entrevista, les pregunté a mis amigas cuáles eran sus mayores problemas en cuanto al sexo. Las dos respuestas más comunes fueron: 1) creo que soy mala para el sexo porque me he desacostumbrado a hacerlo y no me excito con facilidad, y 2) no puedo vaciar mi mente lo suficiente como para liberarme y disfrutarlo. ¿Qué aconsejas en estos casos?

Lo más importante es aprender lo que es «normal». Si alguien asegura ser bueno para el sexo porque lo hace conforme a los ideales sexuales aspiracionales construidos culturalmente, entonces no es bueno en realidad. El problema es que los estándares son una tontería y no tienen nada que ver con la realidad de las personas. Tenemos que dejar de castigarnos por no estar a la altura de unos estándares arbitrarios y destructivos, y en lugar de eso, evaluar nuestro bienestar sexual bajo nuestros propios términos. Pero es muy difícil. Es mucho más fácil limpiar tu mente de dudas y temores, lo cual puedes lograr a través de la atención plena.

Pero, desde un punto de vista científico, ¿por qué resulta más fácil excitarse cuando tu mente se encuentra en un estado relajado y apacible?

La parte de tu cerebro que controla la respuesta sexual se conoce como el modelo de control dual. Este tiene un acelerador que percibe cualquier estímulo relacionado con el sexo: todo lo que ves, oyes, hueles, tocas, saboreas, piensas, crees o imaginas, y envía una señal a tu cuerpo para excitarte. De igual modo, ya que es un modelo de control dual, también tiene un freno. Si este freno detecta un motivo por el cual no deberías de estar excitado, como una amenaza potencial, envía una señal para detener la excitación. Así que excitarse depende de un proceso dual que consiste en encender el interruptor y eliminar cualquier cosa que pudiera activar los frenos. Cuando estás parloteando en tu mente y preocupándote por tu sexualidad, por ejemplo, por tus pechos caídos o la celulitis en tus muslos, estos pensamientos meten el freno en vez del acelerador. No es sino hasta que te olvidas de todo a tu alrededor y dentro de tu mente que puedes soltar el freno para que el acelerador pueda hacer su trabajo.

La forma en que hablamos del amor por lo general se enfoca en cómo excitarnos y meter el acelerador, pero tal vez deberíamos de preocuparnos por aprender a quitar los frenos, ¿no crees?

Sí, todos esos artículos sobre esposas y lubricante y juegos de rol se enfocan solo en cómo excitarse. Pero, en general, cuando la gente tiene problemas no es por falta de estimulación para pisar el acelerador, sino porque el freno funciona demasiado bien. En particular, las mujeres jóvenes tienen más probabilidades de llegar al orgasmo luego de seis meses de iniciar una relación que la primera vez que tienen relaciones sexuales con alguien. Como es obvio, la primera vez que estás con alguien esa persona no sabe cómo tocarte, pero, además, tu modelo interno está atento a las preocupaciones y expectativas de la otra parte. Todo esto activa los frenos y te impide experimentar sensaciones placenteras. Mientras que, después de seis meses, tu cuerpo puede olvidarse de todo eso y confiar en tu pareja, quien a su vez ya habrá aprendido a tocarte de un modo que te haga sentir bien.

¿Es por eso por lo que el deseo sexual cambia a lo largo del tiempo? ¿Porque los frenos son más fuertes en distintos puntos de tu vida, dependiendo de lo que esté ocurriendo?

Exacto, tu cerebro responde a todos los cambios que ocurren a lo largo de tu vida. Es normal que el deseo disminuya poco después de que llegue un hijo a tu familia. Has dormido mal, estás exhausta, y si fuiste tú quien dio a luz, el significado de tu cuerpo ha cambiado por completo. ¡Es normal que no te den ganas de tener sexo! El mismo cambio ocurre cuando estás cuidando a una madre o un padre anciano. Y, de cierto modo, la preocupación de no estar interesado en el sexo durante ese tiempo también puede activar los frenos; juzgar el sexo es una de las mejores maneras de frenarlo. Así que entre más puedas relajarte y reconocer que es normal que el deseo y la conexión sexual suban y bajen en una relación, te será más sencillo salir de esas etapas en las que el sexo disminuye, y volver a la etapa en que aumenta.

¿Qué desearías haber sabido antes sobre el sexo y el deseo?

La neurociencia del placer. La forma más sencilla de entenderla es esta: si tu estado de ánimo es sexual y tu pareja te hace cosquillas, puede que te sientas bien y esto lleve a algo más. Sin embargo, si la misma persona te hace cosquillas cuando estás de mal humor, tal vez sientas deseos de darle un puñetazo en la cara. Es la misma sensación con la misma pareja, pero tu cerebro la interpreta de manera distinta porque el contexto es diferente. Así que para saber cómo darle placer a tu cuerpo, no basta con decir: «Tócame aquí. No me toques así». Se trata de crear un contexto que le permita a tu cerebro interpretar una sensación, cualquiera que sea, como placentera.

Después de colgar con Emily, me puse a reflexionar sobre las relaciones inestables de mi pasado. Sus palabras tenían sentido, porque en muchas de las interacciones en las que me sentía insegura, o temerosa de que pudieran terminar en cualquier momento, siempre estaba motivada para tener sexo. Desearía haber sabido que ese deseo urgente no siempre es una señal de que existe una profunda conexión química con otra persona, sino tal vez un signo de que la relación no te ofrece la seguridad que necesitas. ¿No les parece un hecho inútil de la vida que la inseguridad pueda engañarnos y darnos ansias de tener sexo con alguien que se preocupa tan poco por nosotros?

En cuanto al lado positivo, Emily me ayudó a darme cuenta de que el potencial de tener una conexión erótica no desaparece con el tiempo, sino que crece. Volví a leer las palabras que usó para describir al buen sexo: vulnerabilidad, rendición, exploración, toma de riesgos, transcendencia… Todas describen la forma en que Dan y yo conectamos físicamente hoy en día, a diferencia de los primeros años de nuestra relación, cuando nos conteníamos más a menudo. Tal vez, además de significar que debemos trabajar más duro en el sexo, la confianza que viene con la seguridad es lo que puede darnos el valor para exponernos por completo.

Aún hay ocasiones en las que me siento motivada para tener sexo de la nada. Y ese sentimiento de deseo espontáneo es agradable; es un recordatorio de que mi mente puede guiar a mi cuerpo. Sin embargo, después de hablar con Emily, ahora sé que sentirse motivado en automático para tener sexo no es la única forma «normal» de deseo. De hecho, casi todos tendremos que anticipar y planear el sexo en algún momento de nuestra vida, para alistarnos para él y hacer que suceda. Tal vez habrá meses en los que de nuevo me sienta desconectada del resto de mi cuerpo; tal vez me encuentre demasiado cansada; tal vez incluso me pregunte si vale la pena tratar de llegar a Dan cuando él parece estar tan lejos, si es que nos hemos descuidado el uno al otro por mucho tiempo. Pero en esos momentos trataré de recordar que, así como con cualquier otro aspecto importante de tu vida al que quieras dar prioridad, hay que esforzarse en el sexo y no siempre será fácil. Puede haber ocasiones en las que desaparezca de nuestra vida por completo, y tendremos que ser lo suficientemente valientes como para hablar del tema con nuestra pareja y traerlo así de regreso a nuestra vida. A veces perderá importancia por un tiempo, y eso también está bien. Sin duda no será transcendental todo el tiempo. Pero cuando sí lo sea, cuando sintamos cómo se libera toda la energía comprimida en nuestro cuerpo, como una mezcla de aceptación, ternura y lujuria, ese sentimiento indescriptible de armonizar hasta lo más profundo con otra persona de un modo incomprensible será como magia.

Emily ya me había enseñado cómo la distancia emocional puede resultar en buen sexo, así que ahora esperaba descubrir cómo puede beneficiar otros aspectos de la relación y por qué, si no existe esta distancia emocional, la intimidad se vuelve un desafío. Por ejemplo, ¿por qué cuando conocemos a alguien de manera más íntima lo subestimamos con mayor facilidad? ¿Y por qué, en muchas ocasiones, la cercanía nos hace descargar nuestras frustraciones en nuestra pareja? ¿O por qué nos irritan más que nuestros amigos cuando dejan platos sucios acumulados en el fregadero, o cuando piden prestado nuestro cargador y lo pierden? Para explorar esto, con ayuda de la experta en relaciones Susan Quilliam, me adentré en uno de los mayores retos a los que nos enfrentamos en el amor: el balance entre distancia y seguridad.

Susan ha ayudado a muchas parejas con sus relaciones por más de 30 años, ha escrito 22 libros (publicados en 33 países y 24 idiomas) y también ha desarrollado y enseñado cursos sobre amor a través de la compañía School of Life. Después de tres décadas de escuchar problemas de parejas, ha llegado a entender cómo las partes de una relación que se sienten más cómodas (como la seguridad y la cercanía) muchas veces pueden ser la raíz de las más dolorosas (como la desatención y el resentimiento). Sus palabras fueron las que me guiaron a un punto de inflexión en mi relación, cuando me di cuenta de que tenía que responsabilizarme por mis propios sentimientos para lograr mantener el amor, tanto para mí como para Dan.

Es una lección simple y evidente, pero Susan se encarga de profundizar más en ella para demostrar por qué la cercanía que empieza siendo la bendición de una relación puede convertirse de pronto en una carga.

Durante nuestra conversación, recordé una frase del poeta Rainer Maria Rilke: «Una vez que se comprende y se acepta que incluso entre los seres humanos más cercanos continúan existiendo distancias infinitas, puede surgir y desarrollarse una convivencia maravillosa, si logran amar la distancia entre ellos que hace posible que cada cual vea al otro en su totalidad y contra un amplio cielo». Así como Rilke, Susan me ayudó a entender que la distancia en una relación no tiene por qué ser una amenaza, sino una puerta que lleva a una conexión más satisfactoria.

LA IMPORTANCIA DE LA SEPARACIÓN EN EL AMOR
Conversación con Susan Quilliam

NL: ¿Cuál es el motivo más común por el cual el amor no funciona?

SQ: La falta de autorreflexión y autocomprensión. Mucha gente piensa que lo único que necesitas para tener una relación romántica es encontrar una pareja, cuando, de hecho, el primer paso no es ese, sino entender lo que necesitas y lo que quieres. Yo siempre trato de reenfocar la atención de las personas, desde definir lo que buscan en una pareja a definir lo que quieren en una relación, porque pueden ser cosas muy distintas.

Tú atiendes a clientes que tienen problemas para mantener el amor. ¿Cuáles son algunos de los errores más comunes que las parejas cometen?

Esto sonará algo trillado (aunque lo explicaré más a fondo, porque es complicado), pero lo que la gente pierde más a menudo en una relación a largo plazo es la amabilidad. Sucede por muchos motivos: porque una vez que te vuelves cercano a alguien, puede sacarte de quicio con mucha más facilidad que un desconocido. Es poco probable que hagas un berrinche si un amigo hace algo que te molesta. Sin embargo, con alguien a quien amas y que te ama, suele ser más fácil ponerse a gritar que retroceder un poco y pensar: «No, debería de tratar a mi pareja casi como si fuera un desconocido. Debería ser amable y mantener algo de distancia».

El término técnico para esto entre los terapeutas es que las parejas se «enredan» (*enmeshed*, en inglés); es decir, se vuelven tan cercanas que empiezan a tratarse mal porque, cuando no piensan igual sobre algo, se sienten traicionadas. La etapa inicial del enamoramiento consiste en encontrar similitudes, pero conforme progresa la relación y comienzas a tratar de identificarte, tu pareja podría pensar algo como: «Espera, ¿no estás de acuerdo conmigo? Eso quiere decir que no me amas, porque siempre estabas de acuerdo conmigo al principio». La gente reacciona a la amenaza de las diferencias de muchas maneras, ya sea molestándose todo el tiempo, cerrándose o rompiendo la conexión por completo y enfocando toda su atención en el trabajo, los hijos o cualquier otra cosa. Uno de los retos más constantes que observo en las parejas es encontrar un balance entre mantener la conexión y conservar la distancia suficiente entre ellos para que puedan seguir siendo amables entre sí.

Otros aspectos de la relación pueden variar de pareja a pareja, pero este es el tema que he visto más a menudo en la raíz de los problemas.

Entonces, ¿dices que la seguridad en una relación también puede ser su propia enemiga? ¿Esto se debe a que la garantía de estar juntos te permite tratar a tu pareja con menos amabilidad, mientras que, al principio de la relación, cuando hay menos seguridad, te esfuerzas más por ser amable?

Exacto. Nos seduce el hecho de que, al principio, somos completamente amables y tratamos de complacer a nuestra pareja. Por lo tanto, cuando eso empieza a fallar, porque nos sentimos lo bastante seguros como para permitir que falle, no entendemos por qué.

Cuando dos personas se conocen, son dos seres independientes que empiezan a formar parte de un dúo, lo cual es maravilloso. Sin embargo, aquí hay un doble peligro: 1) volverse demasiado dependiente, o 2) tratar de llevar la relación como dos seres completamente independientes. El psicólogo clínico David Schnarch describe este delicado balance como «interdependencia»: un equilibrio en el que sus vidas estén entrelazadas, pero no a un grado en el que pierdan su propia identidad y aquellos elementos que los acercaron en primer lugar. Siempre habrá momentos en los que se acercarán y conectarán, y otros en los que habrá distancia hasta en la mejor de las relaciones. Uno tiene que ser maduro al respecto y reflexionar: «Bien, tenemos que esforzarnos por recuperar nuestra unión, pero sin entrar en pánico, porque confiamos el uno en el otro».

Cuando en una relación llegas al punto en el que te sientes seguro, ¿cómo puedes evitar sentirte irritado por tu pareja o tratarla mal?

El primer paso es tener la habilidad de la autorreflexión que a muchas relaciones les hace falta. Hay quienes son excelentes para analizar un proyecto laboral, pero si les pides que reflexionen sobre lo que ocurre en su relación, se espantan. Siempre se excusan con algo como: «No, prefiero que sea espontánea».

El segundo paso es la autorregulación. Cuando notes que estás de mal humor, cálmate antes de hablar con tu compañero. Una vez que las parejas o los individuos aprenden a hacer eso, el resto se acomoda solo. También les pido que cuestionen la frase «él o ella me hace sentir X o Y». Por ejemplo: «Ella me hace enojar» o «Él me hace sentir como un fracaso». De hecho, tu pareja no puede hacerte enojar, porque tú tienes la habilidad de controlar tus emociones. En cuanto comienzas a depender por completo de él o ella para ser feliz, empiezan los problemas. Y eso es porque el otro nunca podrá cumplir con tus expectativas por completo; no existe nadie que pueda satisfacer todas tus necesidades.

Después de que alguien aprende a reflexionar y regularse, ¿cuál es el siguiente paso?

Les enseño de nuevo cómo comunicarse (porque es probable que, a esas alturas, la comunicación se haya vuelto algo malintencionada) y cómo negociar, lo cual le permite a una pareja darse cuenta de que, en la mayoría de las situaciones, fuera de situaciones extremas (por ejemplo, que uno desee tener hijos y el otro no) ambos pueden obtener lo que quieren en la relación. También es importante aprender a responsabilizarse por las emociones propias, a mantener la compostura, a ser maduro y equilibrado. No basta con solo pensar: «Bueno, vas a tener que soportar cada destello de emoción que tenga».

No digo que debamos ser capaces de hacer esto todo el tiempo; no somos robots. Se trata de habituarse a reflexionar: «Siento que me estoy enojando. Es normal tener este sentimiento, y es importante, porque quiere decir que algo pasa. Pero ¿qué debo hacer al respecto? ¿Gritarle a mi pareja? ¿Salir de la habitación azotando la puerta? ¿Insultarla? Y lo más crucial, ¿perder el sentido de "nosotros" en lugar de "yo"?». O, en vez de eso, esa persona podría considerar cómo luce la situación desde la perspectiva de ambos y concluir: «Escucha, me siento enojado en este momento. Necesito encontrar la manera de calmarme y luego te escucharé y reflexionaré sobre lo que sientes, para poder responsabilizarme de lo que siento y que podamos tener una conversación que nos incluya a ambos, ¿de acuerdo?».

¿Por qué crees que algunas personas se inclinan tanto por la cercanía que terminan enredadas, y luego les cuesta trabajo permitir cierto espacio en la relación?

Si tuvimos suerte, nos sentimos seguros y apoyados en nuestra infancia. Teníamos que ajustarnos a lo que ocurría a nuestro alrededor, pero nos cuidaban, nos protegían y nos daban atención. Entonces, cuando encontramos una pareja, estamos buscando la misma intensidad de amor que recibimos de niños: seguridad y validación total. Al fin de cuentas, ninguna otra persona puede darnos el amor tan único que recibimos de nuestros padres. Pero algunos lo intentan, así que se acercan más y más. Piden más y dan más, y luego, se vuelven dependientes.

Pensando en esa relación padre-hijo, existe una época en la que dependemos por completo de nuestros padres, y cuando nos volvemos adolescentes o adultos tenemos que separarnos y verlos como individuos independientes. ¿Esto es similar a lo que tenemos que hacer en una relación romántica?

Es un buen paralelismo: desde un punto de vista emocional, todos los seres humanos necesitan ser capaces de sobrevivir solos. Por lo general, cuando empezamos a independizarnos de nuestros padres con éxito y a vivir por nuestra cuenta, comenzamos a encontrar huecos: ya no recibimos su validación y nos percatamos de que nadie va a cuidarnos por completo. Algunas personas transfieren esas necesidades exclusivamente a sus parejas. He trabajado con parejas en las que las dos partes dependen por completo de la otra y, por lo tanto, se vuelven vulnerables o la relación se torna tóxica. Enamorarse es algo maravilloso, pero es necesario alejarte de esa etapa inicial de enredo para llegar a un punto en el que permitas que tu pareja sea un ser humano independiente, y que no termines cambiando drásticamente para complacer sus necesidades. Pero, de igual manera, pienso que puede ser tóxico cuando las partes de una relación se vuelven demasiado independientes; si uno analiza a las parejas que se encuentran en esa situación, suelen tener muchos problemas de fondo: temor o falta de confianza, evasión de intimidad. No se revelan a sí mismos, ni confían el uno en el otro.

¿Crees que solemos discutir menos al principio de una relación por-que no nos sentimos con la seguridad suficiente como para decir lo que en realidad pensamos?

Tiene que ver con eso, pero, en un principio, también tiene que ver con el enfoque. Tu atención está en todas las formas en que tu nueva pareja te entiende. Ese sentimiento tan podero-so puede distraerte, u orillarte a ignorar asuntos en los que no estén de acuerdo. Ambos conspiran para hacer esto. Supongamos que están en su cuarta o quinta cita, y al final vas a su de-partamento y descubres que está hecho un desastre. Tal vez tu mente está ocupada pensando en la posibilidad de ir juntos a la habitación. Sin embargo, con el tiempo no solo te sientes con mayor seguridad, sino que empiezas a perder de vista las cosas que los unieron, y eso te lleva a pensar: «Bueno, si nos muda-mos juntos, ¿podría vivir con este desorden?». Mientras que es posible que los temas importantes, como sus ideales políticos, salgan a colación al principio, estas pequeñas molestias no se vuelven relevantes sino hasta después. Puede que más adelante sean predominantes, y si estás tratando de recuperar tu inter-dependencia, a menudo comenzarás a enfatizar las diferencias como una forma de reafirmarla: «Escucha, soy un individuo. No soy tú. No me pidas que esté de acuerdo en todo. Necesito algo de espacio personal o identidad».

Pero, viéndolo por el lado positivo, ¿el hecho de que podamos ser abiertos al expresar nuestras frustraciones podría tomarse como una señal de que estamos siendo completamente auténticos en nuestra relación?

Las parejas más saludables son aquellas que pueden discutir sin sentirse amenazadas, reconciliarse rápido después de una discusión y ver la conversación en contexto. El problema en sí no es discutir, sino la actitud que se tiene al respecto. Por ejemplo, en una discusión sobre aseo, una persona puede decir: «¿Sabes qué? Estás en tu derecho de ser desordenado, así como yo estoy en el mío de ser ordenado. ¿Cómo podemos encontrar una solución práctica? No me importa que seas desordenado, siempre y cuando seas higiénico». Y la otra, que deja tazas de café por todas partes, puede responder: «Está bien, acepto que puedo hacer eso en mi estudio, pero prometo no dejar tazas ahí por tanto tiempo que empiecen a ponerse mohosas». La diferencia aquí es que ambos están trabajando juntos y llegando a acuerdos; están preocupándose por el «nosotros» y no solo por el «yo». Pero si en una discusión lo único que dicen es «lo haces como yo quiero, o lo haces como yo quiero», pueden dañar la relación a largo plazo.

Por un lado, dices que es importante conservar un sentido del «yo» y no de «nosotros», pero cuando se trata de discusiones, es necesario volver al «nosotros» para entender que tus necesidades no son las únicas que están en juego.

Ese es un punto importante, porque aquí hay una contradicción. Todas las relaciones, no solo las íntimas, son una negociación inconsciente para encontrar un balance entre «yo» y «nosotros». A veces uno de los dos necesita decir «yo», y puede que en otras ocasiones ambos lo requieran. Pero si únicamente dices «yo», entonces no tienes una relación. Por otro lado, si solo dices «nosotros», estás enredado o eres codependiente. Siempre estamos tratando de encontrar este balance, y cuando hay un gran cambio en tu vida (por ejemplo, tener hijos) hay que volver a negociarlo. Deben sentirse cercanos, pero no tanto como para empezar a tratarse mal. Se trata de tener la habilidad de responsabilizarte por tus propios sentimientos, retroceder y tratar a tu pareja con respeto y amabilidad. Si puedes hacer eso, tu pareja actuará de manera recíproca y pueden reencaminarse.

¿Qué desearías haber sabido antes sobre el amor?

Que es infinitamente más difícil e infinitamente más glorioso de lo que jamás hubiera imaginado.

Susan señala una contradicción importante en el amor: si pierdes el sentido de tu identidad como individuo, esto puede dañar tu relación, pero si no puedes aceptar que tus necesidades y deseos no son los únicos, entonces te será difícil comprender el punto de vista de tu pareja. Por eso es útil pensar tanto en el «yo» como en el «nosotros», vivir juntos y separados, confiar en la distancia que existe entre ustedes como individuos y aprender a compartir su vida.

Me parece que todo esto nos remonta a una palabra que no solía asociar con el amor: *responsabilidad*. Tal vez nunca la había considerado porque estaba demasiado concentrada en ser amada, en vez de enfocarme en amar a alguien y todo lo que eso implica. La responsabilidad es la base de muchas de las valiosas lecciones que Susan compartió conmigo: sé tan amable con tu pareja como lo serías con un desconocido; no dependas de ella para complacer todas tus necesidades (o para hacerte feliz); mira las discusiones en contexto; no esperes que te aguanten cada destello de emocionalidad que sientas; primero, encárgate de analizar tus propios sentimientos.

Mis primeros intentos en el amor habían sido una caída libre: un sentimiento acelerado, loco e intenso que se apoderaba de mí y opacaba todo lo demás. No era responsable de él, ni podía responder por él; estaba perdida en su drama. Es por eso que, en un principio, no entendía a qué se refería el psicoanalista Erich Fromm cuando dijo que el amor es un «estar en», no un «caer en». Pero creo que este es el proceso que Susan describe: *estar* enamorado. Desarrollar la madurez emocional necesaria para que la relación se mantenga firme, para encontrar un balance y para controlar tu posición. Para darle a la persona que amas el regalo de la espaciosidad. Para no depender por completo de ella, sino estar a su lado.

Cuando era adolescente, creía que si amabas a alguien con suficiente intensidad, ese amor los mantendría juntos, sin importar lo que deparara el destino. Era una idea romántica, pero no muy realista, y cuando entrevisté al editor de la columna «Modern Love» de *The New York Times*, Daniel Jones, él me resumió el motivo a la perfección: «Muchas relaciones y matrimonios a largo plazo se desmoronan porque una de las partes dice: "Siento que ya no estoy enamorado de ti". Qué locura que ese sea el único motivo para terminar con alguien, ¿no? Tiene que haber más que eso, porque los sentimientos no bastan para mantener una relación». La verdad es que habrá momentos en los que no te sientas «enamorado» de tu pareja, o en los que te preguntes si otra persona te haría más feliz. Es útil saber y aceptar esto en vez de pensar que significa que hay algo mal.

Entonces, me pregunto, ¿cuándo empezamos a poner tantas de nuestras expectativas en el amor? ¿A pensar que podía conquistarlo todo, por ejemplo, o que una sola persona podía completarnos? ¿Por qué esperamos que el amor nos haga felices todo el tiempo? ¿La monogamia de por vida es algo realista? Porque si vamos a hablar con sinceridad del amor, eso también significa confrontar sus facetas más incómodas: la infidelidad, las dudas y las maneras en que podemos hacernos daño mutuamente. Para explorar estas preguntas, hablé con una de las pensadoras más prominentes y respetadas de las relaciones modernas: la autora, anfitriona de pódcasts, ponente y terapeuta de parejas Esther Perel.

Cuando se trata de cambiar el enfoque de la conversación sobre la intimidad, Esther es incomparable. A lo largo de tres décadas se ha encargado de explorar los matices de la intimidad a través de sus exitosos libros (*Inteligencia erótica: Claves para mantener la pasión en la pareja* y *El dilema de la pareja*), además de su pódcast, en el que ofrece sesiones de terapia a parejas anónimas (*Where Should We Begin?*), sus TED Talks (que han sido vistas por millones alrededor del mundo) y su oficina en Nueva York. Como descubrí en nuestra videollamada por Skype, Esther es dura pero compasiva. Una romántica pragmática que expone la ridiculez de los clichés y confronta el desastre que resulta cuando dos humanos tratan de establecer una conexión, además de recordarnos el poder redentor del amor, siempre y cuando lo abordemos con honestidad.

NUESTRAS EXPECTATIVAS SOBRE EL AMOR
Conversación con Esther Perel

NL: ¿Crees que parte de la dependencia del amor y la intimidad que experimentamos en la actualidad se deba a que queremos sentirnos

173

especiales? Porque creo que nos gusta pensar que somos la única persona que podría hacer feliz a nuestra pareja; así que, si alguien nos engaña o nos deja, es un golpe directo a nuestro ego.

EP: Tenemos la idea romántica de que algún día encontraremos a El Indicado, nuestra alma gemela, nuestra pareja perfecta. Y, en esta unión romántica, también creemos ser El Indicado para nuestra pareja. Nos creemos únicos, irremplazables e indispensables. Cuando algo como una infidelidad destruye esta gran ambición de amor, es normal pensar que el ego puede quedar bastante dañado.

Además de esto, estamos aislados. Hay estudios que sugieren que, en los últimos 20 años en Estados Unidos, hemos perdido entre un 30 y un 60 por ciento de nuestras conexiones sociales. Eso incluye a personas con las que compartimos una parte significativa de nuestra vida, como vecinos, amigos, hermanos, etc. Y la pérdida de todas estas categorías sociales ha sido desviada hacia la relación marital. Ahora esperamos que nuestra pareja nos proporcione todo lo que solía proporcionarnos un pueblo entero de gente. Les endilgamos todas estas expectativas. Así que, claro, si llega a traicionarnos, sentimos que lo hemos perdido todo.

Si viviéramos en una estructura más comunitaria, rodeados de más de una persona importante, personas que nos importen y a quienes les importemos, no nos sentiríamos menos heridos por las traiciones, pero tampoco sentiríamos que hemos perdido toda nuestra identidad. Esa es la diferencia. No creo que sea posible que una infidelidad no te duela. Duele mucho. Pero pensar: «Toda mi vida es una mentira, toda mi vida es un fraude, ya no sé quién soy», eso ya es otro nivel.

Entonces piensas que, si antes de llegar al punto de tener una aventura evitáramos depender enteramente de una persona, ¿tendríamos más posibilidad de prevenir una infidelidad?

No, no lo creo. Puede que exista una correlación entre ambas cosas, pero eso no significa que sean causa y efecto. Creo que, en general, sí tenemos tremendas expectativas para nuestras relaciones íntimas en la actualidad, pero los mejores matrimonios son mejores que nunca, solo que son menos. Hoy en día, un buen matrimonio es aquel que es más igualitario, satisfactorio, completo, holístico… No hay comparación. Los buenos matrimonios de hoy son mejores que cualquier matrimonio del pasado. Pero son pocos los que llegan a tener un matrimonio así.

Mencionaste antes que, hoy en día, creemos que merecemos ser felices todo el tiempo. ¿Crees que la búsqueda de la felicidad ejerce más presión sobre las relaciones?

En la actualidad, la felicidad ya no es una búsqueda, es un mandato. Tienes que ser feliz; y, en nombre de tu felicidad, tienes derecho a hacer toda clase de cosas. Así que la gente pregunta todo el tiempo: «¿Mi matrimonio es lo suficientemente bueno? ¿Podría ser mejor? Creo que no tengo por qué lidiar con esto, puedo buscarme a alguien más». Es esa mentalidad consumista de «puedo tener más». Tú sabes, «lo suficientemente bueno» ya no está de moda, tiene que ser «lo mejor». Así que en realidad no terminas una relación porque te sientas infeliz, sino porque crees que podrías ser más feliz.

¿Cómo distingues entre las parejas que necesitan trabajar en su relación y las parejas para las que tristemente es demasiado tarde?

Tengo 34 años de hacer terapia para parejas. Después de décadas de trabajo, uno desarrolla cierta intuición. No significa que siempre sepa, ni que siempre tenga la razón. No obstante, si tengo el presentimiento de que una persona aún tiene interés, aún se siente atraída, aún le importa mucho su pareja y está dispuesta a pelear por su matrimonio, entonces estoy dispuesta a hacer hasta lo imposible por ayudarlos. Por otro lado, no creo que sea la mejor idea ayudarlos a luchar por su matrimonio cuando tengo la intuición de que la otra parte al final terminará marchándose. Es hasta un poco cruel.

¿Qué clase de cosas le recomiendas a una pareja para luchar por su matrimonio?

Por ejemplo, ayer atendí a un hombre que había lastimado mucho a su pareja. Estaba ahí sentado aguantando la intensidad de su pareja, una mujer apasionada que se sentía despechada. Esa era la mujer que él había extrañado durante años y ahora, de cierto modo, ella estaba luchando por él. Claro, había mucha ira, pero era ira apasionada. Y entonces, él afirmó: «Voy a repararlo. Voy a luchar por nosotros. Voy a ayudar a salvar esta relación». Para empezar, eso significa que tiene la habilidad de reconocer que la hirió, y no se siente tan avergonzado como para no poder admitir su responsabilidad. Porque el primer instinto de muchas personas es proponer que «debemos superar esto; ya hemos decidido seguir juntos, así que no hablemos más de este tema. Es el pasado. Hay que dejarlo atrás». Pues no, para nada. Para ella, era solo el comienzo de la pesadilla; la de él había terminado, pero para ella acababa de empezar. Así que en adelante me enfocaré en ayudarle a él a demostrar que puede estar ahí para ella y hacerla sentir especial, pues su sensación de valía ha disminuido. Entonces ¿qué puede hacer él para devolvérsela?

A otro hombre lo puse a escribir una carta de amor en la que confesaba muchas cosas que no se había atrevido a decirle a su pareja. Más de lo que ella hubiera imaginado. Le dije: «Quiero que te subas a un avión y atravieses el país para entregarle la carta tú mismo a tu pareja; ella no espera verte sino hasta la próxima semana, así que hazte presente. ¡Hazte presente! Demuéstrale con hechos que esta relación te importa». No existe una guía de respuestas para estos casos, pero la intención tiene que ser clara. Y eso significa demostrarle a la otra persona lo mucho que te importa.

¿Qué dirías que tienen en común las parejas que logran superar una infidelidad?

Hay muchos factores que les ayudan a tener éxito. Pero, por el contrario, puedo decirte el ingrediente principal que con certeza evitará que lo logren: cuando la persona que traicionó, mintió y engañó tiene poca empatía. Eso me dice de inmediato que estoy ante algo que difícilmente podrá sanar. Lo mismo se puede decir de la otra parte, si la parte a quien traicionaron no tiene la capacidad de comprometerse con la curiosidad de comprender cuál fue el motivo de la traición. Cuando solo pueden pensar en la aventura en términos de lo mucho que los lastimó, la dinámica es complicada. La curiosidad del traicionado es secundaria, pero importante en igual medida. Básicamente, para que puedan tener éxito, cada uno de ellos debe tener cierto grado de empatía e interés y el profundo deseo de entender la experiencia del otro.

¿Qué crees que pueden hacer las parejas para mantener esa profunda comprensión mutua?

Creo que deberían de tener una pequeña junta anual. Una revisión. Me gustan mucho los rituales. Si me dices: «Me importa mi pareja», mi siguiente pregunta es: «¿Cómo se lo demuestras?». Sentirlo no es suficiente. ¿Qué haces para que el otro sepa y para que tú también te des cuenta de ello? Si lo dejas pasar, estás siendo negligente. Para algunos, podría ser salir los fines de semana cada dos meses, o recibir cartas hermosas de vez en cuando, o aparecerse de manera inesperada y sorprender al otro, o hacer algo que detestan pero que hacen porque es importante para su pareja. Todas estas cosas le dicen a la otra persona: «Me importas, y pienso hacer todo lo posible para demostrártelo, para comunicártelo».

Después de 34 años de facilitar terapia para parejas, ¿crees que el matrimonio sigue teniendo valor como institución?

Sí, pero ya no es el único modelo. Cuando hablamos de matrimonio, seguimos teniendo la idea de un modelo algo monolítico que no siempre encaja con todos. La familia se ha reinventado muchas veces. Tenemos familias nucleares, familiares lejanos, familias ensambladas, familias de un solo padre, familias en los que los hijos siguen viviendo con sus padres, familias con padres homosexuales… En verdad existe una amplia variedad de modelos, pero no hemos hecho lo mismo en lo que respecta a las parejas.

Creo que las personas quieren tener una pareja, en ese aspecto nada ha cambiado; pero necesita haber más variedad en cuanto a la forma de unión, relación o contrato relacional. Hoy en día tenemos oportunidades que no existían antes. Históricamente, antes hubiera sido inimaginable que alguien se casara por primera vez a los 55 años y formara una familia y tuviera hijos. Nuestra longevidad y nuestra flexibilidad nos ofrecen nuevas opciones, y creo que seguiremos viendo más modelos de relaciones nuevos en un futuro.

En Europa, hay muchas parejas que tienen contratos de relaciones a largo plazo sin estar casados, como los pactos de solidaridad civil en Francia [PACS, por sus siglas en inglés] o las uniones civiles en el Reino Unido. Las personas organizan ceremonias de compromiso que no necesariamente son una boda legal tradicional. En Estados Unidos, donde hay poca previsión social, el matrimonio también cumple un poco con esta función. En realidad, la sociedad aquí quiere que te cases porque así el estado no tendrá que ayudarte con nada. No tiene nada que ver con preservar la monogamia.

Además, ahora la gente tarda más en casarse. ¿Crees que eso cambia las cosas?

La gente tarda más en casarse, el matrimonio ha cambiado y, como cualquier otra institución, sobrevivirá porque puede adaptarse y ser flexible. Cualquier sistema que existe en la naturaleza, cualquier organismo vivo en nuestra historia evolutiva, tiene dos opciones: o se adapta o muere. Así que el matrimonio se ha adaptado a través de la historia: el matrimonio de los agricultores no es lo mismo que el matrimonio de la era industrial, que tampoco es igual al de los empresarios, ni idéntico al matrimonio del 40 por ciento de las parejas estadounidenses donde las mujeres ganan más que los hombres. Esa es una gran transformación. Es un cambio en la estructura del matrimonio porque es un cambio en la estructura del poder, y el matrimonio es una estructura de poder, como cualquier otra organización.

A menudo hablas del hecho de que no abordamos el tema de la infidelidad hasta que ocurre. Entonces, ¿piensas que es importante que, al principio de la relación, las parejas discutan el tema y digan con sinceridad lo que significa para cada uno? Por ejemplo, ¿enviar mensajes sexuales, aventuras emocionales o escribir correos insinuantes?

Claro. Me preguntabas antes si las personas tienen que compartirlo todo. Por ejemplo, compartir sus fantasías y todo eso. Y también me preguntabas si el matrimonio es obsoleto. Creo que muchos evitan tener las conversiones más importantes, pero son necesarias. No quiere decir que tengan que elaborar contratos, solo deben hablar de ello. La franqueza de tu relación depende de la franqueza de sus conversaciones. Si nunca platican de ello, básicamente se están incitando a ocultar cosas, porque es como si dijeran: «No puedo hablar de eso, porque a mi pareja le molestará y tendremos problemas que causarán tensión». Y asumes que eso no es parte de su espacio comunicativo.

Una relación adulta es aquella en la que las personas negocian cuestiones sobre confesiones, intimidad, apertura, lo que hacen juntos y lo que hacen separados. Algunas parejas viven en círculos completamente superpuestos donde todo se comparte y hay muy poco espacio individual. Ese es su modelo. Otras viven en un estilo mucho más diferenciado y tienen poca superposición; comparten algunas cosas muy importantes, pero cada uno tiene su propio mundo. Ambos modelos pueden ser funcionales en igual medida, pero me queda claro que, después de una aventura, una de las frases más comunes (no con todos) es: «Estamos teniendo conversaciones que no habíamos tenido en décadas». Y uno se pregunta: «¿De qué han estado hablando todos estos años?». De cierto modo, la aventura rompe la presa que contenía todo eso. Ya no hay nada que perder, así que la gente se abre, y por primera vez tiene conversaciones sobre la calidad de sus relaciones sexuales y muchas otras cosas que nunca había querido discutir para evitar conflictos.

Llevas más de tres décadas con tu esposo. ¿Cómo han cambiado tus estudios la forma en que abordas tu propia relación?

Creo que hablamos. Desde luego, no hay ningún tema tabú para nosotros acerca de esto, y sobre el sinnúmero de cosas que ocurren en una relación a largo plazo. Estamos conscientes de que la mitad de las parejas a nuestro alrededor ya no están juntas, y después de 35 años, ¡nuestra relación es prácticamente una reliquia! Cuando decimos que llevamos 35 años juntos, las personas casi nos aplauden. Pero la longevidad no es el único signo de una relación exitosa. Ya sabes, creo que hemos invertido en nuestra relación y hemos tratado de aplicar lo que sabemos. Sabemos que las parejas necesitan renovarse, necesitan experiencias nuevas, necesitan aventura. Necesitas hacer cosas nuevas que salgan de tu zona de confort. Claro, no es obligatorio para todos, pero para nosotros ha sido una pieza importante para que nuestra relación crezca y se mantenga fresca. Parte de lo que trae eso es la creación de nuevas experiencias. Aplicamos lo que vemos y aprendimos de nuestro trabajo con otros, de la investigación y de las estadísticas. Decimos: «Tenemos que hacer esto, es importante», y en ocasiones preguntamos: «¿En verdad tenemos que hacerlo?». Y luego, reiteramos: «Sí, tenemos que hacerlo». Así como cuando uno se pregunta: «¿Tengo que ir al gimnasio?». Puedes dejar de ir por una o dos semanas, pero después de un tiempo empezarás a sentir las consecuencias. ¿Y alguna vez nos hemos arrepentido cuando hemos ido a algún lado, o cuando hemos hecho algo que fue bueno para nosotros y que demostró que nos estábamos esforzando? No, nunca.

¿Qué desearías haber sabido antes sobre el amor?

¿Qué le diría a mi yo del pasado? Le diría que tenga los pies bien plantados sobre el suelo. No se trata solo de a quién encuentras, sino de quiénes van a ser juntos. Amar no es un estado de entusiasmo. Es un verbo. Implica acción, demostración, rituales, prácticas, comunicación, expresión. Es la habilidad de responsabilizarse por tu propio comportamiento. Y la responsabilidad es libertad.

A veces es increíble, esta cosa que llamamos amor. Puede que cierto día pienses: «Ya me harté, me largo, no te aguanto más, no soporto un minuto más de esto»; y al despertar a la mañana siguiente abrazas a la persona que tienes al lado y dices: «Me alegra despertar contigo». Es algo extraño, que viene y va, y es muy complicado. Así que invierte en él. Aprende sobre las relaciones, en lugar de leer solo sobre otras cosas. Porque uno tiene que aprender cómo estar en una relación, no es algo que se dé por sí solo.

CAPÍTULO 2

Las estaciones de la amistad

«El amigo que te toma de la mano
y dice algo incorrecto es más valioso
que aquel que se mantiene alejado».

Barbara Kingsolver, *High Tide in Tucson*

Un mes después de que Dan y yo volvimos de Apulia, recibí dos mensajes de WhatsApp de mis amigas. El primero era una foto de una amiga de la escuela con el bebé que acababa de tener. El segundo era una foto del ultrasonido de 12 semanas de una amiga de la universidad. Ambos me hicieron retorcerme por dentro, en especial el segundo. Se parecía tanto a la foto borrosa y en blanco y negro de nuestro bebé, que sentí que iba a vomitar. Sé que suena dramático. Créanme, en su momento también me pareció tonto e inesperado. Porque en verdad estaba feliz por mis amigas, y sabía que no había escasez de bebés. El hecho de que otras personas se embarazaran no afectaba el hecho de que yo pudiera o fuera a hacerlo.

Sin embargo, cada vez que abría la foto de un bebé o un anuncio de embarazo en mi celular, me sentía al borde de perder toda la compostura. No solo porque mis amigas estaban logrando concebir con gran facilidad, mientras que, en nuestro caso, ya había pasado un año desde nuestro primer embarazo, o porque sus bebés tenían la misma edad que hubiera tenido el nuestro, sino porque me sentía culpable de no poder sentirme absolutamente dichosa por sus noticias mientras que yo anhelaba lo mismo. Respondí al segundo mensaje así: «¡Qué buena noticia! Besos». El texto en la pantalla se veía forzado y tenso. En cuanto al primero, tardé un par de días en contestar. Así que mi tristeza le robó autenticidad a nuestra amistad en esos momentos que no se repetirían.

Estos sentimientos me forzaron a plantearme preguntas incómodas: ¿encontraría alguna manera de seguir conviviendo con amigas embarazadas o que tenían bebés? Y si nunca lograba tener hijos y la vida de mis amistades giraba en torno a los suyos, ¿tendría que empezar a buscar nuevos amigos? Mientras sufría intentando responder estas preguntas, le escribí a Philippa Perry para que me aconsejara. Primero, admitió que los bebés cambian las amistades, al igual que no tener un bebé cuando lo quieres también las cambia. «Por triste que sea», respondió, «es inevitable que algunas personas se alejen en estos momentos. A veces pueden reconectarse después, y a veces la distancia permanece. Pero ya que amas a tus amigas y quieres conservar la cercanía que tienen, creo que encontrarás la manera de superar esto con todo y el desorden de los malentendidos y las reconciliaciones. Seguirán en comunicación, y tal vez será doloroso a veces, pero si tus amigas comprenden tu situación, y tú estás consciente de ello, podrás disfrutar más de la convivencia con sus hijos». También me recordó que, a pesar de que en nuestra juventud solemos confiarle todo a una sola persona, conforme crecemos, una sola amistad no puede con todo lo que deseamos compartir. Así que, para sentirnos comprendidos, tenemos que contarles cosas distintas a distintos amigos. Ella lo explica así: «La gente con quien compartes una historia es de verdad muy valiosa; sin embargo, los nuevos amigos también se convierten en viejos amigos». Saqué dos lecciones de esto: 1) a la larga, puedes crear una historia con tus nuevos amigos; y 2) a pesar de que las experiencias de vida puedan separar a los viejos amigos, existe la manera de reconectar con ellos, siempre y cuando estés dispuesto a intentarlo.

Recordé esta segunda lección cuando visité a mi amiga de la universidad, Jen. Cuando teníamos 18 años y vivíamos a dos puertas de distancia en los pasillos del dormitorio, nuestra vida estaba entrelazada. Recuerdo la marca de su delineador (Benefit Bad Gal), el sonido de su plancha para pelo, los tops que usaba, su actitud cálida y alegre. Cuando ambas conseguimos nuestro primer trabajo en Londres, a dos calles de distancia, recuerdo sus camisas y mancuernillas, su BlackBerry, el sonido exacto de sus tacones en el pavimento. Ya fuera en el camino al trabajo, almorzando juntas en Patisserie Valerie, enviándonos correos todo el día o sentadas alrededor de la mesa de la cocina después del trabajo, nuestras conversaciones diarias fueron el espacio en el que aprendí a ser yo misma con otra persona. Una vez Jen me señaló que siempre tenía la necesidad de tener el control de las cosas. No volví a pensar en eso sino hasta el año pasado, en una sesión de terapia grupal, cuando me di cuenta de que, desde aquel entonces, ella veía partes de mí que ni siquiera yo lograría entender sino hasta una década más tarde. Si me hubieran dicho en aquel entonces que en el futuro solo nos veríamos unas cuantas veces al año, lo más seguro es que habría asumido que la amistad había fracasado. No fue sino hasta mis veintitantos cuando entendí que a veces las viejas amistades evolucionan como plantas cuyas raíces crecen más que sus macetas: siguen estando vivas, siguen creciendo, pero necesitan más espacio para sobrevivir. Necesitan hacer más espacio para otras personas y otras experiencias.

El mismo año en que recibí esos anuncios de embarazos por WhatsApp, Jen y yo pasamos una tarde encantadora en su casa, con su bebé. Sus otros dos hijos no tardaron en llegar de la escuela. Fue entonces que sentí las profundidades agridulces de una amistad a largo plazo. Primero, pude verla en acción: era una madre maravillosa con tres hijos, y me pregunté si alguna vez me convertiría en madre. Luego, volteé a ver los rostros de sus hijos y me di cuenta de que no los conocía. Fue una sensación extraña, notar que esas tres personas que son el centro de su universo eran desconocidas para mí, al igual que yo para ellos; fue como un recordatorio de los huecos que existen en nuestro conocimiento mutuo en la actualidad. Todas aquellas ocasiones en las que olvidé enviar una tarjeta o un regalo. Pero lo más extraño e inesperado fue la oleada de amor que sentí por sus hijos en ese momento. No los conozco, pero sé que quiero que sean felices, que se sientan amados, que estén a salvo, porque vienen de una mujer con la que comparto una historia. En ese momento, entendí que no es necesario que los viejos amigos continúen siendo el centro de tu universo para que los sigas amando, y viceversa.

Para mantener una amistad, tanto nueva como vieja, creo que debemos aprender cuándo hay que aceptar la distancia y cuándo hay que luchar para repararla. A la fecha, he tenido amigos que han perdido a sus padres, que se han divorciado, que han dado a luz, que han lidiado con traumas familiares, que han empezado y terminado relaciones, que han atravesado periodos de depresión... y apenas vamos a la mitad de nuestra vida. El hecho de que nuestra vida no sea estática implica que las amistades que hoy en día forman parte de mi vida diaria podrían empezar a alejarse el día de mañana. Del mismo modo, aquellas amistades que se han alejado podrían volver a mi vida si las circunstancias lo propician. Aunque creamos que elegimos a nuestros amigos en la escuela, la universidad, el trabajo o en cualquier otro lugar donde los conozcamos, algún día dejaremos atrás esos lugares que compartíamos. La ropa que solíamos prestarnos ya no nos quedará. Las conversaciones que teníamos sobre qué compañeros nos parecían más guapos serán reemplazadas por otras sobre disminución del deseo sexual o cómo cuidar a un pariente enfermo. Entonces, ¿qué pasaría si abandonáramos a las amistades cada vez que nuestras vidas no están sincronizadas? Al final de la vida, es posible que descubramos que no nos quedan muchos amigos.

Hay algunas amistades que inevitablemente se pierden por completo. Y puede haber otras en las que uno de los dos necesite espacio y desaparezca por meses o hasta años; y tal vez esa también sea una forma de amor. Cuando entendí esto, aprendí a ser menos dura conmigo misma en aquellas semanas en las que no puedo asistir a una primera fiesta de cumpleaños o visitar al nuevo bebé de una amiga sin sentirme triste. Hasta me permito excusarme e irme en ocasiones, cuando en verdad lo necesito, con la certeza de que aquellos que me aman entenderán que mi ausencia no significa que no los ame también.

Ahora pienso en la amistad como un hilo que nos une a otra persona. Puede haber años en los que, si jalamos de él con demasiada fuerza, más de lo que el otro puede soportar en ese momento, el hilo se tensa demasiado y hasta podría romperse. Pero si podemos aflojar nuestro agarre un poco, y liberar algo de tensión, ambos amigos tendrán más espacio para acercarse o alejarse, según lo requieran. Tal vez no sintamos su presencia todos los días, pero el hilo seguirá estando ahí cuando necesitemos encontrar un modo de volver a encontrarnos.

Ninguna relación significativa será fácil siempre. Hasta los amigos más cercanos pueden descuidarse o malinterpretarse, decir algo indebido o sentirse rechazados cuando los cambios de la vida los separan. Entonces, la pregunta no es cómo evitar estos tropiezos difíciles, sino cómo hacer un esfuerzo por seguir siendo honestos entre sí a pesar de todo. Pues, como me dijo Susie Orbach en la entrevista más adelante: «Parte de crecer implica aprender sobre las decepciones, renunciar a la grandiosidad y dejar de verte como el centro del universo, porque eres el centro de *tu* universo, pero no de *el* universo». Esto es algo que había olvidado mientras trataba de concebir. No fue sino hasta que levanté el teléfono a fin de año que me di cuenta de que me había perdido varios momentos difíciles en la vida de mis amistades: la soledad de la maternidad o una relación que se desmoronaba. Estaba tan perdida en mi propia realidad que no había podido salir de ella lo suficiente como para percatarme de la realidad de los demás.

Claro, es cierto que necesitamos a aquellos amigos que están más cerca de nuestra vida, pero creo que también es importante mantener con vida esas amistades más distantes, incluso si estas nos recuerdan los momentos de intimidad cotidianos que se han perdido. Porque la vida nos quita gente todo el tiempo. El esposo o la esposa con quien compartimos nuestra vida podría dejar este mundo antes que nosotros. Los amigos que vemos todos los días podrían mudarse a otra ciudad o a otro país. Nuestros colegas pueden encontrar un nuevo trabajo. Los hijos se marchan de casa. Los padres pueden morir jóvenes. Cuando ocurre algo así, podríamos sentirnos agradecidos de haber tolerado las conversaciones rutinarias en nuestros grupos de WhatsApp y las citas programadas; todos estos pequeños gestos que mantienen nuestras amistades cuando menos las necesitamos, para que puedan sobrevivir y apoyarnos cuando más las necesitamos. Sé que esta no debería ser la única motivación para hacer un esfuerzo, después de todo es algo egoísta, pero es bueno recordarlo de vez en cuando, en especial cuando estemos agotados o tengamos demasiado trabajo y pensemos que lo menos complicado es dejar que esas amistades se desvanezcan. Porque un día, cuando estemos caminando en un parque con un amigo que puede acceder a una versión más vieja de nosotros, y encontremos algo tonto de qué reírnos juntos bajo la luz del sol de abril, esto podría salvarnos a nosotros, o a ellos, de alguna manera.

Hoy en día, por mucho que aprecie a mis nuevas amistades, las cuales siguen estando presentes y activas en este momento de mi vida, también veo en la distancia con mis amistades más viejas un recordatorio de su fuerza. Porque cuando sientes la fuerza de su cercanía a pesar de la distancia, cuando ellos o tú tienen un pequeño detalle que les recuerda que se siguen entendiendo, es como un rayo de luz de ti para ellos. Me di cuenta de esto cierta mañana, después de llorar por mi periodo en la ducha, cuando abrí mi cajón y me puse los calcetines con las palabras «go, go, go» bordadas que Marisa me había comprado, y sentí como si ella me estuviera motivando para seguir con mi día. O cuando Jen me escribió de la nada para decirme: «Solo quería decirte que sé que vas a ser mamá. Ten fe en mi fe». O cuando le envié el primer boceto de la portada para este libro y me escribió: «Este color me recuerda a un lápiz labial que usabas antes». Es como el pequeño eco de una historia compartida, sentir que alguien te conoce.

En nuestra vida, siempre habrá momentos en los que la distancia nos separa de una amistad, y quizá rendirse parezca la opción más fácil. Tal vez es porque sentimos que, si nos rendimos por completo, tenemos más control. Es mucho más difícil armarnos de valor, confiar en el amor que existe entre nosotros, aceptar que siempre habrá huecos en lo que sabemos el uno del otro y, de todas formas, hacer un esfuerzo por conocernos mejor. Y cuando lo logramos, recibimos el mayor obsequio: descubrimos que ese amor entre nosotros sigue ahí, brillando con intensidad a pesar de todo.

En la primera sección de este libro exploramos el romance que existe en la amistad femenina con Candice Carty-Williams. Sin embargo, para tratar este tema del amor con todo el respeto que se merece, sabía que también tenía que hablar sobre las partes menos agradables de la amistad, lo cual nos lleva al tema de la envidia.

No sabía cuál era la mejor manera de mostrar mis sentimientos incómodos frente a mis amistades, o siquiera si debía hacerlo, pero sabía que Susie Orbach tendría las respuestas que buscaba. Susie, una psicoterapeuta que tiene más de 40 años de experiencia examinando el mundo interno de sus clientes, incluyendo entre sus pacientes a la famosa princesa Diana, ha sido descrita por *The New York Times* como «posiblemente la psicoterapeuta más famosa que ha trabajado en Gran Bretaña desde Sigmund Freud». En su labor como psicoanalista y en sus libros (desde *Bodies* hasta *Fat Is a Feminist Issue* e *In Therapy*), Susie llega al núcleo de nuestros miedos y deseos, nuestras inseguridades, nuestras esperanzas y aquellas verdades que tal vez ya estemos procesando sin siquiera estar conscientes de ello. Su trabajo sobre la envidia, en específico lo que se discute en el libro *Between Women: Love, Envy and Competition in Women's Friendships* (escrito en conjunto con su amiga Luise Eichenbaum), fue lo que me convenció de llamarla para tener una discusión honesta sobre las complicaciones del amor entre amigas. Nuestra conversación evita por completo los sentimentalismos y explora la dualidad que existe en las amistades: su amargura y su dulzura.

ENTENDIENDO LA ENVIDIA
DENTRO DE LA AMISTAD
Conversación con Susie Orbach

NL: *En toda amistad, conforme atravesamos distintas etapas de nuestra vida, existe la posibilidad de sentirnos rechazados o abandonados en tanto las relaciones cambian. ¿Cómo podemos seguir nutriendo nuestras amistades durante esos conflictos?*

SO: Existen muchas diferencias que pueden ser difíciles de sobrellevar en una amistad: por ejemplo, si una de las dos personas es muy «exitosa» en su trabajo mientras que la otra no. O el asunto de los hijos, que puede causar una gran división. A veces uno atraviesa cambios muy dolorosos y la amistad se adapta; en otras ocasiones no lo hace y esa puede ser una pérdida lamentable. Puedes ser muy cercano a alguien y, de pronto, sus nuevos amigos, su relación o su trabajo pueden hacerte sentir excluido, por lo que decides rendirte. Quizá empieces a llamar o escribirle menos a tu amistad, y antes de que te des cuenta, ya no formas parte de su vida. En esos casos, tienes que determinar si es alguien que te interese conservar en tu vida, y si es así, tienes que buscarlo para poner en marcha la relación otra vez.

Es común que aparezcan estos desafíos, porque los cambios pueden sentirse amenazantes cuando conocemos muy bien a alguien, así como ocurre en una relación romántica. Pero, si su amistad es fuerte, tú y la otra persona pueden otorgarse espacio para crecer y desarrollarse de maneras nuevas e inesperadas, en vez de aferrarse a la antigua versión de quienes solían ser. A veces hará falta decirle a un amigo o amiga: «De hecho, ya no me siento así respecto a esto o aquello», en vez de permitir que sigan sacando conjeturas sobre tu personalidad con base en el pasado que alguna vez compartieron. El amor, ya sea en una amistad o en una relación romántica, empieza a fallar cuando olvidamos decirles a los demás quiénes somos y olvidamos preguntarles quiénes son ellos. Ambas personas tienen la responsabilidad de seguir aprendiendo la una de la otra y aceptarse como son en el presente.

En ocasiones es posible tenerles envidia a nuestras amistades incluso si nos sentimos felices por ellas. ¿Cómo podemos aceptar y superar esos sentimientos?

La envidia es solo el punto de partida; lo que en realidad sentimos es mucho más complejo. Existe un tipo específico de envidia en el que deseamos tener lo que alguien más tiene (por ejemplo, me encantaría ser exitosa, o tener un bebé o irme de vacaciones); pero, en un nivel más profundo, pienso que la envidia nos deja ver que las mujeres solemos sentirnos avergonzadas de nuestras propias necesidades emocionales y nuestros deseos. Nos han enseñado eso durante cientos de años. Por ese motivo, la envidia se vuelve parte de nuestra autopercepción como mujeres; proyectamos en los demás las cosas que queremos, porque activar nuestros propios anhelos se siente inadmisible. Por ejemplo, actualmente se les enseña a las mujeres jóvenes que deben tener ambiciones, sin embargo, eso no implica que exista dentro de ellas la arquitectura psicológica interna que necesitan para perseguir lo que quieren. Sigue habiendo una compleja serie de tabús internos que asocian el deseo con la vergüenza. Así que la envidia que proyectas en los demás es una señal de que quieres algo, pero piensas que no puedes obtenerlo tú misma. Es una muestra de tu anhelo, y no envidia literal de la otra persona. Te está revelando lo que quieres.

Eso es interesante, porque la envidia es una emoción incómoda. ¿Por qué nos resulta más sencillo sentir envidia que aceptar lo que queremos?

Nuestros deseos se han vuelto tan ocultos y prohibidos que ya ni siquiera estamos conscientes de ellos. Uno podría argumentar que, ya que la gente quiere ser rica y famosa, sus anhelos son visibles. Sin embargo, los deseos materialistas a menudo no se relacionan con las necesidades ordinarias de conexión y comprensión, o la necesidad de ser vista, reconocida, apreciada o escuchada. De cierto modo, el deseo de fama o éxito es una cubierta que oculta el hecho de que las personas en realidad no saben cómo aceptar o admitir deseos más fundamentales. A primera vista, pueden anhelar un mejor estatus o cierto automóvil, cuando en realidad lo que les aterra desear es ser valoradas por ser quienes son. Así pues, optan por medirse en relación con amigos o colegas.

¿Por qué resulta de poca utilidad mantener nuestra envidia en secreto?

Porque se encona. No te permite entender que, detrás de esa envidia, hay algo que podría ser productivo. Digamos que somos amigas y yo envidio tu capacidad de hacer algo. Si en ese momento me pregunto: «¿Qué es lo que ella tiene que yo no puedo conseguir?», en vez de sentirme abandonada y envidiosa, tal vez podría decirte que me siento incompetente en tal o cual aspecto, y buscar ayuda. Es algo difícil de hacer, pero también resulta útil, porque siempre habrá momentos en los que no estés sincronizado con tus amigos, y esto puede doler si llevan gran parte de su vida en sincronía. Una vez que logras expresarlo, lo más hermoso de las amistades es que casi siempre quieren ayudar. La gente quiere dar, no privar.

194

Si te encuentras del otro lado, y tú eres el objeto de envidia de alguien más, ¿cómo puedes lidiar con esas emociones en tus amistades? Porque eso también puede ser incómodo.

Cuando la gente me dice algo, yo suelo responder: «Sí, tuve mucha suerte». Porque es la verdad, muchas cosas en la vida suceden por suerte; por ejemplo, la familia, clase social o área en la que te tocó nacer, así que reconocer esto ayuda.

Cuando estaba tratando de volver a embarazarme después de mi aborto espontáneo, me resultaba difícil permanecer cerca de amigas que estaban embarazadas o que no parecían entender por lo que estaba pasando, a pesar de que yo no esperaba que lo hicieran. ¿Crees que a veces es necesario alejarse un poco de estas amistades cuando nos sentimos así?

Para algunos, rodearse de amistades que tienen lo que ellos desean puede darles esperanza, mientras que, para otros, puede ser demasiado doloroso. Yo lo entiendo bien, pues cuando tuve un aborto espontáneo me sentía devastada por que la gente a mi alrededor no supiera cómo apoyarme. No estoy hablando de mis amistades más cercanas, que se portaron maravillosamente, sino de aquellos a quienes consideraba buenos amigos y que ni siquiera me llamaron, que no sabían qué hacer. Como una forma de incompetencia, de no saber cómo decir «lo siento mucho». A mí no me sirvió evitar a las personas, pero entiendo por qué podría resultar útil para alguien más. Y eso es absolutamente legítimo, siempre y cuando entiendas lo que estás haciendo y por qué.

¿Hay momentos en los que es recomendable conservar algo de distancia con nuestras amistades? ¿O es necesario esforzarse más en esos momentos para conservar la unión?

En algunos casos, pueden distanciarse durante cierto tiempo. Por ejemplo, si tu amiga acaba de convertirse en mamá, en la mayoría de los casos estará muy ocupada con su bebé, y habrá muchos cambios en su vida (el número de horas que duerme, su peso, su alimentación); esto puede provocar que una amiga que no tiene hijos se sienta abandonada. También puede ocurrir al revés: conocí a una mujer que tuvo un bebé a los 37, y su amiga le dijo: «No quiero verte con tu bebé, ni tampoco quiero saber nada de tu bebé».

Es verdad que cuando estamos atravesando alguno de estos grandes cambios no nos percatamos mucho de lo que sucede en la vida de los demás. Pero creo que esto mejora conforme vamos envejeciendo. Aprendes a entender que no se trata de una competencia de problemas, sino que las situaciones de ambas pueden coexistir. Es más fácil darse cuenta de esto cuando se es joven, porque experimentamos algunos cambios por primera vez; además, nos estamos enfrentando al enorme desafío de encontrar nuestra identidad en el mundo. Aunque, claro, también es posible que encuentres nuevas amistades que estén en una situación similar a la tuya. Por ejemplo, cuando tienes hijos, sigues amando a tus viejas amistades, pero ya que esto puede resultar tedioso, a veces prefieres estar con personas que también tienen un bebé para poder lidiar con las actividades mundanas juntas. Eso no significa que serán amigas para siempre; por ejemplo, yo ya casi no tengo contacto con las otras mamás con las que platicaba en la entrada de la escuela. Sin embargo, fueron muy importantes y encantadoras en esos momentos. También están aquellos de quienes te alejas a medida que cambias y creces, tal vez porque tus intereses, ideales políticos o emociones no convergen lo suficiente cuando no están drogados o luchando juntos. Y creo que tampoco debemos avergonzarnos de esto.

Para dejar ese espacio, ¿deberíamos tratar de introducir la separación, la dependencia y la autosuficiencia en nuestras amistades, tal como lo haríamos en una relación romántica? ¿Y también para entender que nuestros amigos no pueden satisfacer todas nuestras necesidades?

Exacto. Pienso que nuestro objetivo debería ser formar «apegos separados»: cuando dos amigas están lejos, pero conectadas, de manera que cada una de ellas se siente completa por sí sola. Se trata de no caer en el anticuado mundo de la competencia y aprender a admitir cuáles son nuestros sentimientos como individuos, sin importar lo buenos o malos que puedan ser. Se trata de reconocer que nuestras experiencias no son las mismas que las de los demás, en vez de solo buscar similitudes. Muchos de los sentimientos negativos que hemos mencionado aparecen en una amistad porque la mujer busca espacio en el mundo para desarrollarse, para anhelar libremente, para encontrar su autonomía. Sin embargo, es posible tratar de conseguir eso sin dejar de amarse y apoyarse mutuamente en vez de competir. Ambas personas pueden apoyar sus decisiones (por ejemplo, tener hijos o no; darle prioridad al trabajo o no) y empatizar con sus diferencias en estas situaciones (por ejemplo, si son casadas o solteras). Cuando las amigas hacen eso, pueden verse a sí mismas como de verdad son y sentirse seguras de su relación.

Si eso es a lo que deberíamos aspirar, ¿cómo podemos lograr estar separados y conectados con nuestros amigos a la vez?

Nuestra cultura lo dificulta, porque se espera que seamos absolutamente felices todo el tiempo, y esa no es la realidad; las personas tenemos muchos sentimientos distintos. Para mí, se trata de olvidarse de esa fantasía de que todo está bien todo el tiempo para que podamos encontrar una manera más auténtica y compleja de hablar de nuestros sentimientos. Tenemos que dejar de fingir que nuestra vida es perfecta. Si lo hiciéramos, nos sería más fácil decir: «Me alegro por ti, pero me cuesta trabajo porque estoy atravesando un momento difícil». Por ahora, pienso que el modelo artificial que nos dice cómo debemos comportarnos dicta que, cuando se trata de tus amistades íntimas, es difícil que exista espacio suficiente como para compartir toda la variedad de emociones que existen. Y es necesario hacer eso para poder estar tanto separadas como unidas. Es importante entender que una amistad puede incluir esperanza, dolor, amor, decepción, conflicto, placer y mucho más.

¿Crees que el hecho de que nuestra vida sea más visible ahora a causa de las redes sociales ha empeorado el problema de la rivalidad entre amistades?

Debe ser así, porque el anonimato lo hace menos real. Un encuentro físico con alguien puede desarmar tus proyecciones, porque te das cuenta de que esa persona es de verdad generosa o considerada, o descubres que tienen sus propios miedos y vulnerabilidades. Por otro lado, no puedes darte cuenta de esto por medio de una publicación de Instagram, porque no es más que una invención.

¿Qué desearías haber sabido antes sobre el amor?

Que existen muchas clases distintas de amor. Amor por tus amigos, por tus hijos, entre generaciones, amor romántico, amor por tu trabajo, por la cocina. Desearía haber sabido lo mucho que puede abarcar esa palabra, lo amplia que es, las múltiples expresiones que puede tener, y los numerosos actos de gracia cotidianos que las personas pueden darse unas a otras.

Susie me enseñó que un pasado compartido puede ser algo hermoso y frustrante a la vez. Significa que los viejos amigos tienen un lenguaje nostálgico al cual recurrir, recuerdos que les permiten acceder a diferentes versiones de ellos mismos, algo que alguien nuevo quizá no pueda hacer. Pero también significa que, conforme cambiamos, puede ser difícil para nuestros amigos entender que no somos la misma persona que éramos el mes, el año o la década pasada. Y no podemos esperar que lo hagan. Depende de nosotros decirles a nuestros amigos quiénes somos, y mostrar interés por descubrir quiénes son ellos hoy en día.

Puede haber ocasiones en las que esas conversaciones incluyan compartir sentimientos dolorosos. Por ejemplo, decir algo como: «Me siento muy orgulloso de tus logros profesionales, aunque a veces me recuerdan que yo estoy teniendo problemas para avanzar en mi carrera». O bien: «Me alegra saber que te sientes feliz con tu relación, aunque a veces siento que ya no hay lugar en tu vida para mí». O, en mi caso: «Me encanta ver fotos de tu bebé, aunque también me recuerdan lo triste que me siento por no estar embarazada». Porque Susie me ayudó a darme cuenta de que la raíz de mi envidia no solo era desear lo que otros tenían, sino que provenía del miedo de quedarme atrás, de la soledad.

Esta honestidad también puede implicar reconocer cuando hemos sido increíblemente afortunados y acercarnos a aquellos amigos que se encuentren en una etapa más difícil de su vida. Esto no ocurre por sí solo; nosotros tenemos que hacerlo, con paciencia, con esfuerzo y sin permitir que nuestro ego interfiera. Si lo logramos, tal vez podamos presenciar el milagro de la amistad: la habilidad que tiene esta para recordarnos que no estamos solos, incluso si parece que el rumbo de nuestra vida intenta separarnos.

Después de cumplir 30, empecé a percatarme de los huecos que existían en el conocimiento que tenía de mis amigos, así como me ocurrió en casa de Jen. Hace 15 años sabía lo que había en sus cajones, la marca de desodorante que usaba, cuáles de los CD que guardaba en el auto estaban demasiado rayados como para escucharlos. Ahora tenía hijos que no conocía, o cuyas edades olvidaba a veces, canciones en sus iPhone que no reconocía o parejas con las que solo tenía una relación amable y superficial. Toda esta información se me escapó de manera tan gradual y sutil que apenas me di cuenta, hasta que ya no estaban ahí.

Sin embargo, como Susie me explicó, la separación es parte de crecer. Entonces, quería saber cómo podemos mantener esa intimidad cuando ya no vivimos en el mismo departamento, en la misma ciudad o cuando no tenemos las mismas prioridades que nuestros amigos. Y por qué, si se supone que nos conocen muy a fondo, nos sentimos tan vulnerables cuando somos honestos con ellos. Para encontrar estas respuestas, tuve una charla con la autora, periodista y anfitriona de pódcast Dolly Alderton.

En su autobiografía *Todo lo que sé sobre el amor*, éxito de ventas según el *Sunday Times*, Dolly transformó la amistad con sus amigas en una historia de amor con la que muchas de nosotras nos podemos identificar. En ella, logra capturar algo que pocos libros tienen: la intensa intimidad que existe entre dos amigas comprometidas a amarse. Dolly también se dedica a explorar la profundidad de la amistad no solo en su trabajo, sino también en su vida, ya sea escribiendo una columna para el periódico o sentada frente a ti en un restaurante. Sin duda era la mejor opción para tener una discusión sincera sobre los desafíos y las recompensas de retener y mantener el amor en nuestras amistades.

LA BELLEZA DE LA VULNERABILIDAD EN LA AMISTAD
Conversación con Dolly Alderton

NL: Después de leer tu autobiografía, una parte de mí se sintió triste, porque recordé los momentos mágicos que uno vive en sus veintes, cuando las amistades son románticas e intensas, pero ya no me encuentro en esa etapa de mi vida. En mis treintas, las amistades han cambiado: algunas de mis amigas tienen hijos, otras tienen padres enfermos y otras se han mudado. Me preguntaba, ¿has notado algún cambio en tus amistades desde que escribiste el libro?

DA: Definitivamente. Tenía 28 cuando escribí ese libro, y en muchos eventos a los que asistí después de eso, varias mujeres en sus treinta y tantos, cuarenta y tantos, cincuenta y tantos y sesenta y tantos solían levantar la mano y decirme: «Entendemos que creas eso que dices sobre el voto de devoción absoluta que has hecho con las mujeres en tu vida, pero cuando tienes 28 años, sin hijos y vives a lo mucho a tres autobuses de distancia de tus amigas, es fácil hacer esa promesa». Cuando sales de los veintes, los obstáculos que se interponen entre tus amistades surgen casi de inmediato, por lo que mantener ese vínculo y esa vulnerabilidad mutua se vuelve más complicado. Phoebe Waller-Bridge habla al respecto y menciona que los veintes son la etapa en la que uno descubre quién es, por lo que cuando por fin has logrado tallar una identidad, tienes menos en común con otras personas, porque hay más en juego. Estoy de acuerdo con ella; es verdad que pasas esa etapa decidiendo qué trabajo quieres tener, cuáles son tus ideales políticos, en qué parte del mundo quieres vivir; y haces todo eso en compañía de tu grupo de hermanos y hermanas del alma. Juntos crean un tapiz de identidades, al mismo tiempo que cada uno va creando la propia. Luego, al llegar a los treintas, tienes que declarar quién eres de manera permanente. Ya sea que digas: «Soy alguien que quiere vivir en los suburbios» o: «Quiero ser ama de casa y tener hijos», o incluso: «Quiero volver a estudiar y empezar otra carrera». Tu identidad se vuelve más sólida. Y tienes que defender esta estructura de personalidad que has creado, porque es demasiado tarde como para cambiarla. Una vez que declaras quién eres, se siente más peligroso decir cosas como: «No sé si hice lo correcto casándome con ese hombre» o: «No sé si estoy feliz en mi trabajo». Cuando tienes una conexión auténtica y vulnerable con alguien, es aterrador admitir eso; en comparación, cuando tienes veintitantos, todo es un cambio constante. Por todo esto, resulta más difícil abrirte a las personas y permitirte mostrar inseguridad o vulnerabilidad. Hay un riesgo más latente.

¿Crees que también se vuelve más difícil por no estar tan presente como antes en la vida de las personas? Porque en tus veintes no tienes que esforzarte por contarles cosas a tus amigos, ya que ellos presencian casi todo lo que te pasa. Mientras que cuando eres mayor es más difícil mantenerlos al tanto de todos los eventos de tu vida. Por ejemplo, hace poco me di cuenta de que, a pesar de que mis amigos de la universidad y yo éramos muy cercanos, no conozco a sus hijos, ni ellos conocen a Dan como yo conozco a sus parejas, pues lo conocieron cuando éramos más jóvenes. Nos hemos perdido varias partes importantes de nuestra vida.

Exacto. Pasas de la etapa en la que sus vidas están tan entrelazadas que hasta sabes qué comida les produce flatulencias, a esta época en la que solo se ven unas cuantas veces al año. Lo que mencionas de los hijos es interesante, porque existe una narrativa cultural que divide a las mujeres en sus treintas entre las que tienen hijos y las que no. Y, en mi caso, las relaciones que han tenido los cambios más drásticos son aquellas con las amigas que tienen hijos. Incluso si cultural y conscientemente ya no pensamos que criar una familia sea lo más importante que una mujer puede hacer con su vida, la idea todavía está muy arraigada en nosotros. Durante mucho tiempo, ese solía ser el logro más grande al que una mujer podía aspirar en su vida. Y justo por lo difícil que es combatir esa idea, muchas mujeres que conozco que son solteras o no tienen hijos han llegado a decirme: «Tengo la sensación de que ella piensa que mi vida no es tan relevante como la suya». Lo que complica las cosas es que, por el hecho de que la maternidad es algo tan santificado, e implica cambios físicos, psicológicos, domésticos y profesionales de dimensiones extraordinarias en la vida de una mujer, nos suelen decir cosas como: «La gente sin hijos no puede ni imaginar lo que es». Si mi amiga acaba de pasar por esa experiencia, es mi deber como alguien que la ama esforzarme por ser más empática, y usar toda mi imaginación para ponerme en su lugar, porque eso es lo que toda mujer se merece cuando está atravesando la experiencia más alocada de su vida. El problema es que, por lo general, no extendemos la misma cortesía a las mujeres que no tienen hijos.

Creo que esa puede ser la raíz del desbalance y la frustración, porque parece que aceptamos la metamorfosis para mujeres con hijos, pero nos cuesta más entender a las personas sin hijos, y los enormes cambios, ajustes y frustraciones que son parte de su vida diaria. Eso es lo que se vuelve difícil en una amistad entre mujeres que buscan aceptar los cambios en la vida de ambas, cuando una tiene hijos y la otra no: las mujeres sin hijos tienen que dedicar mucho tiempo y respeto y sensibilidad respecto a los cambios que las madres atraviesan y, por lo general, no se les paga con la misma moneda.

Definitivamente hubo ocasiones, mientras estábamos tratando de concebir, en las que tuve que alejarme de ciertas amistades que tenían hijos. Pero más adelante, cuando por fin hablé con esas amigas, me di cuenta de que, a pesar de que su vida parecía tener todo lo que yo deseaba, también tenían sus propios problemas, y yo no estuve ahí para escucharlas.

Y no debes culparte por eso, ya que la historia arquetípica que se nos enseña sobre ser una mujer heterosexual es que te casas, tienes hijos y listo, esto soluciona todos tus problemas. Es un mito que perjudica a muchas personas. Hace poco estuve hablando con una mujer casada con dos hijos que, a primera vista, tiene todo lo que yo podría desear; creo que, de cierto modo, se percató de la ansiedad y pánico que yo sentía por saber si algún día conocería a alguien y tendría una familia, así que me dijo: «Vive y disfruta la hermosa vida que tienes en este momento; es algo muy valioso. No tienes idea lo mucho que añoro la época en la que podía levantarme y escribir durante cinco horas sin que me interrumpieran». Por trillado que parezca, creo que la clave es que, cuando las mujeres empiezan a tener hijos, puede ser una experiencia muy dolorosa, estresante, claustrofóbica, aburrida y solitaria. Y lo que también es una verdad fundamental es que puede ser increíblemente doloroso, estresante, claustrofóbico, aburrido y solitario no tener una familia cuando la quieres. Ninguna de las dos experiencias es más dolorosa o difícil que la otra. Una vez que dejemos de pensar quién nos da más lástima, o quién ha tomado las mejores decisiones, y permitamos que esas penas coexistan, habremos descubierto la clave de la intimidad en nuestras amistades.

Empiezo a pensar que uno pasa por «estaciones» o etapas en la vida donde las amistades se traslapan y otras donde no. Así que quizá, además de ser más vulnerables con nuestros viejos amigos, deberíamos acercarnos a las personas nuevas que aparecen en nuestra vida.

Definitivamente, y la diferencia principal entre el momento en el que estoy ahora y la época en que escribí mi autobiografía es que solía tener mucho miedo al abandono o a estar perdida y sola y sin amor. Creo que debido a que tus veintes son una época difícil, pasas la década adaptándote al hecho de estar sin tus padres. En mi caso, pasé esos años creando una familia sustituta en mis amistades, y esto me daba la oportunidad de alocarme, correr riesgos y vivir aventuras emocionantes, tanto desde el punto de vista creativo como del romántico, porque siempre tenía una unidad a la cual volver. Y eso no es trabajo de tus amigos.

Ahora, me siento más relajada respecto a qué tan seguido hablo con mis amistades o las veo, o a la cantidad de tiempo que pasan con sus parejas en comparación al que pasan conmigo. Me he acomodado en la solidez segura y valiosa de su amor por mí, y sé que, aunque requerirá esfuerzo, también es un amor que estará ahí para siempre. La verdadera amistad se trata de tomar las cosas con calma, consciente de que la vida tiene altibajos que pueden llevarte a muchos sitios, y de que siempre encontrarán la manera de volver a reencontrarse en distintos puntos.

De cierto modo, así como sucede en el amor romántico, en una amistad tienes que aceptar que la otra persona no es responsable de ti. Sin embargo, para permitir cierta distancia en esas relaciones, es necesario dejar ir una versión de la amistad. Me pregunto si con esa pérdida ganamos otras cosas.

Empiezas a sentir la longevidad de tus amistades de una manera increíblemente conmovedora. Me conmueve pensar que las chicas con las que estudié en la universidad, que en algún momento parecían amistades recientes, ahora se han convertido en personas que me conocen desde que era adolescente. Si piensas en eso como una adquisición increíble, incluso si ha tenido que cambiar a medida que envejecemos, se siente como si estuvieras ganando algo en lugar de perderlo. Cuando tenía treinta y tantos, terminé una relación y, al día siguiente, les envié a las chicas un mensaje de texto que decía: «Terminamos anoche y me siento terrible». Como era de esperarse, mis amigas armaron un subgrupo de WhatsApp para ver quién estaba libre esa noche, como una especie de unidad de emergencias emocionales. Tres de ellas me dijeron que fuera a un bar. Llegaron ahí antes que yo y, cuando me acerqué a la mesa, tenían un Martini con vodka frío esperándome. Yo las saludé y empecé a llorar. Me sentía tan conmovida de que las mismas personas que me habían aconsejado y dado su cariño la primera vez que lloré por un chico hace 16 años estuvieran ahí en ese momento. Sus consejos fueron diferentes. Todas ya éramos distintas, pero el amor había permanecido. Eso se vuelve más profundo conforme vas madurando.

¿Qué desearías haber sabido antes sobre el amor y la amistad?

Lo que aprendemos sobre la amistad cuando somos jóvenes es que, si todo permanece igual, las cosas están bien. Y es difícil olvidarse de esa lección cuando llegas a la edad adulta, que es una época en la que las cosas cambian mucho, todo el tiempo. De hecho, esos cambios no solo son una señal de que la vida marcha bien, sino un hecho indiscutible: todo está en un flujo constante.

Desearía poder hablar con mi yo de 25 años y asegurarle que su formato de amistad cambiará muchas veces a lo largo de su vida y que eso es normal. Solía resistirme al cambio de un modo que de seguro resultaba estresante para mis amistades. Quizá las presionaba para que siguieran siendo la misma versión de ellas mismas, y para que nuestra amistad conservara la misma dinámica, porque, para mí, si algo era constante, significaba que funcionaba bien. Ahora casi no hay nada que pueda desconcentrarme cuando se trata de mis amistades: por ejemplo, que alguna amiga me diga que se va a mudar al otro lado del mundo, o que se va a casar, o a divorciar, o que está embarazada. No se me ocurre nada que pudiera poner en duda la fe que tengo por mis amistades cercanas. Y eso es mucho más agradable.

Rilke escribió: «Toda compañía puede consistir únicamente en el fortalecimiento de dos soledades vecinas». Ahora me doy cuenta de que sus palabras pueden aplicarse tanto a una amistad como a una relación romántica. En ambos casos, he aprendido que no podemos esperar que la otra persona satisfaga todas nuestras necesidades. Podemos llorar con ella; podemos compartir nuestra vida, nuestros temores y nuestra ropa interior. Pero si queremos experimentar la dicha de estas relaciones, tenemos que hacer espacio para la individualidad de cada uno.

Como señaló Dolly, es probable que haya tanto ganancias como pérdidas en este proceso desordenado y humillante. Las experiencias diarias que solíamos compartir de adolescentes o veinteañeros pueden ser reemplazadas por algo menos consistente pero igual de poderoso: un conocimiento mutuo tan profundo que puede aguantar la distancia, el espacio y el tiempo.

Sin embargo, para poder disfrutarlo cuando la vida se vuelve más difícil, como suele suceder, tenemos que encontrar una manera de compartir con sinceridad nuestra vulnerabilidad, incluso si se siente algo arriesgado. Es así como logramos seguir en contacto. Y, tal vez, no es sino hasta que confiamos en la solidez de nuestras amistades que podemos apreciar a plenitud la riqueza de todas las capas que las conforman: las vidas que cambian, el amor que permanece, y la manera en que continúa sosteniéndonos.

Por mucho que anhelara ser madre, no dejaba de pensar en cómo la paternidad podría plantear nuevos desafíos al amor. Las noches sin dormir en las que Dan y yo ni siquiera compartiríamos la cama, o las llamadas de una hora con mis amigas que serían más difíciles con un bebé llorando sobre mi regazo. Las cosas que tendría que sacrificar, como los paseos de domingo sin un rumbo específico, las salidas espontáneas con mis amigas, tener sexo de manera regular, leer en la cama, etc. Y también pensaba en cómo mi autopercepción podría verse erosionada, o al menos alterada, en el proceso. Quería saber, si es que decidimos ser padres, ¿cómo podemos asegurarnos de que siga habiendo espacio para el amor por nuestro trabajo, nuestras amistades y nuestra pareja? ¿Qué partes de nosotros podríamos y deberíamos proteger y a cuáles podemos renunciar? Decidí plantearle estas preguntas a la novelista Diana Evans.

En sus obras, particularmente en la hermosa novela *Ordinary People* (Gente ordinaria), Diana explora el impacto que la domesticidad tiene en la vida de las mujeres y en su identidad. Como ya la había entrevistado alguna vez, sabía que ella siempre ha luchado en su vida personal por conservar su identidad como mujer, como amiga y como escritora, incluso después de tener dos hijos. Esto no ha sido fácil, pero ya que siempre ha sido algo importante para ella, se encargó de protegerlo. Yo quería averiguar cómo.

Aunque es honesta acerca de sus partes mundanas, Diana habla de manera conmovedora sobre la intensidad del amor de los padres y explica en qué se diferencia del amor que uno siente por una pareja, un amigo o un padre. También considera la humanidad, no solo de los niños, sino de los padres que los cuidan.

Nuestra conversación me hizo aceptar por primera vez la multiplicidad de la paternidad: su tedio y su belleza, los sacrificios implacables y los dones transformadores. También fue la primera vez que me permití tener la esperanza de que algún día podría ser una buena madre para otro ser humano, incluso si me molestaban algunas de las cosas a las que podría tener que renunciar para llegar a serlo.

CÓMO LA MATERNIDAD CAMBIA EL AMOR
Conversación con Diana Evans

NL: *Tengo entendido que es importante para ti conservar tu sentido de identidad y hacer tiempo para tu trabajo. ¿Cuáles han sido los desafíos a los que te has enfrentado como madre para hacerlo?*

DE: Para mí, ese es uno de los desafíos más grandes de la maternidad: tratar de conservar tu sentido de identidad y tu independencia mientras cuidas a esta persona que salió de ti, y que cambia las dimensiones de tu vida. Había momentos en los que sentía como si me faltara el aire, tratando de existir siendo yo misma aparte de todas las exigencias de la maternidad. El mayor ajuste por hacer es darse cuenta de que tu vida ya no te pertenece. Solía decir que escribir era lo más importante en mi vida, y rotundamente lo creía. Pero cuando tuve hijos ya no podía decir lo mismo. Eso cambió de forma gradual hasta darme cuenta de que ellos eran lo más importante. Entonces, ¿cómo puedo encontrar un equilibrio? ¿Cómo puedo armonizar eso con mi necesidad de expresarme como individuo? No ha sido fácil, pero escribir me ha ayudado, porque me proporciona un espacio que requiere soledad.

¿Tus hijos se volvieron la parte más importante de tu vida inmediatamente después de nacer? ¿O llegaste a ese entendimiento por medio de un proceso gradual?

Fue un ajuste lento. Durante mucho tiempo después de tener hijos, seguía creyendo que la escritura era lo primordial. Me tomó un tiempo aceptar por completo y admitir que ya no era así. Que la vida se detiene cuando se trata de las necesidades de tus hijos, y ellos se convierten en el centro de tu vida y tu universo. Por ejemplo, si uno de mis hijos se enferma, todo se pone en pausa, sin importar qué tan atrincherada esté en mi escritura.

Creo que lo que nos ayuda a soportar la labor de ser padres es el intenso amor que sentimos por nuestros hijos. Sin eso, no sería posible, al menos no para mí. Me di cuenta de ello cuando mis hijos eran pequeños: ser madre es algo tan difícil que, si no amaras a tus hijos con tanta intensidad, lo más probable es que desertarías. Pero también es un amor que te redime constantemente y te trae de vuelta al presente, porque tus hijos pueden lograr que te derritas sin importar qué tan profundamente insatisfecha estés. Cuando los ves sonreír o ser ellos mismos, son momentos llenos de dicha. De pronto todo vuelve a equilibrarse. Recuerdo una vez en la que mi hijo me dijo, como a los 3 años: «Yo soy tu sol, tú eres mi luna», y así lo sentí en ese momento.

¿Dirías que ese amor tan intenso fue instantáneo?

Fue inmediato para mí. Es un amor que te envuelve por completo. Es casi como un ser vivo que puedes sentir, que pinta tu mundo de otro color y crea una especie de niebla mágica a tu alrededor. En especial durante las primeras dos o tres semanas después de haberte convertido en madre; hay un sentimiento mágico en el aire creado por el ser humano que salió de ti. Sé que no es así para todo el mundo, pero así lo sentía yo: algo inmediato, incondicional, y tan visceral como algo físico. Fue como si mi hijo fuera la encarnación del amor.

Hablando como alguien que aún no ha experimentado la crianza de los hijos, me parece que es un acto de servicio. Uno hace absolutamente todo por su bebé y, al menos al principio, ese amor no es correspondido de forma evidente: por ejemplo, no pueden conversar ni expresar gratitud. Pero casi todo lo que uno hace está enfocado en mantenerlos vivos y sanos.

Lo que obtienes a cambio es una sensación de propósito. El hecho de que dependan por completo de ti es una gran responsabilidad, pero le da un propósito a todo lo que haces. Te hace sentir esencial en el mundo.

Ahora que tu hija tiene 16 años y tu hijo 10, estás muy lejos de esa etapa inicial. ¿En qué aspectos cambia el amor de los padres cuando los hijos crecen y forman sus propias opiniones?

Es verdad que el sentimiento cambia conforme tu hijo desarrolla su propia personalidad, pero creo que la chispa fundamental de amor no cambia, y eso es lo que te mantiene conectado a ellos. En un principio, la maternidad es un proceso muy físico, y al crecer se vuelve más emocional. Cuando mis hijos eran bebés, alguien me dijo que, conforme crecen, todo se vuelve más difícil. Yo esperaba que, al contrario, se fuera poniendo más fácil, porque ya de por sí me parecía un desafío, pero ahora entiendo lo que ese alguien quería decir. En especial cuando tus hijos llegan a la adolescencia; apoyarlos para que se conviertan en adultos funcionales, con la habilidad de expresarse por completo, es una dura tarea emocional. Hasta cierto punto, esa es tu responsabilidad.

Hay una cita interesante del libro *The Poisonwood Bible* (La Biblia envenenada), de Barbara Kingsolver, en la que se habla sobre la idea de que, cada vez que ves a tu hijo en crecimiento, miras a la misma persona atravesando distintas etapas de su vida. Lo ves a las 8 semanas, a los 5 años, a los 10 y a los 15, así que el amor que sientes por ellos evoluciona a través de una multiplicidad de emociones y recuerdos. Justo así lo siento yo: cuando veo a mi hija de 16 años, veo los recuerdos que tengo de ella de bebé, de niña, a los 6, etc. Con solo una mirada, la recuerdo de forma multidimensional. Hay una riqueza de sentimientos en la conexión que tienes con alguien que vino de ti, que siempre está evolucionando.

Ya que ellos vienen de ti, ¿sientes que es difícil cuando reconoces en ellos partes de ti que te molestan? ¿O, por ejemplo, cuando hacen algo que te recuerda a un asunto sin resolver de tu pasado?

Eso es algo que me preocupa: lo que pudiera heredarles, y aquello que he tratado de no heredarles sin éxito, simplemente por el hecho de ser quien soy y la cercanía que tengo con ellos.

Aún se espera que las madres hagamos todo a la perfección, y cuando son bebés, tal vez puedas fingir que eres esa madre santa, pero conforme van creciendo, se vuelve más complicado. A la larga, te das cuenta de que tienes que ser tú misma. No puedes ser de otro modo cuando estás criando y viviendo con alguien, tratando de pagar las cuentas y de vivir tu vida, todo al mismo tiempo. Tienes que olvidarte de esa imagen a la que aspiras como madre. Tienes que permitirte ser tú. Cuando mi hija cumplió 13 años, me olvidé de la culpa que proviene del juicio de los demás, porque me di cuenta de que no era una forma constructiva de pensar. Hay muchos libros que se enfocan en todas las formas en que los padres podemos perjudicar a nuestros hijos, pero muy pocos que reconozcan el impacto de proporciones astronómicas que los hijos tienen en los adultos. Los adultos también somos seres humanos, con sentimientos y emociones, y los hijos no suelen estar muy conscientes de ello. Claro que sé que los padres tenemos el rol de los cuidadores, pero creo que la humanidad de los padres debería ser más reconocida, así como el hecho de que no podemos ser lo que no somos, sin importar cuánto tratemos. Tenemos que aceptarnos para poder ser buenos padres.

¡Suena agotador!

Sí, lo es, pero me encanta ser mamá. En verdad.

Quizá porque rara vez escuchamos a las personas hablar sobre la maternidad de la forma en que tú lo haces, la decisión de convertirse en madre puede ser pesada y aterradora, sobre todo cuando uno comprende que hay partes de su vida a las que tendrá que renunciar.

¿Cómo abordaste esa decisión? En especial porque uno no sabe lo que se siente ser madre hasta que te conviertes en una.

A pesar de que se ha convertido en una parte intrínseca de mi vida, he tratado de mantener un sentido de identidad, de manera que sigan existiendo suficientes otras partes de mí como para sentirme realizada. Eso es algo que está en constante riesgo, y pienso que muchas mujeres sí pierden ese sentido de identidad. Algunas hasta el punto en que, cuando los hijos son mayores y se van de la casa, quedan con una sensación de vacío, como si les hubieran arrebatado algo esencial. Yo siempre trato de evitar esa situación de manera consciente. Mi vida gira en torno a mis hijos en términos de horarios y cómo organizo mis actividades, y sé que, en un futuro, extrañaré esa sensación de orden, estructura y repetición rítmica que ellos me proporcionan. Pero espero que queden suficientes otras partes de mí como para sentirme satisfecha, y estoy segura de que así será.

En términos generales, ser madre ha requerido grandes sacrificios, pero también ha enriquecido mi vida. Probablemente ocurrió en el momento adecuado, cuando tenía 33 años y estaba casi lista. La primera vez que me embaracé, temía no estar preparada, pero acababa de terminar mi maestría y mi libro, y había espacio en mi vida. No sabía para qué sería ese espacio, pero lo presentía. En retrospectiva, fue una señal de que estaba lista. El miedo era lo único que me hacía pensar que no lo estaba.

Creo que la gente se identifica con lo que escribes por tu honestidad sobre la dualidad de la maternidad; aunque tiene su lado lleno de un amor profundo e intenso, también tiene otro más mundano y difícil. ¿Crees que a las mujeres se les dificulta admitir que hay partes de la maternidad que no les gustan?

Las mujeres están dispuestas a discutirlo en privado, pero siempre se relega a las «cosas de señoras». Incluso con sus amigas, a las mujeres les cuesta trabajo admitir por completo las dificultades de ser madres. Existe una sensación de competencia, creada por la sociedad, que nos indica que las mujeres tienen que ser madres del modo «correcto» o sentirse de cierta manera. Pero me he percatado de que puedo conectar más profundamente con mis amistades cercanas cuando compartimos esos sentimientos: la sensación de sentirse invisible, y de que tu identidad se vea deteriorada, no solo por la maternidad, sino también por el matrimonio y las relaciones a largo plazo. Cuando las mujeres se permiten tener esas conversaciones y expresar su complejidad con honestidad, creo que se salvan las unas a las otras. A mí me han salvado muchas veces.

¿Ha sido un desafío mantener esas relaciones, considerando las exigencias a las que te han sometido como madre, pareja y escritora?

Sí, sí ha sido un desafío. No queda mucho espacio para tus amistades cuando estás tratando de conservar una relación y cuidar a un hijo, sin perder de vista tu trabajo ni tu identidad como profesionista. Incluso, desde un punto de vista logístico, hay poco tiempo. Solía hablar horas con mis amigas por teléfono, pero llega un momento en el que ya no tienes tiempo para eso. Y es incluso más difícil verse, porque tienen diferentes horarios, o alguna de las dos se muda más lejos. Sin embargo, las relaciones que tengo con mujeres que conozco desde que era niña son las más valiosas. Al no estar conectadas con mi vida romántica o mi papel de madre, tienen cierta pureza.

Esa clase de amistades proporcionan un espacio donde tienes la libertad para ser quien eres, o al menos la persona que creías ser, o quien te gustaría ser. Pueden ser testigos de cómo todas van cambiando. Y resulta reconfortante saber que, sin importar lo mucho que te hayas distanciado de la persona que solías ser, sin importar lo mucho que tu relación o tu carrera te haya cambiado, puedes seguir conectando con alguien a quien conoces desde que eran adolescentes. Una amistad antigua es algo que te ayuda a recordar tu papel en el mundo, y eso es muy valioso.

Hemos hablado acerca de cómo la maternidad ha cambiado la relación que tienes contigo misma, con tus hijos, y con tus amigas, pero también me interesa saber, ¿cómo ha cambiado tu relación romántica?

Una relación a largo plazo es algo que llena tu vida de calidez y afecto, pero la mía en definitiva se ha visto comprometida por mi trabajo y por la maternidad. Siempre tengo la sensación de que no le dedico lo suficiente a ese compañerismo, pero sí lo valoro inmensamente. Por el lado positivo, convertirnos en padres nos ha dado un objetivo en común, lo cual quiere decir que esa sensación de tener un propósito ha creado un vínculo indestructible entre nosotros. Ha sido maravilloso crear vida juntos, y ver cómo esta crece y florece, así como compartir esa fascinación por descubrir qué clase de personas serán nuestros hijos. Pero todo esto provoca un cambio en el amor romántico, porque se interpone. Ser madre y escritora consume gran parte de mi tiempo, y me ha costado trabajo encontrar tiempo suficiente, además de espacio emocional y espiritual, para mi relación. No sé cómo le hace la gente para balancear las tres cosas. Después de cuidar a los niños, a veces me cuesta trabajo compartir lo que queda de mí con mi pareja. Pero la maternidad también intensifica el amor que sientes por ella, porque ves todas las posibilidades de su personalidad en la forma en que se comunican con los hijos. Es maravilloso tener la oportunidad de ver la bondad de tu pareja, y cómo derrama esa bondad en sus hijos. Así que, tal como ha creado distancia, la maternidad también ha formado un vínculo eterno entre nosotros.

¿Cuál ha sido la lección más importante que has aprendido sobre el amor maternal?

He aprendido que lo más importante que puedes darle a tu hijo es amor. Porque, en mi infancia, no estaba muy consciente de que me amaban y valoraban, así que siempre ha sido una prioridad para mí que mis hijos sepan lo mucho que los amo.

Cuando Diana describió la sensación de ver a sus hijos de una manera multidimensional, entendí exactamente a qué se refería, a pesar de que en ese momento no era madre. Es el mismo sentimiento que tengo a veces cuando veo a mi hermano menor, Oliver. Puedo ver en su rostro a la vez al regordete bebé que entrecerraba los ojos bajo la luz del sol; al niño sonriente con corte estilo casquete y una gorra al revés; al adolescente tocando la guitarra en el garaje; al veinteañero bailando «Born in the USA» en la cocina de mis papás. He presenciado los 34 años de su vida; y él ha presenciado todos salvo dos de mis 36. Esto quiere decir que, en nuestras conversaciones, siento todas las capas de las personas que solía ser. Como dice el escritor Jeffrey Kluger en *The Sibling Effect* (El efecto hermandad): «A partir del momento en que nacen, nuestros hermanos y hermanas son nuestros colaboradores y cómplices, nuestros modelos a seguir y nuestras historias de advertencia… En comparación, las parejas llegan más tarde a nuestra vida; nuestros padres nos dejan a la larga. Por lo tanto, es posible que los hermanos sean los únicos que podrían calificar como «compañeros de vida».

Como mi «compañero de vida», mi hermano ha expandido mi visión de la intimidad. Porque nuestro amor existe en un conocimiento extraño y tácito el uno del otro, uno que no requiere que compartamos todo para seguir siendo cercanos. Él no es alguien a quien llamaría para hablar de una ruptura romántica, y dudo que él me buscara para hablarme de sus problemas amorosos; además, ninguno de los dos tiene intención alguna de ponerse a discutir nuestra vida sexual. Sin embargo, a pesar de estos detalles, de cierto modo él me conoce mejor que nadie. A veces la intimidad consiste en exponer cada parte de tu ser a otra persona. Pero, en otras, esta se construye con base en experiencias, no palabras: las tiendas de campaña que construíamos juntos con las sábanas, o las canciones que grabábamos en el garaje; los tensos viajes familiares codo a codo en el asiento trasero del Saab de mi mamá o las noches incontables que dormíamos en literas y hablábamos durante horas bajo el brillo fluorescente de las estrellas que habíamos pegado al techo. Estos momentos tempranos fueron los que me enseñaron a compartir mi vida con alguien más. Fue con Oliver que aprendí a pelear, por muñecos de peluche, por Legos o por la atención de nuestros padres, y a reconciliarme sin guardar rencor. También aprendí cómo hacer reír a otros, y la importancia del humor. Sin saberlo, al crecer lado a lado, aprendimos a amar.

En muchas de estas conversaciones he preguntado: ¿cómo puedes unir tu complicada vida con la complicada vida de otro sin perderte en el camino? Pero ahora quería saber: ¿qué pasa cuando sus vidas han estado unidas desde un principio? ¿Cómo pueden seguir amándose mucho tiempo después de haberse mudado de la casa en donde crecieron? ¿Y cómo pueden respetar y disfrutar, tanto la historia que comparten, como las personas en quienes se han convertido? Acudí a la periodista Poorna Bell para encontrar las respuestas, porque sabía que la relación con su hermana Priya es una fuente importante de amor en su vida.

Poorna y Priya han mantenido su vínculo a pesar de vivir en diferentes ciudades (Priya en Barcelona, Poorna en Londres) y a través de experiencias muy difíciles: como cuando Rob, el esposo de Poorna, se suicidó; su hermana era la única que sabía cómo apoyarla. ¿Cómo han permanecido tan cercanas? Con esfuerzo, tomando vacaciones anuales juntas, con contacto regular y prestando atención a la manera en que han crecido y evolucionado como adultas. Las respuestas de Poorna no solo resultaron valiosas en el contexto de las relaciones fraternales, sino que también me recordaron que la conciencia es esencial para establecer una conexión. Y que incluso en las familias, el amor no es algo que se pueda ignorar. Tenemos que procurar mantenerlo vivo.

LOS DESAFÍOS Y EL CONSUELO DE LOS VÍNCULOS FRATERNOS
Conversación con Poorna Bell

NL: ¿En qué crees que difieren una relación fraternal y una amistad?

PB: Como hermanos, sentimos un interés automático por la vida del otro, así como ocurre con los amigos. Hay cosas que nos interesan tanto a Priya como a mí, cosas que nos unen y cosas en las que nos aconsejamos la una a la otra. Somos mutuamente incondicionales. Siempre estamos ahí para apoyarnos. Pero el vínculo entre hermanos puede ser más complicado que la amistad cuando volvemos a nuestro modo adolescente predeterminado; cuando dices las cosas sin tacto, o asumes cuál será la reacción de tu hermano, porque tienes cierta idea de quiénes son. El desafío es que los dos cambian en varias etapas de su vida, así que la idea que tienes de tu hermano o hermana podría no reflejar su realidad actual. (Por ejemplo, Priya solía ser callada cuando éramos más jóvenes, y ahora es más intrépida, directa y apasionada). Ya que los hermanos se conocen desde hace mucho tiempo, también se forman patrones de comportamiento que se afianzan durante las edades formativas; estos determinan cómo interactúan. Puede que ni siquiera estén conscientes de ellos.

¿En qué clase de patrones recaes tú con tu hermana?

Soy cuatro años menor que Priya; sé que no suena como una gran diferencia, pero cuando eres niña o adolescente puede haber un gran contraste en cuanto al nivel de madurez. Cuando éramos más jóvenes, dependía mucho de ella. A veces aún lo hago. Y cuando era adolescente me creé la narrativa de que yo era la «mala». Todo lo que hacía estaba mal o no era suficientemente bueno, mientras que Priya era la hija perfecta que nunca se equivocaba. Ahora que soy mayor, sé que esto no era así; era solo mi percepción de las cosas. Sé que Priya es mi camarada, no mi competencia. Pero esa narrativa en la que me sentía apartada o inferior a mi hermana sigue apareciendo de vez en cuando. Y no es culpa de nadie; es solo la sensación intangible de que no se me ha tomado en cuenta para los planes familiares. O de que soy una ocurrencia tardía, porque soy la menor y todos asumen que me conformo con hacer lo que los demás sugieren. Esto no es verdad, pero ya que es un tema sensible para mí, tengo que procurar no dejarme llevar por esas ideas. Ese es el patrón infantil que, por desgracia, muchos de nosotros tenemos y al cual podemos volver muy rápido cuando se trata de nuestra familia.

En las conversaciones que he tenido sobre amor romántico y amistad, el tema de siempre seguir conociendo a las personas ha sido recurrente, porque todos cambiamos, y casarse con la versión antigua de alguien puede ocasionar conflictos. ¿Cómo siguen conociéndose Priya y tú ahora que son adultas? ¿Ha sido por medio de un esfuerzo consciente?

El motivo por el cual mi relación con Priya sigue evolucionando es porque hemos notado que ambas debemos participar de forma activa en el proceso. Sin embargo, no se siente como un esfuerzo, porque tratamos de comunicarnos de un modo u otro todos los días. No es como cuando tienes un amigo con el que platicas una vez al mes y tienes que explicar toda tu vida en el transcurso de dos o tres horas. Priya y yo estamos al tanto de lo que ocurre en nuestra vida porque estamos en contacto a diario. Eso no quiere decir que no tengamos malentendidos, pero sí significa que tenemos una clave para entendernos mejor. No hace falta que le haga miles de preguntas para descubrir lo que siente respecto a algún tema, porque hay una parte de ella que conozco y entiendo bien, y viceversa: ella sabe quién soy y cómo podría sentirme respecto a algo en específico.

Las amistades suelen entrar y salir de tu vida ocasionalmente, mientras que, si tienes la suerte de tener una relación cercana con tus hermanos, de cierto modo, sabes que siempre estarán ahí, porque sus vidas están entrelazadas. ¿Crees que esto también dé lugar a que descuiden su relación o la subestimen? ¿O a que sean muy duros el uno con el otro?

Con Priya, claro que una fuente de conflicto puede ser decirle algo con mayor dureza en comparación a como se lo diría a una amiga, pero también creo que la relación es más fácil de recuperar que una amistad. Si alguna de las dos está siendo un poco dura, podemos decirnos: «Estás siendo algo hiriente». Resulta muy útil tener a alguien que pueda señalarte esos momentos, porque las amistades pueden alejarse si es que optan por evitar el conflicto. Muchos prefieren perder a un amigo que decir algo que la otra persona podría no querer escuchar. Pero cuando se trata de tus hermanos, no puedes darte el lujo de evitarlos para siempre. Claro que hay hermanos distanciados, pero ese es otro tema. Si tienen una relación cercana, pueden ser más bruscos entre ustedes en cuanto a su elección de palabras, porque saben que la relación es más fácil de reparar. Al menos en mi caso, la relación con mi hermana suele ser bastante fácil; no puedo decir lo mismo de ninguna otra persona en mi vida.

Sé que Priya estaba a tu lado cuando recibiste la noticia de la muerte de tu esposo. ¿Dirías que su relación de hermanas fue un consuelo durante esa época?

Ella estaba conmigo cuando me enteré por teléfono de que mi esposo Rob se había quitado la vida en Nueva Zelanda. A partir de ese momento, sentí la necesidad de tener a alguien para cuidarme y protegerme. Hasta ese entonces, Rob se había encargado de eso. Pero Priya me hizo sentir como si tuviera a una guerrera a mi lado. Necesitaba a alguien que me entendiera y estuviera conmigo sin tratar de arreglar las cosas, y ese alguien fue mi hermana. Ni yo sabía lo que necesitaba en ese momento, pero ella sí. Claro, no es lo mismo que tener una pareja romántica, y te estaría mintiendo si te digo que eso bastó para reemplazar esa necesidad en mi vida, porque no fue el caso. Mi hermana también tiene su propia familia, y llenan mutuamente ese espacio. Pero sé lo afortunada que soy de tener a alguien que siempre estará a mi lado, sin importar lo que ocurra, en la medida de sus posibilidades.

Las experiencias que hemos compartido, como cuando ella se convirtió en mamá o cuando yo perdí a Rob, son muy distintas. Ninguna de las dos puede entenderlas porque no las hemos vivido, pero sí podemos entendernos la una a la otra a través de ellas, y sabemos lo que la otra necesita.

Esa me parece una distinción importante: no es necesario entender la experiencia mientras puedas entender a la otra persona a través de ella. Yo también me he sentido así. Cuando todo se desmorona en mi vida, sin importar lo que ocurra, puedo sentir la certeza del amor de mi hermano y eso me hace más fuerte.

Por supuesto. Priya y yo decimos que nuestra familia es un sistema solar y sacamos fuerza de saber que nuestras órbitas coexisten. Cuando pasamos tiempo juntas, recargamos nuestras baterías, y cuando estamos separadas, es como si faltara una parte de nuestro ser. Cuando estoy con Priya, puedo ser yo misma de un modo que no siempre es posible en otros aspectos de mi vida. Me hace sentir muy conectada conmigo: tanto con la persona que soy hoy en día, como con mis orígenes. Podemos hacernos reír, hacer boberías y volver a ser niñas. También podemos ser brutalmente honestas como adultas, de un modo que no siempre es posible con tus amistades. Esa honestidad te permite saber que, cuando tus hermanos están de tu lado, su apoyo proviene de un lugar muy puro. Si estuvieras haciendo algo malo para ti, o actuando de manera incorrecta, es probable que tu hermano te lo diga. Eso quiere decir que a veces pueden decirnos verdades que no estamos listos para escuchar. Pero también significa que, cuando te respaldan, quizá es porque tienes la razón. Y tener esa clase de apoyo en tu arsenal para enfrentarte a la vida es algo muy poderoso.

¿Has descubierto una nueva forma de amor en tu vida al convertirte en tía?

Sí. No tenía ninguna expectativa al respecto, pero cuando cargué a mi sobrina Leela por primera vez, recuerdo haber pensado que era infinitamente preciosa y frágil, y que sería capaz de morir por ella y hacer todo lo posible para protegerla. Mi sobrina no es mi hija biológica, pero existe un vínculo, como el que existe con el resto de mi familia, que nos conecta estrechamente. Ahora está a punto de cumplir 6 años, y es uno de los seres humanos más dulces que he conocido, pero yo ya sentía este mismo amor antes de saber qué clase de persona sería. Era un sentimiento muy primordial, y estaba conectado al vínculo que tengo con Priya. Es una forma de amor completamente nueva.

¿Qué desearías haber sabido antes sobre el amor fraternal y cómo mantenerlo?

Mi relación con Priya es fuerte porque ahora somos muy buenas para comunicarnos. En nuestra adolescencia y nuestros veintes, yo tenía ideas preconcebidas sobre nuestra relación y sobre mi hermana, sin haberme tomado el tiempo de conocerla de verdad como persona. Claro que siempre existirán dinámicas difíciles de navegar dentro de una familia, pero vale la pena aprender a comunicar tus necesidades y a entender por qué la gente siente lo que siente, incluso si se trata de un hermano al que crees conocer de pies a cabeza.

CAPÍTULO 3

EL TRABAJO DE VER
CON NUEVOS OJOS

«El amor es la calidad de la atención
que prestamos a las cosas».

J. D. McClatchy, *Love Speaks Its Name*

Cierto domingo, Dan está lavando los platos mientras yo pico una cebolla. Solo se escucha el sonido de la radio y una cacerola con agua hirviendo a fuego lento en la estufa, la intimidad natural que existe en ausencia de las palabras. Luego, Dan me presta sus lentes de esquí para que no me lloren los ojos por la cebolla. «Intenta ponerte una cucharita en la boca también», me sugiere, y lo hago. Seguro me veo ridícula con lentes de esquí y una cuchara en la boca picando cebolla, porque Dan empieza a reír, y yo también, y de pronto no podemos parar. Pero debajo de este momento tonto, puedo sentir el palpitar de una verdad dulce y dolorosa: estos son los momentos que uno de nosotros extrañará algún día, cuando uno de los dos muera. Estas tardes cotidianas.

Ahora pienso que esto es parte de mantener el amor: primero, hacer espacio para que puedan existir momentos como este. ¿Y luego? Prestarles atención. Sentir su fragilidad, su valor emocional y su novedad, incluso si te resultan familiares. Algo que ayuda, como he descubierto, es entender que el amor es algo que requiere práctica, la revelación continua de uno mismo, y una vasta fuerza que existe y cambia entre ambos. Pero también creo que antes de lidiar con temas más serios hay que empezar por los pequeños detalles. Y el amor también se encuentra en estos detalles: un apretón de manos, una nota inesperada en la mesa de la cocina, un mensaje que dice «lamento mucho tu pérdida», una canción recomendada, una inseguridad compartida, un detalle de ti que le contaste a alguien hace años y aún lo recuerda (por ejemplo, que la cáscara peludita de los duraznos te pone la piel de gallina, o que no te gusta la leche porque, cuando estabas en primaria, te sentabas junto a un niño en el autobús que siempre tenía un bigote de leche, y por alguna razón te provocaba náuseas).

Es fácil apreciar a alguien cuando no está ahí, cuando su ausencia te hace añorar su retorno. Pero es más difícil prestarle atención a alguien que está justo delante de ti, todos los días. Alguien cuya vida está tan entrelazada con la tuya que, si te descuidas, puedes olvidarte de ver a esa persona teniendo en cuenta la distancia entre los dos, del mismo modo en que no puedes apreciar la belleza de una gran pintura si te paras demasiado cerca.

Sin embargo, es posible practicar para mejorar la habilidad de notar a los demás, hasta que se vuelva más fácil prestar atención a las partes del amor que a veces ignoramos. Hasta que recuerdes construir estos momentos desde cero, con espontaneidad y gentileza. Hasta que dejes de «hojear» a tus amigos, a tu pareja o a tu familia, en vez de leerlos con detenimiento, como una historia sin fin. Una historia en la que no tienes control de la trama, ni puedes reescribir o terminar del todo.

Aunque, claro, también es verdad que entre más atención le prestes a alguien, es más probable que sientas los bordes afilados de la intimidad con mayor intensidad: sus deficiencias, sus errores, los pequeños resentimientos que se van acumulando, y usar todo esto como un arma si algún día llegan a pelear. También hay momentos, por raros que sean, en los que miro a Dan y siento un destello de rabia que me hace olvidar todo el amor entre nosotros. Como la noche en que fuimos a cenar a casa de unos amigos para festejar la Noche de Burns. Los dos estamos borrachos, aunque él lo está mucho más. Hemos bebido mucho menos durante los últimos seis meses, siguiendo las recomendaciones del especialista hormonal, así que decidimos mandar todo al carajo esta noche: bebemos whiskey, comemos haggis, nos olvidamos de la dieta alta en proteínas y aceptamos la inevitable resaca del día siguiente. Debería ser divertido, pero no lo es. Por obvias razones, empezamos a irritarnos el uno al otro. Dan habla fuerte, interrumpe a los demás y se hace el gracioso. A todos les divierte, pero yo siento que está fanfarroneando y siendo ofensivo. Una mujer soltera (del tipo que sé que le gustan) se sienta a su lado; él sabe que yo sé que podría gustarle. Entonces, a pesar de que no coquetea con ella, el hecho de que ambos lo sabemos pone más tensa la situación. En un día normal, no me importaría quién se sentara a su lado. No me molestaría que estuviera jugando a ser el centro de atención;

es más, me estaría riendo con él. Nuestras miradas se encontrarían, él guiñaría un ojo, yo sonreiría y sería como un «te amo» telepático. Pero algún extraño coctel de hormonas, alcohol y mezquindad, y la tensión de una vida gobernada por el anhelo, significa que esta noche la tensión entre nosotros es mayor. Bebemos más, nos irritamos más, yo quiero irme a casa y él no. Y cuando por fin nos marchamos, tenemos una gran pelea… por nada, y por todo. Afectados por la borrachera, él me insulta y yo siento que lo detesto. Quiero herirlo y eso hago: uso en su contra el recuerdo más doloroso de su pasado, el cual compartió conmigo en un momento vulnerable. (Esto es un recordatorio de que a veces la intimidad nos permite lastimar a las personas que mejor conocemos).

A la mañana siguiente salimos de nuestra ira, con vacilación y ternura, y cada uno encuentra el camino de regreso hacia el otro. La tensión entre ambos se derrite como un cubito de hielo en un día caluroso. Hablamos sobre lo que en verdad había detrás de nuestra discusión y cada quien da su versión de las cosas. Porque, como me dijo la autora Sandra Newman, después de una pelea es importante que no siga existiendo la discrepancia de que cada uno tiene la versión correcta de los hechos. «Creo que ese es uno de los aspectos que ayuda a que las relaciones funcionen a largo plazo», afirma. «Si puedes comprender la percepción de la realidad del otro y no descartarla. Si puedes ser sincero al respecto, incluso si no es muy halagador para ti, en vez de guardártelo».

Tenemos una elección en todos estos momentos: tanto en las alegres y familiares tardes de domingo como en las dolorosas peleas avivadas por el alcohol. Cuando se trate de los momentos alegres, ¿ignoraremos la belleza o estaremos conscientemente presentes? Y cuando se trate de los dolorosos, ¿decidiremos que es más fácil ponerle fin a la conversación que excavar más profundo para llegar a las verdades incómodas? ¿O trataremos de encontrar la manera de volver a ese lugar amoroso? (Incluso si hay que esperar a la mañana siguiente para hacerlo). Creo que es necesario plantearnos estas preguntas si queremos mantener cualquier clase de relación. No porque al hacerlo logremos alcanzar un nuevo estado de amor, sino porque el amor existe en estas acciones: reconocer, perdonar, reflexionar e intentar.

Y parte de intentar consiste en encontrar la manera de estar presente. Durante esta etapa, pensaba en las palabras de Esther Perel: «Si tú me dices "me importa mi pareja", mi siguiente pregunta es "¿cómo se lo demuestras?". Sentirlo no es suficiente». Estas palabras me han motivado para prepararle a mi mamá el pastel de cumpleaños de mora azul del chef Ottolenghi a pesar de que no soy muy buena para hornear, para enviarle una carta a Dan por correo cuando tuvimos que estar un mes separados durante el primer confinamiento por coronavirus, y para enviarle a Caroline, mi amiga de la escuela, un libro que pensé que le gustaría leerle a su hija, sin ser una ocasión especial. Es un recordatorio constante de que no es suficiente tener la intención y de que, a pesar de que nuestros amigos, familiares y nuestra pareja saben que los amamos, a veces merecen un poco de evidencia.

Después de todo, aquellos a quienes amamos son una constelación. Al amarlos, tenemos el privilegio de ver y resaltar todos los diferentes mundos, colores y profundidades dentro de ellos, así como ellos tienen el potencial de hacer lo mismo por nosotros. Esta reciprocidad es esencial para el amor: un equilibrio entre dar y recibir, ver y ser visto, preguntar y responder, pensar siempre como «yo» y «nosotros». Entonces, quizá podemos concluir de todo esto que es necesario encontrar el valor, la consciencia y la curiosidad para hacer «el trabajo de ver con nuevos ojos», como Mira Jacob lo describió. Estar lo suficientemente consciente como para ver los momentos más pequeños de nuestra vida con todos sus brillantes detalles. Ser lo suficientemente curioso como para ver todas las versiones de otra persona, y luego volver a verlas cuando cambien con el tiempo. Y, sobre todo, para mirar y comprender por completo todas las versiones de nosotros mismos, para que podamos encontrar el valor de mostrárselas a otro ser humano con claridad, y confiar en que nos amarán por todas ellas.

PARTE III

¿CÓMO PODEMOS SOBREVIVIR A LA PÉRDIDA DEL AMOR?

«El corazón que se rompe hasta abrirse
puede contener todo el universo».

JOANNA MACY

CAPÍTULO 1

La pérdida del futuro imaginado

«Los no nacidos, tengan nombre o no,
se reconozcan o no, tienen una forma de insistir:
una forma de hacer sentir su presencia».

HILARY MANTEL, *Giving Up the Ghost*

Cuando volvamos de nuestras vacaciones de verano en Italia voy a ver a una acupunturista, quien piensa que no he podido aceptar del todo el impacto emocional de mi aborto espontáneo. Ha pasado casi un año, y aunque estoy consciente de que no lo he superado del todo, me siento impactada de que alguien me diga que he hecho tan poco progreso. «¿Sientes que podrías llorar en cualquier momento?», me pregunta ella. Y así es; es como si la tristeza siempre estuviera acechando bajo la superficie. «¿Tienes sueños muy vívidos?». También es verdad; por lo general son muy sangrientos, llenos de imágenes de fetos muertos y vientres deformes. En el más reciente, mi bebé era diminuto, del tamaño de una mosca, y cuando quitaba el tapón de la bañera, se iba por el drenaje, mientras yo trataba desesperadamente de atraparlo con ambas manos, pero era demasiado pequeño. No alcanzaba a verlo, no podía salvarlo. No le cuento a la acupunturista de mis sueños sangrientos. Solo respondo que «han sido un poco intensos».

Después de la cita, me siento irritada y mi pecho está tenso, a pesar de que sé que tiene razón. Llamo a mi amiga Marisa. «¿Por qué no puedo dejar de pensar en esto? He hecho todo lo necesario. Reconocí mi tristeza. ¿Por qué piensa la acupunturista que sigo atorada en las etapas iniciales del dolor?». Marisa hace lo que los buenos amigos hacen de vez en cuando: se pone de mi lado y me hace sentir mejor, a pesar de que, en realidad, mi frustración hacia la acupunturista no estaba justificada. Sin embargo, esa misma noche recuerdo una lección que aprendí en una terapia de parejas el año anterior: presten atención a los momentos en que se sientan irritados, porque, debajo de su ira, suele haber pistas para descubrir la historia oculta.

Cuando se trata de un corazón roto, un océano de sufrimiento a menudo se reduce a una frase breve y cortante. «Creo que debería mudarme», «no estoy en el mejor momento para tener una relación», «ha habido un accidente», «hemos encontrado un bulto». O, en mi caso, «lo siento, no hay latido». La conmoción aparece en cuestión de segundos, pero la tristeza elige su propia línea de tiempo: pierdes un futuro en un momento y luego te quedas a la merced de un duelo cuyo ritmo no puedes controlar. Eso es lo que perdí cuando un médico me mostró una forma inmóvil en una pantalla: no solo un bebé, o un feto para algunos, sino una imagen de nuestro futuro que ya se había formado en mi mente. La persona que podría haber llegado a ser, la vida que podría haber tenido. En tan solo cinco palabras, se perdió un mundo.

Además de Dan, el primero que se enteró de mi embarazo fue el hombre que me servía el café en la cafetería Pret cerca de mi trabajo. Aunque se sabía mi pedido de memoria, todas las mañanas me preguntaba «¿americano sin azúcar ni leche?», y yo respondía, «¡sí, por favor!». Entonces, aquella mañana, cuando le respondí «no, descafeinado, por favor», lo tomé por sorpresa. «¿Estás embarazada?», preguntó, no de manera invasiva, sino como cuando alguien dice en voz alta lo primero que se le viene a la mente. «¡Es muy pronto para saber!», argumenté (un código que quiere decir: «Sí, pero no le he contado a nadie»). Él asintió y ambos sonreímos. Incluso conforme Dan y yo empezamos a compartir la noticia con nuestros seres queridos, la forma en que el barista me preguntaba cada mañana «¿americano descafeinado?» siempre me hacía sonreír. Era un secreto feliz entre dos personas que apenas se conocían. Este fue el estado de ánimo general durante los primeros meses de mi embarazo: una preciosa emoción que llevaba conmigo a todos lados, a veces en privado, a veces compartida, pero siempre presente.

Imaginé que íbamos a tener una niña. Aunque sabía que era solo un presentimiento, soñaba despierta sobre la clase de persona que podría ser. ¿Sería buena para cocinar y cuidar plantas como su papá? ¿Tendría su cabello y sus ojos oscuros? De seguro sería bajita de estatura, como sus padres. Quizá sería tan gentil como su tío, tan romántica como su madre, tan divertida como su abuela, que ya moría por conocerla. Le enseñaríamos a nadar, a cantar, a andar en bicicleta, a bailar en la cocina, a perdonarse, a leer los mismos cuentos que me leía mi papá. Oleríamos su cabeza, besaríamos su mejilla, acariciaríamos su frente cuando estuviera enferma. Le diríamos cuántas veces habíamos soñado con ella. Lo mucho que habíamos anhelado su nacimiento, lo mucho que la deseábamos, lo mucho que la amábamos. Y así se acumularon mil pequeños sueños en un futuro imaginado que era una fantasía, pero que era real para mí.

Muchos de quienes han compartido conmigo sus historias de angustia también han perdido su visión del futuro. Uno lamenta el hecho de que su difunta madre nunca conocerá a sus hijos ni estará presente el día de su boda. Otra comparte la historia de su amiga que murió, y las vacaciones que reservaron juntas, pero no llegaron a tomar. Una mujer se sincera sobre los sueños que se evaporaron con su divorcio: todas las mañanas de Navidad que ella y su ex nunca pasarían con sus hijos; la casa familiar en la que pensó que envejecerían y ahora tenía que vender. ¿Cómo lamentas la pérdida de un futuro que nunca tuviste? Pienso en esta pregunta la mayoría de las noches, mientras trato de entender la manera en que esta pérdida en particular me devastó.

Mi cuerpo, al igual que mi mente, se había negado a olvidar, así que me sometí a una cirugía para extraer el feto. Durante las primeras semanas después de la cirugía, sentía que mi vientre era una calabaza a la que le destriparon las semillas, y yo era la única que sabía que estaba hueco. En ese momento era invierno, y también lo era dentro de mi cuerpo. Creo que una de las peores partes de la angustia es despertarse cada mañana y recordar. Por un segundo al despertar, hay un momento brillante en el que olvidas y superas la tristeza. Pero luego pasa otro segundo y la memoria se pone al día, así que solo te quedas ahí, sin querer levantarte de la cama, sin querer afrontar el día que contiene tu pérdida. Parecía que no había ninguna parte de mí que mi bebé no hubiera ocupado, así que no había ningún lugar en mi interior al que pudiera ir para liberarme del recuerdo de la vida que imaginaba que compartiríamos. Sabía que el futuro que había anhelado ya no era posible. Aun así, seguía deseándolo.

Amigos y familiares me ofrecieron sus condolencias, pero yo estaba distante, alejada, en otro lugar. Las palabras más reconfortantes vinieron de mi suegro, quien escribió dentro de una tarjeta: «Está bien aullarle a la luna». Lo menos reconfortante fue una mujer bienintencionada que me dijo que creía que todos los bebés que morían lo hacían por un motivo. Todo ese día fantaseé con abofetearla hasta que su mejilla quedara roja, y estos pensamientos oscuros me asustaban. Otras personas me contaban sobre lo comunes que eran los abortos espontáneos, para tratar de hacerme sentir mejor. Pero si era algo tan común, ¿por qué me sentía tan sola?

También hubo momentos de humor mórbido. Me reí cuando una gata preñada de repente comenzó a visitar nuestro jardín. «¿Es en serio?», le pregunté. Me reí de nuevo cuando un constructor joven me chifló en la calle y me gritó: «¡Qué buen culo!», mientras caminaba a casa. Fue antes de que me quitaran al bebé, y me parecía ridículo que me acosaran en la calle cuando mi cuerpo contenía vida y muerte a la vez: mi corazón vivo y el de mi bebé muerto. No estaba molesta; agradecí el humor negro. Solo esperaba que ese hombre nunca tuviera que hacer el solitario paseo hasta la farmacia para comprar las toallas sanitarias extragrandes para su pareja, como había hecho

Dan la noche anterior. Para ese entonces había comprendido que debía olvidarme del futuro que había perdido, pero había recordatorios por todas partes; pequeños, pero dolorosos, como piquetes de avispa. Mientras limpiaba unas repisas en casa, encontré una foto del ultrasonido de nuestro bebé que había guardado dentro de un libro. Al meter la mano en el bolsillo de un abrigo, sentí una piedrita que mi mamá me había dado cuando el feto era de ese tamaño. En el cajón de la cocina encontré la prueba de embarazo positiva. Llegó una notificación de Baby-Centre a mi celular que decía: «Tu bebé es del tamaño de una manzana». Borré la aplicación, y puse todo lo demás en una pequeña caja de madera en el fondo de nuestro clóset: todos los rastros de una vida diferente que ya no era nuestra.

Al revisar estos recuerdos después de mi cita con la acupunturista, me percato de que hay tres partes principales en la historia más profunda de mi tristeza: la pérdida en sí, la soledad que la acompañaba y la pena, un sentimiento que ya tendría que haber superado. Entrevisté a una mujer que había perdido hijos, que había dado a luz a bebés que habían nacido muertos y que había pasado años y años sometiéndose a tratamientos de fecundación *in vitro*. Parecía patético que yo no pudiera superar una pérdida que era tan pequeña en comparación.

A aquellos a quienes le cuesta entender el dolor de un aborto espontáneo, les diría: imagina que, por primera vez en tu vida, no estás solo dentro de tu propio cuerpo. Aunque es curioso pensar en las partes del cuerpo creciendo dentro de ti (los brazos, las piernas, los pies, las manos) y en cómo tu nivel de sangre incrementa de un 40 a un 50 por ciento mientras tu corazón acelera su ritmo para distribuirla, creo que lo que te cambia para siempre es la sensación de que, de pronto, existe otra vida dentro de tu mundo interno. Cuando ese segundo corazón deja de latir, te obliga a enfrentarte a lo que todos sabemos, pero tratamos de evitar: la muerte. Ya no puedes apartar la mirada. Ya no puedes negarla. Está dentro de ti y, a partir de ese momento, siempre lo estará; este entendimiento de que todos nuestros corazones dejarán de latir algún día, tal como lo hizo el de tu bebé. En el espacio de unos meses, o más tiempo en algunos casos, las mujeres que abortan experimentan en su interior las delimitaciones de nuestra existencia: el comienzo y el final de la vida. No describiría esa experiencia como algo insignificante. Sé que para algunas mujeres puede serlo, pero no lo fue para mí.

Toda pérdida tiene sus propias complicaciones privadas y, sin importar si las reconocemos o no, sus consecuencias perdurables pueden aparecer en alguna parte: en nuestra siguiente relación, en una pelea embriagados, en un ataque de pánico, en forma de celos. Es por eso por lo que tenemos que honrar a las penas que nos afectan en lo más profundo, sin importar que puedan parecer insignificantes para los demás. Creo que el mayor reto es aprender a llevar esas pérdidas dentro de nosotros sin dejar que nos distraigan demasiado de nuestra vida. Yo tuve que aceptar que mi aborto fue una pérdida significativa para mí, pero también tuve que superar la pérdida del futuro que había planeado para poder seguir viviendo la vida que soy afortunada de tener. La vida real y presente. Como me diría más adelante la doctora Lucy Kalanithi: «Vale la pena darse cuenta de que seguimos siendo nosotros, que existe un yo esencial que sigue ahí, separado del futuro que puede que hayas perdido». Sí, es verdad que era una mujer que quería ser madre y ya no lo era, pero también seguía siendo una hermana, una amiga, una hija, una esposa, una persona con propósito; una mujer hambrienta de experimentar las muchas otras facetas de la vida además de la maternidad.

Unos días después de la cirugía, volví al trabajo. Esa mañana, parada en la estación de tren, como lo había hecho cientos de veces, volteé a ver un letrero azul con una «S» escrita. La primera letra del nombre que teníamos pensado para nuestro bebé. (¿Siempre había estado ahí? Tal vez nunca lo había notado). En ese momento sentí una oleada de emoción que nunca había tenido, el punto medio exacto entre la felicidad y la tristeza. Acepté el dolor y me abrí paso entre él, como cuando sigues corriendo con una punzada en el costado. Miré el cartel y sonreí, y me permití reconocer lo que durante mucho tiempo no había podido: aunque la vida de mi bebé fue corta, no quería olvidarlo.

Después de bajarme del metro, fui a Pret. Había cuatro personas delante de mí, así que esperé un rato hasta que escuché esas palabras familiares: «¿Americano descafeinado?». «No, americano, por favor», respondí. Estuve a punto de llorar, pero no lo hice. «¿No descafeinado?». Negué con la cabeza y él asintió con incomodidad, pero con gentileza, y me miró como si deseara poder decir más. Más o menos un minuto después me entregó el café, le dije «gracias» y también asentí con gentileza. Caminé hacia el trabajo y pensé en el poder de un pequeño gesto, una mirada, una sonrisa, un asentimiento, y cómo podemos consolar sin palabras a las personas que apenas conocemos.

Cuando era niña, mi mamá solía llorar en la cocina en Año Nuevo. Mi padre nos llevaba a mi hermano y a mí a la otra habitación para «darle algo de espacio a mamá», y nos explicaba que era el aniversario de la muerte de nuestra abuela. Mi mamá perdió a su madre, Pamela, cuando tenía 26 años y estaba embarazada de Oliver. Hasta la fecha sigue llorando y describe la experiencia de convertirse en madre y perder a la suya al mismo tiempo. En aquel entonces, Oliver y yo éramos demasiado jóvenes como para comprender el peso emocional de este recordatorio anual, pero esa fue una de mis primeras observaciones sobre el dolor: unas lágrimas, que no comprendía del todo, del otro lado de una puerta. Algo que debía encerrarse en una habitación separada.

Desde entonces, además de mi aborto espontáneo, he experimentado diferentes versiones de pérdida con mayor proximidad. Me senté en las bancas de la iglesia durante los funerales de mis abuelos. Lloré en el lluvioso trayecto de regreso del departamento de un novio, después de que decidimos terminar nuestra relación. Puse mis brazos alrededor del cuello de nuestra perra, le susurré «te amo» al oído, y sentí mis lágrimas húmedas en su pelaje minutos antes de que la pusiéramos a dormir. En algunos de esos momentos, la relación entre el amor y la pérdida parecía simple: perdiste el amor, y te quedas con el dolor. Uno era el precio del otro.

No fue sino hasta que empecé a comprender mis pensamientos sobre mi aborto, y a hablar con otros sobre el dolor, que me di cuenta de que el amor y la pérdida no son etapas separadas y consecutivas, sino dos lados de la misma moneda. El dolor no sigue ni reemplaza al amor; ambos existen dentro del otro. Y la pérdida no es un concepto lejano, sino que es parte de cada momento pasajero de amor. Aunque por suerte aún no he perdido a ninguno de mis seres queridos más cercanos de manera inesperada, me di cuenta de que no es posible explorar el amor sin confrontar también la pérdida. Esto significa que hay que plantearse preguntas difíciles: ¿cómo puedo aceptar el hecho de que algunas personas envejecen juntas mientras que otros pierden a sus seres queridos demasiado pronto? Si estamos abatidos por una muerte, o marcados por una ausencia, ¿cómo le damos sentido a la vida que nos queda, sin compararla con la de los demás? ¿Hay algo valioso que aprender de cómo seguimos amando a pesar de todo esto? Para empezar la búsqueda de estas respuestas hablé con la periodista, autora y antigua jefa de redacción de la revista *Harper's Bazaar* en Reino Unido, Justine Picardie, cuya vida ha sido marcada por la pérdida de formas tanto dolorosas como hermosas.

Mi dolor después del aborto se debía al futuro que nunca tuve oportunidad de experimentar. Sabía que en este momento de mi vida tenía suerte de no haberme visto obligada a lamentar un pasado también. De no haber llorado, tanto por los recuerdos que compartí con alguien, como por los momentos que planeamos vivir juntos y que ya no sucederían. Esta pérdida dual es algo que Justine Picardie ha experimentado dos veces: primero, con el fallecimiento de su querida hermana Ruth, y una vez más cuando su matrimonio terminó. Quería preguntarle si la primera pérdida cambió en algo su actitud respecto a la segunda, y por qué el fin de una relación es otra forma de dolor. Porque existen maneras evidentes de ofrecer consuelo cuando alguien muere: enviar flores, escribir cartas, pasar a dejar comida, asistir a funerales. Pero cuando una relación termina, no existe una manera establecida de brindar apoyo. Tal vez si discutimos el tema del desamor con la atención que merece, podamos descubrir nuevas maneras de apoyar a las personas que sufren esta compleja forma de dolor, que lloran por alguien que sigue siendo parte de este mundo, pero no del suyo.

Justine me recordó lo que arriesgamos cada vez que elegimos amar a alguien: no solo el hecho de que puedan vivir más que nosotros, o nosotros que ellos, sino la posibilidad de que rompan el corazón que ponemos en sus manos. Es notable que estemos dispuestos a correr ese riesgo una y otra vez, como lo hizo Justine cuando volvió a enamorarse tras su divorcio. Su historia nos demuestra que podemos hallar esperanza y nuevos comienzos incluso cuando nos parece imposible. Claro que tuvo suerte de conocer a su alma gemela a los cuarenta y tantos, pero la suerte nunca es suficiente: Justine también encontró el valor de volver a amar con vulnerabilidad. ¿Y qué fue lo que la impulsó a correr el riesgo? La muerte de su hermana, una pérdida que la hizo tomar la determinación de no vivir su vida dominada por el miedo.

ENCONTRAR AMOR EN EL PÁRAMO DEL DOLOR
Conversación con Justine Picardie

NL: ¿Qué se siente llorar la pérdida de un matrimonio?

JP: El divorcio se siente como un duelo que transforma tus esperanzas en cenizas y que proyecta una sombra oscura en tu pasado. En mi caso, fue el fin de una relación increíblemente importante, porque mi exesposo era, y sigue siendo, el padre de nuestros hijos. Cuando me dejó y puso fin a nuestro matrimonio de 20 años, sentí como si estuviese tratando de cruzar un camino en medio de un páramo de conmoción y dolor. Era como si una bomba gigantesca hubiese hecho explosión y destruido el panorama de nuestra vida familiar. Sin embargo, logré abrirme paso a través de ese territorio desafiante, en parte porque ya lo había hecho antes, cuando Ruth murió de cáncer de seno a los 33 años. Inmediatamente después de su muerte, solo podía pensar en lo horrible que había sido: su sufrimiento físico y todo lo que había soportado durante los últimos 10 meses de su vida. Pero también sabía que no podía sumergirme por completo en ese dolor tan visceral, porque tenía dos hijos pequeños que cuidar. De manera similar, sabía que no podía hundirme después de que mi matrimonio llegó a su fin; no podía perderme en ese páramo, a pesar de que había estado en esa relación durante la mayor parte de mi vida adulta.

Cuando una relación termina, la gente suele decir que «lo superarás». Estas son las palabras más inútiles que puedes decirle a cualquiera que se sienta desconsolado. Porque, sin importar si se trata de una muerte o el fin de un matrimonio, la pérdida no es una montaña que puedas escalar para después descender por el otro lado. Uno nunca logra superarla del todo, pero te pones a la altura del desafío hasta que, a la larga, consigues vivir con la pérdida y esta se vuelve parte de ti. Así es como me siento respecto a mi exesposo. Aunque el final fue en extremo doloroso, para cuando terminamos de divorciarnos ya teníamos una relación cordial, porque el amor por mis hijos superaba con creces el enojo que sentía hacia él. No quería declararle la guerra ni restarle importancia al pasado que compartíamos. Además, ya que había sobrevivido a la muerte de

Ruth, sabía que también podría sobrevivir a mi divorcio, y que no podía pasar el resto de mi vida siendo infeliz.

¿De qué manera te enseñó la muerte de Ruth a resistir la infelicidad y a encontrar la manera de escapar de tu dolor?

Incluso cuando se encontraba al borde de la muerte, Ruth amaba la vida. Las cosas pequeñas, como un lápiz labial, unas flores o un pastel de chocolate seguían siendo importantes para ella. Así que, para honrarla, tenía que seguir celebrando la vida. Así lo hice después de su muerte y luego del fin de mi matrimonio. Para encontrar la forma de superar pérdidas de esa magnitud, es necesario que valoremos las cosas buenas de la vida: los copos de nieve en invierno, el pastel que horneas con tus hijos, los momentos en los que te ríes con un amigo. Creo que, de no haber celebrado la vida como Ruth, la hubiese traicionado. Perderla me enseñó que el optimismo y la fe no son suficientes; siempre ocurrirán cosas terribles, pero eso no significa que debamos vivir en un estado de miedo constante. Si lo hacemos, las cosas malas ocurrirán de todos modos, y no habremos disfrutado de los placeres de la vida.

¿Perder a Ruth cambió tu perspectiva sobre el amor?

Ruth y yo éramos increíblemente cercanas. Recuerdo cuando le diagnosticaron cáncer terminal. Sentí una profunda sensación de fracaso, porque no podía salvarla, no podía protegerla. Ahora, cada vez que escribo, de cierta forma siempre escribo para ella. Pienso en ella varias veces al día. Uno de los aspectos más duros de perder a un hermano es la sensación de que pierdes a ese alguien que entiende el pasado que comparten.

Sin embargo, descubrí que puedes seguir amando a alguien más allá de la muerte. Mi hermana está muerta, pero el amor que compartimos sigue estando muy vivo, y también sigue siendo intensamente significativo para mí. Nuestro amor mutuo es una parte integral de la mujer que soy hoy en día y, de alguna forma misteriosa, Ruth sigue existiendo dentro y fuera de mí.

¿Dirías que el fin de tu matrimonio se sintió como la pérdida de un futuro y de un pasado?

Creo que muchos de nosotros entendemos la experiencia de una relación que ha terminado pero continúa en nuestros pensamientos, porque pensamos: «Recuerdo aquella vez que...» o «me pregunto si...». El pasado, el presente y el futuro existen en un estado de flujo constante: cuando recuerdo una relación o experiencia pasada, mis pensamientos naturalmente se dirigen a una persona en particular, y pienso en lo que podría decirle si volviera a verla. Pensamos que nuestra vida es lineal, pero no es así. Aunque los días avanzan de ese modo, a veces podemos estar recordando lo que ocurrió la semana pasada y, en otras ocasiones, lo que sucedió hace una década, o pensando en nuestros deseos para el próximo año. Así es como me siento respecto a la pérdida de mi hermana: nuestro pasado, nuestro presente y nuestro futuro están entrelazados.

¿La idea de volver a enamorarte después de tu divorcio te parecía poco plausible?

Sí, definitivamente. Mi exesposo se había enamorado de alguien más, por lo que yo me sentía rechazada, humillada y celosa. Así que no quería correr el riesgo de enamorarme otra vez. Pensaba que estaría sola para siempre, y también tenía una sensación de fracaso, no solo porque mi matrimonio había fracasado, sino porque no había podido proteger a mis queridos hijos del dolor de una familia rota. En ese momento, pensaba que jamás volvería a enamorarme, y que tampoco lo necesitaba, porque tenía a mis hijos, mis amigos y mi trabajo. No necesitaba ni quería conocer a otro hombre. Entonces, de la nada, conocí a alguien.

Fue uno de esos momentos mágicos en los que el universo confabula: una amiga me invitó a cenar, y estuve a punto de no ir, porque me sentía cansada y un poco deprimida. Al final cambié de opinión y fui solo por no ser grosera. Cuando me senté a la mesa, la persona que desde luego era mi cita de la noche estaba a mi derecha; era un hombre muy amable, pero no había chispa entre nosotros. Y, a mi izquierda, había un hombre interesante, increíblemente gracioso, brillante y original. Él me llamó al día siguiente para invitarme a ir al teatro, pero yo le dije: «No quiero ir al teatro». Él me preguntó por qué no, y para mi sorpresa respondí de manera muy sincera: «Mi matrimonio acaba de terminar, tengo el corazón roto y no quiero arriesgarme a que me vuelvan a lastimar».

¿Por qué crees que te fue fácil ser tan abierta con él respecto a tus sentimientos?

Era muy fácil hablar con él. Me dijo: «Vamos de todos modos», así que fuimos al teatro y después a cenar. Hasta ese momento, yo seguía diciendo: «No estoy teniendo citas por el momento y no tengo pensado enamorarme». Esa era la historia que me contaba a mí misma, pero sí me enamoré de él. Lo curioso es que un año antes de conocerlo me habían pedido que escribiera una historia corta para incluirla en una antología sobre el amor. No tenía ánimos de ir al lanzamiento del libro, que fue el día de San Valentín; las heridas aún no habían sanado. Una de las editoras me llamó al día siguiente y me preguntó: «¿Por qué no viniste?». Yo le respondí: «Porque mi esposo se enamoró de alguien más y nos estamos divorciando». Ella me invitó a tomar una taza de té. Cuando nos vimos, me dijo: «Espero que no te moleste que lo diga, pero a veces tengo una especie de intuición psíquica, y siento que debo decirte algo importante. Tienes que superar el fin de tu matrimonio, y dejarlo atrás de buena gana porque tienes dos hijos maravillosos que amas y son la mejor parte de tu vida. Ese es un regalo increíble de parte de tu ex». Y tenía razón; así lo sentía yo también. Luego, agregó: «Hay alguien más para ti allá afuera. No lo conocerás aún y puede que él tampoco esté listo para conocerte, pero espero que sus caminos se crucen, porque cuando suceda sabrás que es el hombre para ti». Yo le pregunté: «Pero ¿cómo se supone que sepa quién es?», a lo que ella afirmó: «Se llama Philip y tiene un ángel en la entrada de su casa, pero olvida que te lo dije». Y sí lo olvidé, ya que, en ese momento, estaban pasando muchas cosas en mi vida. Incluso cuando por fin fui a esa cena y el hombre a mi izquierda se llamaba Philip, no pensé: «Ah, este es el tal Philip».

¿Cuándo recordaste lo que la editora te había dicho?

Un tiempo después de conocer a Philip, estábamos caminando juntos, cuando de pronto, apuntó: «Esta es mi casa», y señaló una casa con un ángel blanco tallado en la puerta. Yo le dije: «Oh, por Dios, te llamas Philip y tienes un ángel en la entrada de tu casa. Eres mi alma gemela. Estamos destinados a estar juntos». Le conté la historia y, por suerte, no pensó que estuviera loca. Muchos años después, cuando nos mudamos a Norfolk, mandó tallar dos pequeñas alas de ángel sobre la puerta trasera, con mis iniciales y las suyas. Cada vez que las veo, recuerdo lo mucho que lo amo, y lo afortunados que somos de habernos encontrado.

¿En qué aspectos es diferente enamorarse después de un divorcio y enamorarse por primera vez?

Es tan valioso cuando encuentras el amor en una etapa posterior de la vida, ya sea que tengas 40 o 50 años o más. Creo que la gente tiene una gran capacidad para volver a enamorarse, incluso después de una inmensa pérdida. Para mí, esto es un verdadero milagro. Enamorarse por segunda vez es temerario, pero también representa un gran acto de valor. Fue una bendición haber conocido a Philip, y tuve la fe suficiente para aceptar nuestra relación por completo. Tal vez esto tenga algo que ver con lo que aprendí de la muerte de mi hermana: no puedes vivir siempre temeroso de lo que podría estar a la vuelta de la esquina. Además, cuando me enamoré por segunda vez, tenía cuarenta y tantos. Lo que buscaba en el amor era muy distinto a mis expectativas sobre él a mis veintitantos. Mi exesposo es músico, y aunque suena romántico y glamoroso, era difícil tener que cuidar a dos hijos pequeños mientras él se iba de gira durante meses. Mientras que, cuando me enamoré por segunda vez, fue de alguien que está muy presente. Inmediatamente después de conocer a Philip, sentí que podía hablar con él de lo que fuera. Le conté lo de Ruth casi al principio de nuestra relación; a algunos les cuesta hablar sobre la muerte, pero Philip no se sentía ni incómodo ni temeroso. La muerte de Ruth es una parte integral de quien soy, y él lo acepta. También tuve que aprender a confiar en él como persona para poder confiar en que podía ser un padrastro amable y honorable. Esto era algo importante para mí; no quería presentárselo a mis hijos, que tenían 15 y 19 años en ese momento, hasta estar segura de que sería una relación con futuro. Sin embargo, a pesar de estar al tanto de mis responsabilidades como madre, pude sentir el extraordinario encanto de enamorarme otra vez. Una sensación mágica llena de posibilidades...

¿Qué desearías haber sabido antes sobre del amor?

Si pudiera darle un consejo a mi yo del pasado, sería: no confundas el amor con ansiedad, o correr un riesgo con la emoción del romance. La armonía y la calma que acompañan al amor verdadero son extremadamente valiosas. Me tomó muchos años aprender esto.

Antes de hablar con Justine, asumía que, después de una pérdida, tratas de vivir sin ese amor. De hecho, el amor por su hermana la sigue guiando. Ella mantiene a Ruth cerca y presente en su mente cada día, lo cual la motiva a valorar las pequeñas alegrías, y a no permitir que el miedo las opaque. Le dio el valor que necesitaba para permitir que un nuevo amor entrara en su vida cuando menos lo esperaba. Tal vez, como dijo Justine, superar una pérdida es una tarea imposible. En vez de eso, tenemos que aprender a vivir con el dolor, y permitir que este nos transforme hasta revelar nuestra resiliencia.

Nuestra conversación me recordó algo que la autora Emily Rapp Black me dijo alguna vez. El hijo de Emily, Ronan, falleció de una rara enfermedad genética llamada Tay-Sachs cuando tenía casi 3 años. Y cuando a él le quedaban seis meses de vida, Emily se enamoró del hombre que se convertiría en su esposo más adelante. Ella afirmó: «Aprendí a amar, de la mejor manera posible, a través de Ronan. No habría sido capaz de amar de esta manera si la experiencia de amarlo y perderlo no me hubiese roto y abierto». A través de la muerte de su hijo, ella entendió que «un corazón roto es un corazón abierto». Me parece algo extraordinario que, a pesar de que las pérdidas de Emily y Justine les robaron a sus seres queridos, también aumentaron su capacidad de amar.

Una parte de la pérdida que me resultó particularmente difícil fue la forma en que me quitó la esperanza. Cuando festejamos el primer Año Nuevo después del aborto, el optimismo que me había esforzado por desenterrar durante los últimos 12 meses empezaba a desvanecerse, como una linterna a la que se le está acabando la batería. Mes tras mes, entre más esperanza albergaba, entre más creía, más cruel era la decepción cuando resultaba estar equivocada. Cuando hice mis propósitos de año nuevo, tuve que preguntarme: ¿valía la pena seguir con esa esperanza ciega mes con mes? ¿O sería prudente ser un poco más cautelosa y pensar: «Tal vez no me embarace esta vez, tal vez nunca ocurra»? Sé que estos pensamientos negativos iban por completo en contra de la estrategia de los acupunturistas y los gurús de la fertilidad que predican la filosofía de «cree con todas tus fuerzas y ocurrirá», con afirmaciones como: «Me libero de cualquier bloqueo emocional que me impida concebir». Aun así, un año y medio después de esa primera prueba de embarazo positiva, me preguntaba si el cinismo podría funcionar como una red de seguridad para protegerme. Esta nueva y compleja relación con la esperanza me hizo pensar en su papel después de una pérdida. ¿La esperanza se convierte en una carga o en una guía? ¿La encontramos o la construimos? ¿Y qué tiene que ver con el amor, si es que tiene algo que ver?

La periodista Melanie Reid tiene una comprensión única de la conexión entre el amor, la pérdida y la esperanza. Melanie se rompió el cuello y se fracturó la espalda baja en un accidente de equitación en 2010, y ahora es tetrapléjica, lo que significa que está paralizada del pecho para abajo. Después del accidente, perdió muchas cosas: la capacidad de caminar sin ayuda, su identidad física y emocional, su independencia y la alegría de ser abrazada. La lesión y las limitaciones de su recuperación también pusieron a prueba su amor por otras personas y el amor de estas por ella. Ya había descubierto los desafíos de mantener el amor a largo plazo, pero quería preguntarle a Melanie: ¿y si la prueba que se le pone al amor es mucho mayor que el tiempo y la complacencia? ¿Es ingenuo esperar que el amor pueda sobrevivir incluso a las pérdidas más duras?

Melanie habla de sus experiencias sin rodeos. No pretende que el significado que ha encontrado en la vida desde su accidente pueda reemplazar lo que ha perdido. Pero sí nos invita a preguntarnos: ¿qué haremos con la vida que nos ha tocado, por muy injusta que parezca?

EL TRASFONDO DE GENTILEZA Y AMOR QUE NOS CONECTA A TODOS
Conversación con Melanie Reid

NL: *¿De qué manera cambió tu accidente tus relaciones y el papel del amor en tu vida?*

MR: Fue como una explosión nuclear que no solo destruyó mi columna y mi condición física, sino a mi familia y mi vida emocional. Desde el accidente, el amor significa algo distinto para mí y para mi esposo, porque las cosas han cambiado mucho. Dave tiene que soportar la carga de hacer todo lo que sea físico, y nuestra vida íntima se ha visto interrumpida, porque no podemos tener sexo como antes. También ha afectado la relación con mi hijo, porque ya no puedo ser la madre que resuelve y ayuda con todo. Nuestros papeles se han invertido. (Mi hijo tenía 20 años cuando ocurrió el accidente).

Me he dado cuenta de que aquello a lo que ciegamente llamamos amor, lo damos por sentado muchas veces. Solemos olvidar que, a pesar de todos nuestros defectos y pequeños hábitos desagradables, esas cosas que haces que no querrías que nadie supiera, alguien todavía te ama. Eres una parte valiosa de la vida de alguien. Creo que lo olvidamos. Seguimos pensando que todos son amados, de la misma manera en la que cualquiera toma el autobús, pero no es así. Yo solía darlo por sentado.

Pasaste un año lejos de tu hogar mientras estuviste en el hospital. Cuando regresaste, ¿cómo lograron reencontrarse tú y tu familia?

Lo maravilloso de Dave es que nunca se fue, a pesar de que emocionalmente era la persona menos apta para este trabajo.

Era el jefe de entretenimiento de nuestra familia, un tipo sexi y divertido que odiaba los hospitales, odiaba las enfermedades, odiaba los cuerpos feos y las responsabilidades. De repente, todas esas cosas llegaron en un paquete con el que él estaba casado. Una enfermera me confió años más tarde que el personal estaba preocupado de que no pudiera hacerle frente al desafío. Quizá, en privado, mucha gente se sentía igual. Pero desde el primer momento fue increíble, evolucionó, y mientras lo veía asumir el enorme peso de la responsabilidad, mi respeto por él también creció. Siempre me había dicho: «Soy más que solo un tipo gracioso», y lo demostró.

Al principio, estaba horrorizado por todo lo que nos habían quitado, y por la carga que se le había impuesto. Un día le dije: «Puedes dejarme. Esto ha cambiado todas las reglas del juego y tú no te comprometiste a algo así». Le abrí la puerta porque lo amaba. Pensé: «No se merece esto. Déjalo ir». Y él dijo: «No digas tonterías. No podrás librarte de mí tan fácil». Para mí, eso fue amor real.

Imagino que se requiere gran vulnerabilidad para depender de los demás físicamente. ¿Cómo se sintió eso?

Cuando uno queda paralizado, es como un renacimiento terrible. Eres como un bebé de nuevo, porque tienes que aprender a usar tu nuevo cuerpo. Al principio, me quedaba sentada como un pajarito en un nido, sin más remedio que aceptar cualquier ayuda que se me ofreciera. Fue cuando regresé a casa, donde solía ser la más práctica de la familia, que sentí la frustración total de no poder arreglar la cerca o poner agua en los limpiaparabrisas del auto. Era un hacedora que no podía hacer nada.

Recuerdo que cuando compramos una aspiradora nueva, yo sabía con exactitud cómo debía ensamblarse. Vi a Dave buscar a tientas la guía y las partes brillantes, como si estuviera en un curso de administración en el que tienes que decirle a la gente cómo hacer las cosas en lugar de hacerlas tú mismo. Tenía que ser paciente y no demasiado crítica, y momentos como ese fueron una curva de aprendizaje difícil. ¿Pero acaso lo que estoy describiendo no es la esencia del realismo en el amor? ¿Cuando hay un gran cambio y aprendes a formar un equipo diferente? Eso es lo que hemos hecho: ambos nos hemos adaptado, porque queremos seguir juntos.

¿Qué crees que te permitió dejar atrás la autocompasión y apreciar los otros aspectos de tu vida?

No soy una santa. Todavía tengo mis pequeños momentos de lástima, esos 10 minutos en los que me permito ir al baño, mirarme en el espejo y llorar. Luego reprimo esa autocompasión, la encierro y salgo de nuevo. Tengo que seguir adelante por las personas que amo. De esa manera, mi fuerza proviene del amor; en las raíces de la resiliencia, las que se adentran en la tierra y evitan que un árbol sea derribado, está el amor. Eso me impidió ser demasiado egoísta y me mantuvo luchando para salir adelante, en lugar de volver a caer en la impotencia. Tuve una epifanía poco después de mi accidente, cuando comencé a encontrar el lado bueno de cualquier situación. Me di cuenta de que, si hubiera sufrido daño cerebral o hubiera quedado paralizada más arriba, habría estado conectada a un respirador o requerido cuidado las 24 horas. Mi esposo y mi hijo habrían estado atados a una esposa y madre con daño cerebral durante décadas. Al comprender que las cosas podían ser peores, aprendí a alegrarme por lo que tenía.

¿Crees que perder parte de tus funciones físicas te permitió notar los pequeños detalles que hacen que la vida sea hermosa, y que tal vez subestimabas antes?

Cuando estás en una silla de ruedas, tus seres queridos no pueden abrazarte igual que antes. Pierdes esa intimidad física diaria, como cuando un amigo te da una palmada en el hombro o tus muslos se rosan con los de un desconocido en el metro. Ansío el tacto que he perdido, pero cuando Dave toca mi mano o alguien acaricia mi hombro, es algo hermoso.

Todos damos muchas cosas por sentado. La vida es hermosa y no tenemos tiempo para darnos cuenta. Dejamos que las cosas tontas y mezquinas nos gobiernen y nos quejamos mucho. Encontramos fallas en la vida porque nos sentimos cansados y gruñones, en lugar de disfrutar el hecho de que estamos con otras personas que están sanas, que nos aman y quieren estar con nosotros.

Si hay algo positivo que sacar de mi situación, es que las cosas insignificantes dejaron de importar. Pero es trágico que solo entendamos esto cuando experimentamos una pérdida traumática. La complacencia de la vida moderna es que muchos de nosotros creemos que somos inmortales y que merecemos la felicidad. Pensamos que esta llegará a nosotros, cuando en realidad debemos detenernos y mirar a nuestro alrededor para ver que ya está allí.

Me interesa saber cómo es tu relación actual con la esperanza. Originalmente, parecías enfocar tus esperanzas en volver a caminar, pero ¿has encontrado alguna manera de seguir teniendo esperanza sin concentrarla toda en un solo objetivo? Pregunto porque yo tuve una relación complicada con este tema cuando estaba tratando de concebir, ya que, de cierto modo, la esperanza de quedar embarazada era lo que me hacía daño.

Cuando estaba en el hospital, me encontraba en negación. Estaba tan motivada y enfocada en la idea de caminar, como tú de concebir, que me estaba volviendo loca. Tanto el deseo de caminar como el deseo de tener un hijo son primarios y arraigados. Cuando añoras algo así, o te desmoronas o aprendes poco a poco a ceder, y te das cuenta de que la esperanza nunca debe morir, sea cual sea el resultado. Si pierdes la esperanza, es como si te rindieras en la vida, y durante los primeros días esa falsa esperanza era lo que me mantenía físicamente viva. Cubre con un filtro distinto la percepción de tu mente. No digo que debamos ver la vida con lentes color de rosa todo el tiempo, pero encontrar esa semilla de esperanza te ayuda a vivir con tu ansia y tu obsesión. Tampoco puedes ahogarte con tus esperanzas y deseos; hay que tomar las cosas con calma. Uno nunca se olvida de esa pequeña semilla, pero es necesario aceptar que no podemos cambiar el presente, así que es mejor empezar a disfrutar de la vida, y no destruirte pensando en lo que podría o no ocurrir. Como dice Syndey Smith: «¿Por qué destruir la felicidad presente con una miseria lejana que puede que nunca llegue o que no vivas para verla? Porque cada dolor sustancial tiene 20 sombras, y la mayoría son sombras que tú mismo has creado». En vez de eso, hay que tratar de enfocarse en el hecho de que tenemos amor a nuestro alrededor y una buena vida.

¿Hay alguna forma de amor a la que puedas acceder ahora y que no podías antes?

Lo que he obtenido es la sensación de ser amada. Me siento amada, no solo por mi familia, sino por desconocidos también. Cuando conozco gente en festivales de libros o charlas, o recibo hermosos correos electrónicos y cartas, siento una increíble calidez y una abrumadora sensación de ser amada por completos desconocidos. Hay cierta ternura entre extraños cuando ven que necesitas ayuda y, a veces, esto puede resultar en momentos muy dulces. Cuando estaba promocionando uno de mis libros, una amiga me acompañó para ser mi cuidadora. Un día, después de estacionarnos afuera de un hotel, estaba esperándola afuera en mi silla de ruedas mientras ella sacaba las maletas de la cajuela. Unos estudiantes pasaron junto a nosotras y uno de ellos, un chico joven, se detuvo y me preguntó: «¿Necesitan ayuda?». Cuando alguien que no conoces te ofrece esa clase de gentileza, creo que es una forma de amor. Es una conexión aleatoria con otra alma que piensa que podrías necesitar ayuda. Ahora tengo una mayor apreciación por el poder de la bondad y del amor, ese hermoso trasfondo que existe entre todos nosotros.

¿Qué desearías haber sabido antes sobre el amor?

Sin amor, no somos nada más que un ser aislado, un cúmulo de células. El amor le da significado a todo, pero también es muy fácil desecharlo. A veces, cuando lo encontramos, no nos esforzamos lo suficiente por mantenerlo (y sí hace falta esforzarse). Uno no puede asumir nada. No podemos huir de las cosas malas. Pongámoslo de este modo: si el amor entre dos personas se pone a prueba y logran superarla, su relación quedará forjada a un nivel más profundo. La gente dice que los matrimonios suelen destruirse tras la pérdida de un hijo. Del mismo modo, muchos no pueden lidiar con un accidente grave, de esos que te cambian la vida. Se alejan. Si el amor se ve sometido a pruebas tan duras y no las supera, no las supera y punto. Pero uno puede tener la certeza de que, si el amor sobrevive a estas grandes pruebas, y ambos salen de ellas listos para disfrutar la vida, entonces tienen algo más valioso que el oro. Mi amor se adaptó porque fue puesto a prueba, y sobrevivió.

Le había preguntado a Melanie si el amor puede superar la pérdida de la libertad personal y la identidad. Pero descubrí que, al igual que con Justine, Melanie encontró en el fondo de su pérdida un amor más grande y profundo. No fue solo amor por su esposo y su hijo, sino uno al que pudo acceder a través de la simple gentileza de los desconocidos. Me recordó a la conexión que sentí con el barista de Pret y su manera amable de asentir. Y de otra ocasión en la que llamé al servicio a clientes de British Airways desde el hospital y una mujer llamada Rachel contestó. Cuando le dije que no podríamos tomar el viaje a Mauricio por el aborto y que necesitábamos un reembolso, me dijo: «Lamento mucho su pérdida», y supe que lo decía con sinceridad. Me dio el número directo para que no tuviera que repetirle mi historia a otro desconocido. Me escuchó y me pidió tan poca información como fue posible. En mi momento más frágil, ella me ofreció consuelo: «Veré qué puedo hacer por usted».

Esa clase de amor que existe entre desconocidos, como el de Melanie y el estudiante en el estacionamiento, es una forma de conexión que muchas veces ignoramos, pero que aparece cuando somos más vulnerables. Esto lo sé porque, cuando le he pedido a las personas que compartan conmigo los actos de gentileza aleatorios que han recibido, muchos afirman que estos ocurrieron durante o tras una experiencia dolorosa. La escritora Marianne Power me contó que un taxista la consoló durante un periodo de depresión. Mientras la llevaba a su destino, él le contó de su propia crisis nerviosa, y le dijo: «Llore todo lo que necesite. Y vea *Paddington*». Por su parte, la autora Ella Dove me reveló que, cuando estaba en la unidad de cuidados intensivos después de perder una pierna, el limpiador encargado de esa sala del hospital dejó un paquete de galletas Jaffa junto a su cama. «Todo estará bien», le aseguró. Momentos como estos me hacen pensar en el extraño regalo que viene con la pérdida: el de hacernos más conscientes de los destellos de conexión que existen a nuestro alrededor cuando más los necesitamos.

Algo que me llamó la atención en mi conversación con Melanie fue su habilidad para contener su autocompasión en sesiones privadas de 10 minutos. Estaba sorprendida por ese esfuerzo, porque, después de una pérdida, es fácil preguntarse: «¿Por qué a mí?». Los momentos en los que he caído en la autocompasión, como aquella Navidad en la que acababa de terminar una relación y sentía que todo el mundo estaba enamorado, ese sentimiento solo conseguía exagerar mi tristeza. Quería entender por qué nuestra mente recurre a la autocompasión cuando nos enfrentamos al dolor, a pesar de que solo aviva el sufrimiento. ¿Habrá alguna manera de frenar estos pensamientos de «¿por qué a mí?» para que no sigan creciendo, incluso si la pérdida se siente arbitraria e injusta? Para entender mejor las etapas del sufrimiento, en especial cuando una relación llega a su fin, hablé con el psicoterapeuta y exitoso autor de *La mujer que no quería amar y otras historias sobre el inconsciente*, Stephen Grosz.

Mi conversación con Stephen me mostró que existen dos tipos de sufrimiento: el dolor que sentimos cuando experimentamos una pérdida y el dolor que nos infligimos nosotros mismos cuando nos atoramos en ese estado de autocompasión en el que nos convencemos de que merecíamos un resultado distinto. Aunque no podemos evitar el primer tipo de dolor, con gratitud podemos minimizar el segundo.

La entrevista también expandió mi entendimiento de la pérdida. Antes, cuando escuchaba esa palabra, pensaba en las personas y las relaciones que lloramos: un diminuto ataúd o unos indeseados papeles de divorcio dentro de un sobre café. Pero Stephen me invitó a pensar en «la cotidianidad de la pérdida»: la tierna melancolía que aparece cuando dejamos ir lugares significativos, como escuelas, universidades, trabajos, mientras buscamos nuevas aventuras. O la pérdida de la juventud que dejamos atrás para construir un futuro como adultos. En vez de ser algo que experimentamos unas cuantas veces, aprendí que la pérdida es parte de nuestro día a día, y también parte del amor. De este modo, practicamos cómo lidiar con ella todo el tiempo sin saberlo. A veces puede hasta venir oculta en cosas buenas, porque para aceptar los nuevos placeres y aventuras que nos ofrece la vida tenemos que olvidar lo pasado y hacer espacio para lo que viene.

LA VIDA ES UNA SERIE DE PÉRDIDAS NECESARIAS
Conversación con Stephen Grosz

NL: ¿Por qué crees que nos aterra aceptar que la pérdida es parte del amor?

SG: No estoy seguro de que el miedo sea lo que nos impide aceptar las pérdidas necesarias que el amor conlleva. Escuchamos sobre el amor desde el momento en que nacemos. Los padres les dicen «te amo» a sus hijos y les cuentan historias sobre príncipes y princesas, cuentos de hadas en los que una hermosa pareja «vive feliz para siempre». Sin embargo, todo amor llega a su fin; si no durante nuestra vida, sí con nuestra muerte. En general, los padres no hablan con sus hijos de la pérdida que conlleva el amor. Nos es difícil hablar de pérdidas. Y en mi experiencia, cuando hablamos de amor con nuestros hijos o con nosotros mismos, las narrativas sencillas sacan a relucir las difíciles.

Según mi punto de vista, la vida es una serie de pérdidas necesarias. Las experimentamos desde un principio. Cuando nacemos perdemos el vientre para experimentar el mundo: el pecho, nuestros padres, nuestro hogar. A la larga dejamos la intimidad de la lactancia materna para probar nueva comida y nuevos sabores. Nos alejamos de nuestra casa para ir a la guardería, luego a la escuela, donde tenemos otras experiencias y empezamos a sentir apego por personas y lugares nuevos. Hacemos amigos. Con el tiempo, abandonamos el hogar donde crecimos para ir a la universidad o a trabajar. Más adelante, con algo de suerte, nos separamos de nuestra familia de nacimiento y hacemos espacio para nuestra propia familia. La vida nos exige dejar atrás lugares, cosas y seres queridos para darle cabida a una vida nueva y amores nuevos. El desarrollo exige pérdidas: es insoportable, nos resistimos, pero si queremos crecer, debemos soportar este dolor.

A veces queremos algo nuevo sin resignarnos a dejar lo viejo atrás. Gran parte de mi trabajo como psicoanalista consiste en ayudar a las personas a aceptar las pérdidas necesarias. En *La mujer que no quería amar*, cito a un paciente que me dijo alguna vez, con toda inocencia: «Quiero cambiar, pero no si eso supone un cambio».

¿Crees que sería beneficioso hablarles a los niños de la pérdida, así como se les habla del amor?

A lo largo de mis 35 años como psicoanalista, algunos de mis pacientes (adultos en su mayoría) me han descrito conversaciones que han tenido con sus hijos sobre este tema. Esas conversaciones, sobre la muerte de un abuelo, una mascota o un divorcio, por ejemplo, son muy importantes tanto para el padre como para el hijo. En su mayor parte, estoy indefectiblemente impresionado por cómo tales conversaciones ayudan al niño a sentir que no está solo en su pérdida, que sus sentimientos están siendo escuchados, comprendidos; que lo que sienten, quiénes son, importa. Minimizar la pérdida no ayuda, solo le resta importancia a la experiencia del niño. La manera de ayudar a los niños es acompañarlos en su dolor; estar a su lado mientras experimentan la pérdida.

¿Crees que, si permitimos que el miedo a la pérdida controle nuestra vida, también podríamos correr el riesgo de desconectarnos del amor?

En efecto. En mi libro hay un caso de estudio titulado «La mujer que no quería amar», en el que describo a una mujer que es cálida, considerada y, en apariencia, abierta a conocer a un hombre; sin embargo, ninguno es el indicado. Conscientemente quiere encontrar el amor, pero inconscientemente el amor significa perderse a ella misma, su trabajo, su familia y sus amigos; significa ser vaciada, descuidada y poseída. Poco a poco, recordando algunas de sus dolorosas pérdidas tempranas, así como la profunda desesperación que sufrió al final de su primera relación, comenzamos a dar sentido a su reticencia. Era negativa de forma involuntaria porque la entrega emocional y el apego representaban una pérdida, no una ganancia. No podía amar porque solo era capaz de ver la pérdida que el amor implica. Su negatividad era una reacción a sus sentimientos positivos y afectuosos; era una reacción a la posibilidad del amor.

Si estás en una relación, conforme ambos van cambiando, es necesario olvidar las versiones anteriores de ambos y de su relación. ¿Dirías que esta es otra forma de pérdida cotidiana?

La psicoterapeuta Julia Samuel ha dicho que, durante sus 40 años de matrimonio, se ha casado cinco veces; lo que ella apunta es que, durante el matrimonio, nuestras parejas cambian y nosotros también. En consecuencia, tenemos que encontrar formas de renegociar y crear así nuevos matrimonios. Estoy de acuerdo con ella. A veces digo que los mejores matrimonios, con lo que me refiero a los matrimonios más fuertes y resistentes, son los nuevos matrimonios con la misma persona.

Tras fortalecerse al trabajar a través de sus dificultades, estas parejas redescubren o encuentran nuevos aspectos que amar en su pareja, en lugar de buscar a alguien más.

En mi trabajo clínico he visto pacientes, más a menudo hombres que mujeres, que se casan y divorcian una y otra vez; sospecho que algunos habrían estado más contentos si tan solo se hubieran vuelto a casar con la persona con la que estaban casados originalmente. A veces, por ejemplo, un hombre se vuelve a casar con una versión más joven de su primera esposa. El problema no es la primera esposa, sino las dificultades del marido para comprender y aceptar sus sentimientos. Si hubiera podido verse a sí mismo, tolerado su ambivalencia, así como los sentimientos ambivalentes de su esposa hacia él, las cosas podrían haber sido distintas.

Iris Murdoch dijo alguna vez que «el amor es la comprensión extremadamente difícil de que algo además de uno mismo es real». Tiene razón; alcanzamos el amor cuando superamos nuestro narcisismo. Cuando empezamos a tener relaciones en nuestra adolescencia, solemos hacerlo desde nuestro propio punto de vista; para nosotros, nuestros sentimientos son lo único auténtico, mientras que los sentimientos de nuestro ser querido no son muy reales. La capacidad de amar (lo opuesto al narcicismo) es la capacidad de ver que los demás, sus vidas y sus sentimientos, son igualmente reales; la capacidad de amar es la habilidad de separar esta imagen más objetiva del amado de la imagen que producen nuestros miedos y deseos.

Hace poco, uno de mis pacientes me relató cómo, en medio de una discusión con su esposa, había pensado: «¡Por Dios, esta mujer es terrible!». Pero su siguiente pensamiento fue: «Un momento, yo también soy bastante terrible... Me estoy portando muy mal con ella. En verdad tiene que aguantarme mucho». Este momento de iluminación fue una instancia de él tolerando su ambivalencia, y aceptando los sentimientos ambivalentes de ella hacia él; viendo su punto de vista. Tenemos que escuchar, ver y sentir la realidad de nuestros seres queridos. Pienso que, si somos capaces de soportar estos momentos de ambivalencia, y escuchar lo que le importa a la otra persona, podemos empezar a avanzar hacia una relación más amorosa.

¿Qué haces para ayudar a los pacientes que están sufriendo por el fin de una relación?

Considero que el objetivo del psicoanálisis no es ayudar al paciente, sino entenderlo. La comprensión es la medicina del psicoanálisis. Si dirigimos a un paciente hacia un fin en particular, estamos entrometiéndonos en su autonomía e insultando su poder para identificar sus propios deseos y tomar sus propias decisiones. Si guiamos al paciente, incluso si es hacia algún beneficio, limitamos su terapia. «Ayudar al paciente» puede ocultar un deseo inconsciente del terapeuta por limitar su libertad.

Ninguno de nosotros puede elegir lo que desea. Amamos a nuestro propio modo, y sufrimos a nuestro propio modo. El psicoanálisis le brinda al paciente oportunidades para hablar desde el corazón. El proceso se ha descrito como una persona que habla y dos que escuchan. El psicoanálisis escucha lo inaudito, lo ignorado, lo hecho a un lado, ya sean pensamientos o sentimientos. Comprender «lo que no se reconoce» ayuda.

Si pensamos en las distintas formas en las que el amor y la pérdida están entrelazadas, me pregunto si ser un padre es también un viaje de pérdidas.

Hablando con una estudiante que salía de su clínica para establecer su propio consultorio, Anna Freud dijo: «El trabajo de una madre es estar allí para que la dejen». Aunque no era madre, también estaba dándole a esto un sentido más amplio: que, si hemos hecho un buen trabajo como padres, nuestros hijos crecerán, se convertirán en ellos mismos y nos dejarán para crear un nuevo amor y vida. Si bien esto es cierto en principio, es una pérdida sumamente dolorosa y agridulce.

¿Qué desearías haber sabido antes sobre el amor y la pérdida?

El instrumento más poderoso para ayudarnos a comprender el amor es el sufrimiento. Es lo que nos permite tener conocimiento de nuestro propio corazón. En 1991, tras la muerte de un amigo cercano y el fin de una larga relación, leí *Broken Vessels* (Contenedores rotos), una colección de ensayos autobiográficos del escritor Andre Dubus.

Mientras conducía desde Boston hasta su casa en Haverhill, Massachusetts, Dubus se detuvo para ayudar a dos hermanos, Luis y Luz Santiago. Su coche se había averiado en medio de la carretera. Mientras Dubus ayudaba a Luz a ponerse a un lado de la carretera, un automóvil que venía en dirección contraria se desvió y los golpeó. Luis murió al instante; Luz sobrevivió porque Dubus la había empujado fuera del camino. Dubus resultó gravemente herido y sus dos piernas quedaron destrozadas. Después de una serie de operaciones fallidas, le amputaron la pierna derecha por encima de la rodilla y al final perdió el uso de la pierna izquierda. Pasó el resto de su vida en una silla de ruedas. Dubus tenía problemas económicos, bebía mucho y estaba deprimido; su esposa lo dejó, llevándose consigo a sus dos hijas pequeñas.

Dubus comparte esta experiencia en el ensayo principal «Broken Vessels». Al ser un escritor cándido, honesto y generoso, se retrata a sí mismo como es: heroico y asustado, reflexivo y grandilocuente, amoroso y cruel. Su libro trata sobre el viaje de la vida: «El vínculo común y trascendental del sufrimiento humano». Dubus escribe:

> Aprendí, por encima de todo, que nuestros cuerpos existen para ejecutar las condiciones de nuestro espíritu: nuestras elecciones, nuestros deseos, nuestros amores. Me han quitado mi movilidad física y a mis hijas, pero yo sigo aquí. De modo que mi mutilación es una escultura viviente cotidiana de ciertas verdades; recibimos y perdemos, y debemos intentar alcanzar la gratitud; y con esa gratitud abrazar con todo el corazón lo que queda de vida después de las pérdidas.

Lo que me llevo de esta cruda versión de lo que hemos estado discutiendo, este punto extremo de amor y pérdida, es que incluso cuando todo lo que amamos se ha ido, podemos encontrar alivio en la gratitud.

Tanto Melanie como Stephen habían hablado de la importancia de la gratitud después de la pérdida: Melanie la encontró buscando el lado bueno en cualquier situación; Stephen lo encontró mientras leía las palabras de Dubus después de la muerte de su amigo. Es una hermosa idea en teoría. Pero qué difícil es encontrar algún rastro de gratitud en las primeras y crudas semanas de dolor. Pensé en el lector que se puso en contacto conmigo cuando su hermana murió en un accidente absurdo provocado por un conductor ebrio, y en la madre que me dijo que su hijo se había suicidado. ¿Cómo se podía esperar que encontraran gratitud en estos momentos?

Porque antes de que podamos «abrazar con todo el corazón lo que queda de vida después de las pérdidas», primero tenemos que aceptarlas. Aunque pueda parecer obvio, es fácil luchar con una verdad dolorosa: negarla, tratar de encontrar una razón para ella, maldecir al universo por su existencia. Es lo que yo había estado haciendo mientras buscaba en Google «razones del aborto espontáneo» en las últimas y solitarias horas de la noche, mucho después de que Dan se hubiera quedado dormido, escondiendo la luz de mi teléfono debajo de las sábanas. Era una forma de fingir que tenía una pizca de control en una situación incontrolable. Pero ninguna cantidad de amor o esfuerzo podría salvar una vida, ni tampoco crear una. No podría salvar a un niño, ni hacer que un padre viviera un mes más, ni llenar el vacío que dejaba una ausencia. Si la pérdida era una parte necesaria de la vida, como me había dicho Stephen, la aceptación también lo era. Necesitaba hablar con alguien que hubiera encontrado esta aceptación a pesar de lidiar con una situación devastadora.

La periodista y escritora del *New Yorker* Ariel Levy ha experimentado dos pérdidas que no pudo controlar: la muerte de su hijo y el fin de su matrimonio de una década, que ocurrió semanas después. La primera pérdida ocurrió en Mongolia, mientras ella informaba sobre una noticia ahí. Sola en el baño de un hotel, dio a luz a su hijo a las 19 semanas, antes de que este muriera en sus manos. En su extraordinaria autobiografía, *The Rules Do Not Apply* (Las reglas no aplican), reconoció la tristeza que parecía «filtrarse por cada hueco». Ella escribió sobre su hijo: «Lo veía debajo de mis párpados cerrados como una huella del sol».

En medio de su dolor, Ariel también se enamoró. Conoció a John, quien es ahora su esposo, en la clínica en Mongolia, el último lugar donde vio a su bebé. Él era su médico, la persona que respondía a sus preguntas sobre lo que le había pasado a su cuerpo. Quería preguntarle cómo se sintió conocerlo en un momento tan doloroso.

Hablar con Ariel me recordó que no podemos escribir las historias de nuestra vida, así como no podemos protegernos del sufrimiento. Al principio, esto pareció contradecir lo que había aprendido en entrevistas anteriores: que el amor es una experiencia activa sobre la que tenemos influencia, más que algo pasivo que nos ocurre. Mis conversaciones sobre la pérdida demostraron que lo contrario también era cierto: en realidad no tenemos control sobre el amor, o sobre la vida, en absoluto. Entonces, la labor de cualquier persona que quiera amar es aprender a notar la diferencia. Porque lo que podemos controlar, como me dijo Ariel, es si elegimos priorizar el amor, incluso ante una pérdida tan radical como la que ella había vivido. Aceptarlo no fue un proceso simple y lineal. Pero su historia muestra que podemos hallar paz al someternos ante hechos que no se pueden cambiar, en lugar de luchar contra ellos, y luego elegir estar presentes en la vida que queda por delante.

ACEPTAR LO QUE NO PODEMOS CONTROLAR
Conversación con Ariel Levy

NL: ¿Cuál era tu visión sobre el control antes de experimentar la pérdida?

AL: Mi personalidad no es del Tipo A. Nunca tuve problemas de control. Simplemente tenía la sensación fundamental, privilegiada y subyacente de que podía adaptar la vida a mi voluntad. Cuando alguien ha tenido una infancia difícil, tiende a percatarse rápido de que las cosas no siempre salen como uno espera, pero si nunca te has enfrentado a esta clase de decepción, es fácil creer lo contrario.

¿De qué manera el hecho de haber perdido a tu hijo cambió tu comprensión del control?

La experiencia me enseñó a un nivel muy profundo que no siempre obtendrás lo que quieres. No controlas nada. Y eso, además de ser desgarrador, es algo liberador.

En los grupos de apoyo a alcohólicos de Al-Anon [diseñados para apoyar a los familiares de los adictos] suelen decir: «Concédeme la serenidad para aceptar las cosas que no puedo cambiar; el valor para cambiar las cosas que puedo; y la sabiduría para reconocer la diferencia». Es muy valioso aprender a aceptar las cosas que no se pueden cambiar. La parte difícil es tener la sabiduría para saber la diferencia entre las cosas que se pueden y no se pueden cambiar. Solía creer que, siempre que sea posible, uno debe asumir que las reglas no aplican y debe intentar cambiarlas. El efecto de esta pérdida en mí como ser humano fue cambiar el énfasis a: veamos lo que no puedo cambiar y trabajemos en la aceptación. Eso es un trabajo de toda la vida.

¿En qué aspecto fue eso algo liberador?

No estoy segura de qué tanto tuvo que ver la pérdida o qué tanto tuvo que ver el hecho de estar acercándome a la mediana edad, pero de pronto me di cuenta: «Oh, yo también voy a envejecer y morir». La parte liberadora es que, cuando comprendes que no puedes tener lo que quieres, es más fácil estabilizarse. Claro, esto no aplica si lo que no puedes tener es comida y refugio, pero si tus opciones se han vuelto más limitadas, es un poco más fácil seguir adelante con tu vida en lugar de pensar siempre en cómo sacarle el mejor provecho. Ahora me resulta más fácil decir: «Esta es mi vida». En vez de pensar: «¿Podría maximizar lo que tengo? ¿Podría conseguir algo mejor? ¿Podría ser diferente?», me digo: «No, esta es la vida indicada para mí».

¿Perder a tu hijo también cambió la forma en que abordas el amor?

Me hizo darme cuenta de que lo único que puedes controlar es lo que haces con el amor y si eliges o no priorizarlo. Para ser honesta, sí le di prioridad al amor en mi primer matrimonio, y luego las cosas se volvieron algo locas porque mi esposo era un adicto. La adicción cambia las reglas del juego porque es algo totalmente incontrolable. Vivir con alguien que está esclavizado por algo tan misterioso como la adicción se siente como una traición, como si te hubieran abandonado, aunque no puedan evitarlo. Con el tiempo, aprendí que tampoco se puede controlar la adicción. Y comprender esa falta de control me dio un marco conceptual para aceptar ambas pérdidas. Nunca se me había ocurrido usar la aceptación como estrategia para afrontar la vida.

Aunque darse cuenta de que no tenemos el control de las cosas puede ser doloroso, ¿crees que también puede ser algo hermoso cuando la vida nos otorga algo que tal vez no habríamos elegido por cuenta propia? Por ejemplo, enamorarte del doctor que te atendió después de perder a tu hijo en Mongolia. ¿Qué se sintió enamorarse en medio de ese dolor?

Comenzar con esa frecuencia emocional tan intensa es algo extraordinario; es lo opuesto a tener una cita en todos los sentidos. Para empezar, cuando nos conocimos estaba llorando y cubierta de sangre. Recuerdo que sentí que lo que todos veían era una mentira y que él había visto la verdad. Para todos los demás, era alguien que no tenía hijos; para él, era una madre que había perdido a un hijo.

Algo incluso más significativo que el encuentro en sí fue el hecho de que, cuando empezamos a enamorarnos, yo estaba pasando por un momento de extremo dolor. Le pregunto ahora: «¿Cómo sabías que al final sería divertido estar conmigo?», porque no lo era en esos momentos, para nada. Él dice que, de manera intermitente, era yo misma y luego volvía a mi estado de duelo. En ese momento vivíamos en lados opuestos del mundo, por lo que durante años no fue una relación de tiempo completo, además de que yo todavía estaba ocupada con mi dolor. Pero enviarle correos electrónicos a John era una fuente de alegría en medio de todo eso. En ocasiones pienso que es casualidad que haya funcionado. Otras veces me pregunto si, de cierto modo, fue una ventaja conocerlo en ese momento. Cuando estás de duelo, no tienes más remedio que ser tú mismo. Nunca sabré cómo hubiera sido en otras circunstancias; simplemente así es como ocurrió.

Lo que sí puedo decir es que cuando John y yo nos enamoramos, el fin de mi primer matrimonio o la pérdida de un bebé no se volvieron eventos menos dolorosos. Nuestra relación es algo hermoso y la valoro enormemente, pero no arregló lo demás; yo tuve que superarlo.

Algunos piensan que el amor lo arregla todo, y no es así. Puedes usarlo como una distracción, pero no va a eliminar tu sufrimiento, nunca, para nada, ni siquiera un poco. Podrías pensar «estaría menos ansioso si tuviera una pareja», pero no es así, a menos que descubras cómo resolver tú mismo esa ansiedad. Así como tener una pareja no resolverá tus problemas, tampoco te convertirá en otra persona.

¿Crees que la pena es algo que, a fin de cuentas, tenemos que superar nosotros mismos?

Sí, eso creo. La pena puede aislarte. Estás en un túnel de dolor que lo abarca todo. Todos los demás andan por el mundo y tú estás viviendo en una realidad alterna dentro de ese mundo. Los demás no pueden entender qué es lo que sientes ahí. Dicho esto, el dolor también es demasiado para soportarlo solo, y esto es por lo que los judíos guardan el Shiva [un periodo de duelo de una semana para la familia]. Si tienes suerte, los demás te cuidarán cuando estés de duelo para que puedas soportarlo. Pero nadie puede sufrir tu dolor por ti. Eso te toca a ti solo.

Cuando saliste de esa realidad, ¿tenías otra perspectiva de tu vida diaria?

Desarrollas más empatía por la gente en ese estado. La ves en esa posición de dolor y vulnerabilidad y te das cuenta de que también puede ser algo hermoso, porque está indefensa y humilde. Puedes decirle, con honestidad: «Esto también pasará. Volverás a despertar sin esta realidad». Porque cuando las personas experimentan el dolor por primera vez, se preguntan: «¿Es este el nuevo yo?». Por un tiempo lo es, pero no para siempre.

En un inicio, el dolor es el contexto en el que ocurre todo lo demás. Con el tiempo esto va disminuyendo y la pérdida queda relegada a un papel diferente en tu cabeza. Al principio vives en el dolor, luego este vive en ti. Me tomó un par de años salir de ese túnel donde el estándar era un dolor intenso. No fue solo la pérdida de mi bebé, sino también la de mi primer matrimonio, la de esa idea juvenil de que «todo va a salir bien». Tuve que enfrentarme a una nueva y más dolorosa realidad.

Después de eso probaste la fecundación in vitro, otra experiencia donde nos vemos obligadas a confrontar la falta de control. ¿Cómo supiste cuándo estabas lista para detener el tratamiento?

Aunque dejé de hacerlo porque me quedé sin dinero, estoy agradecida de haberlo hecho. Seis veces fue suficiente. La fecundación *in vitro* lo consume todo y se apodera de tu vida, tanto en la logística como en lo emocional. Todos los días te extraen sangre, te pones las inyecciones y todas esas cosas están relacionadas con algo que quieres de la manera más profunda posible. Cada vez que fallaba, caía por esa oscura rampa de la pérdida, con un extraño y primitivo anhelo por un bebé que nunca existió en realidad. Para mí, emocional y químicamente, eso se sintió como la pérdida de un hijo.

Conozco personas que siguieron intentando con la fecundación *in vitro* y al final consiguieron lo que querían. Eso es lo que tiene de complicado: no sabes lo que va a pasar. Tal vez si continuaras, funcionaría. Pero en cierto punto, yo solo ya no pude hacerlo más. Pensé: «No puedo vivir así. Quiero disfrutar de mi vida tal como es. Quiero estar presente en mi relación. Ya no puedo vivir en este profundo estado de deseo».

¿Qué desearías haber sabido antes sobre la pérdida?

Que siempre llega, para todos nosotros. Algunos tienen más suerte que otros, desde luego, pero a todos les moverá el piso en algún momento. No creo que puedas saber eso hasta que te suceda. Aunque en teoría sabes que vas a perder gente, es difícil de creer hasta que lo experimentas. Pero la pérdida es parte del acuerdo. Es parte de ser persona. Es parte de lo que significa estar vivo.

Mi abuela había estado recogiendo fresas en una granja. Su hija, Louisa, estaba en una carriola a su lado. Hay muchas cosas que no sé sobre este momento. No sé qué clase de día era, si el cielo estaba azul o nublado, si era una fresca mañana o una calurosa tarde. No sé lo que mi abuela traía puesto, si sus dedos estaban manchados con jugo de fresa, si gritó cuando la carriola se desplomó, si llamó a una ambulancia, quién llamó a mi abuelo, cómo trataron de reconfortarla él y los demás. Louisa, la hermana de mi papá, había estado jugando con la carriola cuando, de pronto, le quitó el seguro, haciendo que esta colapsara. Murió a los 20 meses de edad.

El motivo por el cual no conozco los detalles de aquel día es porque es una pérdida de la cual mi abuela nunca habla, y de que nunca le he preguntado. A mi tía, que estaba ahí, no le gusta hablar al respecto, y mi papá, que estaba en la escuela, no recuerda mucho de lo que pasó después. Ni siquiera supe que tenía otra hermana sino hasta mis veintitantos, cuando me lo contó por primera vez, recordando que su madre había llorado todos los días por casi dos años. Recordando que él tenía 9 en aquel entonces y lo enviaban a menudo a jugar a la casa de una amiga de su mamá después de la escuela, porque su madre solía ponerse triste de un modo que él no entendía del todo.

Lo que sí sé es que mi abuela quería poner cierto tipo de cruz en la tumba de su hija, pero la iglesia no lo permitió, así que discutieron y un periódico local publicó una historia sobre la discusión. Por lo que sé, mi abuela se alejó de la religión después de eso. También sé que mi abuelo se aseguró de que le hicieran una investigación a la compañía de carriolas, y como resultado cambiaron el diseño, protegiendo así a otros bebés para que no sufrieran el mismo destino. Cuando me enteré de esto, me pregunté si para él fue una manera de sentirse útil: entrar en acción, hacer algo, tener el control de algo. Me lo preguntaba porque sé que es la clase de cosa que haría mi papá también.

También sé que mi abuela recibió una carta anónima en la cual la acusaban de negligencia. Pienso que esto fue una forma primitiva y cruel de lo que hoy conocemos como trolear, mucho antes del internet. No entiendo cómo alguien podría ser capaz de escribirle a una mujer que acaba de perder a su hija palabras tan crueles en vez de palabras de aliento. Me pregunto si mi abuela se habrá culpado después de leer la carta. Espero que no. Espero que haya tenido una amiga que la haya roto en pedazos, y que le haya dicho que a veces las personas son crueles por motivos que tienen más que ver con ellas que con el objeto de su crueldad.

La generación de mi abuela tenía una relación diferente con la pérdida. La muerte no era un tema que se discutiera en la mesa de la cocina. Tal vez, para ella, el dolor era un asunto privado. O tal vez tuvo conversaciones con algunas amistades, o con su esposo, que nunca conoceré. Pero no puedo evitar pensar en lo distinta que hubiera sido su experiencia hoy: creo que podría haber hablado en línea con otras mujeres que hubieran perdido hijos pequeños, o asistir a grupos de apoyo para el duelo, o poner una foto de su hija en Instagram una vez al año solo para que el mundo supiera de su existencia. Claro que el dolor es algo individual y universal a la vez; no todos encuentran la paz o el consuelo que necesitan compartiendo. Pero muchas de las personas con las que he hablado lo han hecho, y me entristece pensar que mi abuela no tuvo esa oportunidad. También me siento afortunada de vivir en una época en la que la pena empieza a ser un tema que puede discutirse en la mesa de la cocina, en las oficinas, en los pasillos del supermercado. Esto último lo sé por experiencia propia porque, después de mi aborto, mi madre se topó con una vieja amiga en Waitrose. Cuando le contó mi historia, su amiga le reveló que ella sufrió varios abortos espontáneos una década atrás, pero que no se lo contó a nadie en ese momento. Mi mamá le dijo: «Es que uno no solía hablar de esas cosas». Al compartir mi pérdida, sin saberlo, mi mamá había alentado a su amiga a compartir la suya. Un acto de franqueza inspiró otro.

Para cuando tuve la edad suficiente como para entender lo dura que había sido la pérdida de mi abuela, parecía demasiado tarde como para sacarla a colación. No sabía con certeza si alguna vez la había discutido abiertamente y a detalle con alguien, y sentía que no me correspondía hacerla recordar ese trauma con mi invitación a hacerlo. Tal vez no se permitía revivir esa pérdida. Tal vez aún pensaba en abrazar a su hija todos los días. Mi abuela falleció el año pasado, así que nunca lo sabré. Cuando mi papá se puso a revisar las cosas que había en su casa, le pregunté si había encontrado algún recuerdo de Louisa en los cajones de mi abuela, como una foto o un mechón de cabello. Pero en vez de eso, me dijo que encontró cartas que mi hermano y yo le habíamos escrito cuando éramos niños.

Pensé en la pérdida de mi abuela cuando mi papá ofreció comprarme una carriola, porque quería que fuera la más segura en el mercado. Pensé en ella otra vez durante su funeral, cuando el pastor mencionó que tuvo una hija llamada Louisa, quien «falleció trágicamente». Se sintió extraño ver su nombre en tinta negra en el panfleto, el nombre de esa pequeña a la que rara vez mencionaban, pero que existió. Pienso en todas las preguntas que nunca le hice a mi abuela, no sobre la muerte de su hija, sino sobre su vida, y pienso en que nunca le dije «lo siento». Pienso en el hecho de que, cuando la gente muere, se llevan sus historias con ellos, a menos que nos tomemos el tiempo para preguntarles.

Nunca sabré si hablar de su hija habría ayudado a mi abuela, ni en qué aspecto. Pero quería descubrir cómo ha ayudado a otras personas abrirse sobre sus sentimientos, y cómo podría ayudarnos a todos. Porque, para el actor Greg Wise, hablar de la muerte de su hermana ha sido algo esencial. Clare murió de cáncer en 2016, después de que él se mudara con ella para ser su cuidador de tiempo completo. En sus últimos meses, ella no quería a nadie más cerca, solo a Greg, y de vez en cuando a sus chicas de la «Brigada A» (sus cuatro amigas más cercanas). Cuando le pregunté a Greg el motivo, me dijo que quizá se debió a una combinación de razones: «A una "sensación de vergüenza" que algunos experimentan cuando están muy enfermos; a la sensación de que estás protegiendo a tus seres queridos de ver lo mal que estás; a la incapacidad para tener conversaciones "difíciles", o simplemente a un deseo por evitarlas; y a la energía que se requiere para atender visitas». Esto quiere decir que, durante tres meses, Greg estuvo con ella todos los días a toda hora. La experiencia de cuidar a su hermana moribunda lo convenció de que hablar de la muerte es «un acto de amor», y algo que todos deberíamos hacer más. Ahora, su relación con Clare continúa a través de su historia y sus recuerdos compartidos, en los lugares donde pasaron tiempo juntos y en las múltiples conversaciones con aquellos que la conocieron. Él transmite su recuerdo a través de las generaciones de su familia y, de este modo, ella vive.

La forma en que Greg habla de su relación más allá de la vida terrenal me recordó a algo que la novelista Diana Evans me dijo alguna vez: «Tengo la sensación de que el amor no tiene final y que la gente que amas nunca te deja en realidad. Nunca pierdes su amor porque este agrega algo a tu persona». Parece ser que seguimos amando a las personas después de su muerte porque el amor que compartimos con ellas nos cambia, se vuelve una parte viva de nosotros, una parte de ellas que nunca perdemos.

HABLAR DE LA MUERTE ES UN ACTO DE AMOR
Conversación con Greg Wise

NL: ¿Cómo cambió la forma en que entiendes el amor el hecho de perder a tu hermana Clare?

GW: Primero, quisiera decir que no la perdí, ni pasó a mejor vida; Clare murió. Pierdes a alguien en un centro comercial, en la calle, etc. Debemos tener claro nuestro vocabulario porque, a menos que usemos las palabras adecuadas, no podemos explorar este tema de forma honesta. Mi hermana murió, pero, curiosamente, la relación no; solo cambió. La resonancia constante de ese amor todavía está a mi alrededor. Al principio no podía pensar en Clare como mi hermana feliz y saludable, porque había pasado mucho tiempo con ella cuando estaba enferma. Ahora puedo volver a esa versión de ella y está muy presente, como una persona alegre y afable en cualquier sueño que tenga sobre ella. Todavía vivo en la misma calle donde ella vivía, y la mayoría de los días paso frente a su departamento y pienso en ella. Mi hermana es una parte inherente a mí: mucha de la gente que conozco la conocí a través de ella, y todas las cosas extraordinarias que presenciamos juntos todavía están dentro de mí también. Alguien dijo alguna vez que se necesitan dos generaciones para que alguien desaparezca de la conversación y de la psique del grupo de personas que presenciaron y formaron parte de esa vida. Espero que mi hija, que tiene 20 años, viva hasta los 90 y siga contando historias sobre su tía Bobs, y entonces Clare estará viva en la imaginación de alguien más.

¿Cómo era su relación?

Mucha gente dice: «Nunca me hubiera mudado a casa de mi hermana moribunda para cuidarla», o «Dios, mi hermano nunca hubiera hecho eso por mí». Tuvimos una relación particularmente extraña y extraordinaria, tal vez porque ella había elegido no seguir el camino de las relaciones románticas o los hijos. Supongo que fui la principal figura masculina en su vida, que, en otras circunstancias, habría sido su pareja, y estoy extraordinariamente agradecido con Em [la esposa de Greg, Emma Thompson] por entender y respetar eso. Y por decir de vez en cuando: «No, ella tiene que arreglarlo por sí misma», y luego también: «No, por supuesto que tienes que ir». Cuando llegamos al punto en que Clare necesitaba cuidados de tiempo completo, no había duda de que yo sería quien lo haría. Desde luego, es una suerte increíble que no tenga un trabajo «formal» y que haya podido dejarlo todo para estar ahí con ella.

¿Cómo te ha cambiado su muerte?

Estamos moldeados por la muerte de las personas importantes que nos rodean. La de Clare me enseñó que, aunque la muerte es un idioma extranjero para nosotros, es algo esencial. Hablar de la muerte es un acto de amor. Después de todas esas horas junto a su cama, consciente de que se estaba muriendo, soy alguien diferente, pero mejor. Es como obligarte a subir una montaña; una vez que eres capaz de superar la tensión de una situación como esa, has probado quién eres. Nunca sabemos si somos el tipo de persona que correrá hacia un edificio en llamas para salvar a un niño hasta que nos encontremos afuera de un edificio en llamas con un niño dentro. No puedes decir: «Yo lo haría», porque no lo sabes. Resulta que pude soportar ese trauma emocional y, como resultado, me he vuelto más empático, más agradecido, más presente y esperanzado. Todas esas cosas surgieron de ese periodo doloroso, que, de otro modo, habría sido visto solo como un momento desolador en mi vida.

¿En qué aspecto te volvió una persona más esperanzada? Es una palabra interesante considerando que esa esperanza surgió de una situación tan difícil.

Esperanza en cuanto a lo que se puede esperar de mí. Siempre pensé que, si algún día llegaba a recibir un diagnóstico terminal, me iría por las colinas con una botella de whiskey y optaría por la encantadora salida hipotérmica. Ya no lo haría, porque entiendo que sería cruel con quienes me aman. Eso no significa que nunca llegaré al punto en el que podría decir: «Basta, me voy de aquí», pero sé que pasar esos últimos meses con mi hermana creó una relación extraordinaria que nunca hubiéramos tenido de otro modo. A veces, los días eran oscuros durante 23 horas y 58 minutos, y luego, encontrábamos pequeñas gemas de alegría, tal vez de solo 10 o 20 segundos de duración, como cuando Clare despertaba con una sonrisa en el rostro. O la pequeña victoria de reírnos juntos en un momento de dolor.

Desde su muerte, también me es más fácil acceder a esos momentos. Justo después de que murió, estaba caminando por la costa oeste de las Tierras Altas y vi un trozo de corteza dorada con el sol detrás. Encontré otro hace unas semanas: un pedazo de corteza de abedul plateado fino como papel, iluminado por el sol de invierno. Es como si me hubiera desprendido de un caparazón, y ahora esa clase de cosas pueden detenerme en seco, y puedo verlas de verdad y simplemente existir. Entiendo que la vida es finita, de una manera que no entendía antes. Además, cuando eres un cuidador de tiempo completo, todo lo que puedes hacer es estar presente. No hay nada que hacer más que estar allí.

Cuando Clare estaba muy enferma, vivías con ella y la cuidabas, por lo que pasaban mucho tiempo solos. ¿Cómo fue eso?

No soy alguien muy sociable; disfruto de mi propia compañía. Aun así, por poco y pierdo la maldita cabeza. La parte más difícil de ser el único allí, sin un sistema de apoyo, fue la responsabilidad, el enfoque, la calma y la compasión que eso requería. La gente del hospicio cercano fue un gran apoyo. Cada vez que iba por la receta para sus medicamentos, me llevaban a una habitación y me preguntaban: «¿Y tú cómo estás?». «No se trata de mí», respondía, y ellos replicaban: «Claro que se trata de ti». Esa es la conclusión: si el cuidador está jodido, la persona a su cargo está jodida también. No sé cuánto tiempo más hubiera podido hacerlo; de hecho, estoy asombrado por la gente que se encarga de este tipo de cuidado año tras año tras año. Siempre habrá momentos en los que la resiliencia o el amor sean más difíciles de encontrar porque estás agotado y asustado. Algunos días era una victoria poder llevarla al baño o sacar sus piernas de la cama. Hay una similitud macabra entre la ayuda que requiere un bebé y alguien al final de su vida. Y creo que debemos darle a la muerte el mismo peso que le damos al nacimiento. Kathryn Mannix, autora de *With the End in Mind: Dying, Death and Wisdom in an Age of Denial* (Con el final en mente: muerte y sabiduría en una era de negación), dijo alguna vez que tenemos dos días en nuestra vida que duran menos de 24 horas: el día en que nacemos y el día en que morimos; y tenemos que ser capaces de concentrarnos tanto en el segundo día como en el primero. Debemos tener conversaciones difíciles, porque todos en este planeta van a morir. Tenemos que preguntarnos: «¿Cómo me gustaría morir?», y luego hablar de ello con la familia o escribirlo. Es así de simple. Tenemos que ser un poco más maduros al respecto.

Y tal vez no solo nos haga falta más estructura para la muerte, sino para el dolor también, ¿no crees?

El duelo es interesante porque no tienes control sobre él, por lo que es una locura que las pautas del sitio web del gobierno del Reino Unido sean dos días de permiso de ausencia por la muerte de un padre o de tu pareja. Esas primeras etapas del duelo son como vomitar. Sientes que comienza en tus rodillas y luego pasa a través de todo tu cuerpo. Le diría a cualquiera que esté pasando por esa etapa de dolor: «No lo juzgues, no lo detengas, dale la bienvenida. Es una purificación importante que forma parte del proceso de curación». Y llegué a comprender que el dolor que sentía igualaba al amor.

También necesitamos encontrar la manera de pedir lo que queremos en esos momentos. La gente necesita cosas diferentes: algunos quieren que los abracen, otros quieren sentarse en silencio con alguien. Yo necesitaba estar solo. Me fui a nuestra casa de campo en Escocia y me quedé allí durante 10 días, trabajando cerca de la tierra, el aire, la lluvia y una luz increíble. Estar en ese espacio salvaje y abierto fue esencial para mí. Me di cuenta de que vivimos en un mundo cíclico y que la vida, como la naturaleza, tiene estaciones. Ver el ciclo de nacimiento, muerte y descomposición en la naturaleza hizo que todo tuviera sentido. Los átomos de mi hermana ahora están volando hacia el universo para ser reconstituidos en lo que sea que vayan a ser reconstituidos. En la naturaleza, me di cuenta de que no puede haber nacimiento sin muerte. Si los árboles muertos caen al suelo del bosque, se convierten en árboles nodriza que proporcionan el medio para que crezcan los nuevos retoños. El árbol muerto proporciona todos los nutrientes que esos pequeños brotes necesitan para vivir.

¿De qué manera cambió tu propio sentido de la mortalidad al presenciar la enfermedad de Clare tan de cerca?

Somos los mapas de nuestras experiencias. Mira mis manos; esta es la historia de mi vida. Puedo decirte dónde se formaron todos los golpes, agujeros y cicatrices. Ellos me conforman. De igual forma, las rupturas en mi corazón me conforman, y me hacen completamente diferente a cualquier otra persona en este planeta. No me preocupé demasiado cuando nuestra hija corrió por el sendero del jardín con una cortada en la rodilla, porque eso es parte de su historia ahora; dentro de 40 años dirá: «Ahí es donde me caí del columpio cuando tenía 3 años», y eso creará una narrativa familiar. Así que mi forma exterior es el resultado de mis lesiones físicas a lo largo de los años, y mi forma interior es el resultado de las rupturas emocionales, los primeros desamores y las muertes más recientes, como la de Clare. Todos estamos texturizados por los enormes agujeros que deja la muerte de las personas cercanas a nosotros. Poco a poco, con el tiempo, el vacío se va ablandando. Siempre estará allí de algún modo, y es esencial estar permanentemente consciente de estas cosas, las buenas y las malas. Cuando hacen alfombras marroquíes, cosen en cantidades iguales de negro y rojo: su felicidad y su desgracia. La vida es el equilibrio de eso, y uno esperaría que podamos disfrutar del rojo un poco más por la presencia del negro.

¿Qué desearías haber sabido antes sobre el amor y la pérdida?

En cuanto al amor, que no tiene por qué ser tan difícil. Y en cuanto a la pérdida, que si alguien muere, no le envíen flores a su pareja, envíenle un jodido pollo rostizado.

Hablar con Greg me hizo pensar en un escritor a quien entrevisté llamado Joe Hammond; él padecía de una enfermedad de la motoneurona y estaba muriendo. Hablamos sobre cómo el hecho de estar consciente de que iba a morir había cambiado su comprensión de la vida y de lo que más importa al final. Me dijo que su vulnerabilidad física lo hacía más abierto, más honesto. Que había aprendido a dejar entrar a la gente, a admitir emociones difíciles ante sus amigos, a dejar de lado su ego. Pero la respuesta que más me conmovió fue su capacidad para encontrar placer en las cosas más pequeñas desde su diagnóstico. Utilizando tecnología para comunicarse por medio de la mirada, escribió:

> Hace unos días, Tom, mi hijo que ahora tiene 7 años, dejó de correr y flotar, solo por un momento, y se detuvo junto a mi silla de ruedas. Inclinó su mejilla en la parte superior de mi brazo y tocó mi mano huesuda con su dedo. Emitió un sonido, algo entre un canturreo y un chillido. Todo esto ocurrió durante un periodo de aproximadamente un segundo y medio. Y luego, se escabulló.

En ese momento, y los que le siguieron, el placer y la felicidad que sentí igualaron cualquier cosa que mi yo sin discapacidad alguna vez haya sentido. Para sentir alegría, lo único que importa es el deseo. Puedo imaginar la alegría que sentiría alguien encarcelado si una hormiga solitaria se escabullera a través de los ladrillos hasta su celda. Se puede extraer mucho de poco.

Leí su respuesta muchas veces, tratando de colgarla para siempre en algún lugar de mi mente, como un póster en la pared de un dormitorio que pudiera mirar y memorizar todas las noches antes de dormir. Volví a pensar en ello cuando Greg describió los detalles luminosos a los que accedía con más facilidad desde el cáncer de su hermana: la victoria de la risa en un día sombrío; la corteza de abedul plateada iluminada por el sol de invierno. «Se puede extraer mucho de poco». Porque eso también es lo que Greg estaba diciendo: pasar un poco de tiempo en compañía de la muerte lo había vuelto más sensible a los pequeños destellos de significado.

Cuando entrevisté a Susie Orbach para una historia en la que estaba trabajando, me dijo que, como sociedad, a menos que hayamos tenido la mala suerte de que alguien muriera joven, por ahora no estamos acostumbrados a la noción de la muerte. Las personas viven más tiempo, a menudo con otros de la misma edad, tal vez una pareja o hijos, en lugar de generaciones mayores, lo que significa que existimos más lejos de eso. Pero Greg demostró que hay mucho que ganar al permitir que la muerte vuelva a nuestra vida, tanto a nivel práctico (para comprender la forma en que un miembro de la familia podría preferir morir) como a nivel emocional (para fomentar la esperanza, la gratitud y la resiliencia). Tal vez evitamos hablar de la muerte porque no podemos soportar pensar en perder a nuestros seres amados, cuando en realidad no hablar de ello es una de las razones por las que podemos darlas por sentado todos los días. Quizá al enfrentarnos a la verdad (que, si tenemos suerte, podemos existir junto a esas personas en este mundo durante décadas, pero no durante siglos), recordaremos mirar más a menudo sus rostros que a la pantalla de nuestro celular.

Como dijo Greg, la muerte de las personas importantes que nos rodean nos moldea y cambia para siempre. En el pasado, cuando reflexionaba en cómo podría cambiarme la pérdida de alguien cercano, siempre pensaba en los aspectos negativos. Como en las cosas que haría mal por mi cuenta si Dan no estuviera allí, por ejemplo, decidir cuánto tiempo cocinar un trozo de carne y mantener vivas a las plantas. En cómo me llenaría de tristeza cuando sucediera algo gracioso y no pudiera compartirlo con él. O en cuando sostuviera el mango de una cacerola que él había agarrado y ya no recordara lo cálidas que siempre estaban sus manos. Me enfocaba solo en estos huecos que dejaría su ausencia. No había pensado en el impacto positivo que tenemos el uno en el otro, en todos los rastros perdurables de bondad que conservamos y de los que aprendemos. Cómo, incluso después de morir, estamos vivos el uno dentro del otro.

Estos obsequios no deseados que recibimos de nuestras pérdidas ofrecen poca compensación. Si pudiéramos traer de vuelta a nuestros seres queridos y deshacernos del dolor, por supuesto que lo haríamos. Pero quería hablar con alguien que hubiera podido ver con claridad cómo el hecho conocer y amar a alguien había cambiado la dirección de su vida de una manera hermosa, incluso después de que esa persona se había ido físicamente.

La madre del periodista Gary Younge, quien murió cuando él tenía 19 años, hizo exactamente eso. El impacto que dejó en él existe en cada decisión que toma, desde qué pedir en un restaurante hasta su próximo paso profesional. Su muerte fue lo peor que le pudo pasar. Sin embargo, también ha sido su guía, animándolo a priorizar la experiencia por encima de la acumulación de la riqueza y a preferir la felicidad presente por encima de la gratificación tardía.

LOS REGALOS INESPERADOS DE UNA PÉRDIDA
Conversación con Gary Younge

NL: ¿Cómo era la relación con tu madre cuando eras adolescente?

GY: Pasó por algunas iteraciones. Ella tenía un carácter estricto y dominante, por lo que no éramos amigos cuando yo era más joven. Era más bien una relación de «haz lo que te digo». Además, era el menor de mis hermanos, por lo que ellos se fueron de la casa uno por uno hasta que solo quedamos ella y yo. El punto de inflexión en nuestra relación llegó cuando fui a Sudán a los 17 años para trabajar en una escuela de refugiados del ACNUR. Recuerdo que ella insistió en que llevara condones, y yo pensé: «Ay, ¡qué le pasa!». (Los puse en mi maleta de todos modos).

Cuando eres adolescente, eres solipsista; a menudo no te preocupas por nadie más, así que pasar un año en un lugar donde tenía mucho tiempo a solas me dio tiempo para pensar en lo que mi mamá había hecho por nosotros como madre soltera. (Mi papá se marchó cuando yo tenía un año, así que ella nos crio sola). Ese viaje transformó nuestra relación, y cuando regresé, éramos amigos. Me gustaba pasar tiempo con ella. Fue una suerte, porque murió dos años después. No siempre tenemos la oportunidad que yo tuve: decirle todo lo que pensaba de ella, a pesar de mi incoherente pensamiento adolescente. Pude relacionarme con ella de una manera amorosa y más madura de lo que lo hubiera sido posible. Me siento bendecido por eso.

¿En qué aspecto cambió tu visión de la vida después de experimentar su muerte tan repentina?

Es difícil de saber, pues cualquier otro escenario hipotético es contrafactual; ella no murió de otra manera. ¿No son todas las muertes así? Nunca sabremos si hubiera sido más difícil o más fácil si las circunstancias hubieran sido diferentes. Pero ella tenía 44 años y fue repentino. Se suponía que vendría a Edimburgo, donde yo estudiaba en la universidad; sin embargo, el día anterior al viaje, tomó el autobús para hacer las compras semanales, regresó a casa y murió mientras dormía. Mi profesor me dio la noticia y no pude asimilar sus palabras. Su muerte me dejó sin rumbo. Por un tiempo, también me dejó sin casa. La primera Navidad, mi hermano mayor fue muy amable al invitarme a la suya en Londres. Después de eso, pasé las fiestas en Edimburgo. Pero no era mi hogar, era el lugar donde vivía en un estado liminal, como suele ocurrir en la universidad. De modo que estaba perdiendo el control sobre lo que significaba tener un hogar; solo seguía con mi vida en modo automático. Recuerdo que había una ruta de autobús que tomaba para llegar a la universidad que pasaba por The Mound en Edimburgo. En un día despejado, se podía ver una hermosa escena de casas junto al agua. Cada vez que tomaba ese autobús, miraba por la ventana y pensaba: «No sé lo que estoy haciendo aquí. Este lugar no tiene nada que ver conmigo». No es que eso no pudiera cambiar en un futuro, pero así me sentía en ese momento, durante mi luto.

¿Cuándo empezaste a percatarte de los regalos inesperados que acompañaban tu pérdida?

El siguiente año de universidad fue muy difícil, y no pensaba que perderla me hubiera enseñado algo. Aún no lo había hecho, porque su muerte no trajo consigo sabiduría instantánea; solo sabía que era el evento más devastador de mi vida. Sus lecciones llegaron de manera lenta y gradual a través de la experiencia. La más importante fue una aguda conciencia de mi mortalidad. La comprensión de que nadie va a encontrar una buena vida para ti, tienes que hallarla por ti mismo. Tienes que vivirla lo mejor que puedas, lo mejor que sepas. Es finita, y puede estar llena de tu alegría o privada de alegría por completo, eso depende de ti.

Esa conciencia era diferente a pensar, con ansiedad, que puedes morir en cualquier momento; nunca sentí eso. Es cierto, puedes morir en cualquier momento, pero nunca sentí que mi vida estuviera en peligro inminente, solo que siempre podría estar en peligro, así que lo mejor que podía hacer era seguir viviendo. Esa actitud significaba que me negaba a aceptar un trabajo aburrido o a tomar una decisión que en realidad no quería, solo porque podría darme suficiente dinero para hacer algo interesante en el futuro. No tenía tiempo para la gratificación diferida. Ese tiempo perdido en el presente de repente me parecía un precio demasiado alto. No se trataba de pensar «vive rápido, muere joven», era más bien que sabía lo que quería: sentirme feliz, realizado y libre, y no estaba dispuesto a hacer cosas que no fueran en pro de eso. Me volví ambicioso en mis propios términos. Como es obvio, todos tenemos que hacer cosas que no queremos, pero la idea de que debes aceptar un trabajo que odias porque mejorará tu vida en los próximos años ya no tenía sentido para mí.

¿De qué manera dirige tu vida ahora esa lección?

Nunca la he olvidado. Está en las cosas pequeñas, como pedir langosta cuando salgo a cenar, y en las cosas importantes, como dejar mi trabajo como columnista en *The Guardian* después de 26 años para convertirme en académico. Fue una decisión basada en esa lección. Pensé: «No quiero morir haciendo esto, quiero morir en otro lugar». La gente todavía me pregunta por qué me fui, y mi respuesta sería: «Bueno, si no quiero hacerlo, no tiene sentido desperdiciar los años restantes de mi vida en eso, ¿verdad?». Esa actitud ha funcionado bien para mí, un tipo que, de manera improbable, pasó de la clase trabajadora a la clase media. A menudo me decía a mí mismo: «¿Qué es lo peor que puede pasar?». Lo dije tantas veces hasta que ya no lo necesitaba. Porque lo peor que me podía pasar ya había pasado; mi madre había muerto, y eso me dejó con un tremendo sentido de audacia. Me dio el suficiente criterio como para tomar decisiones. Muchas veces, cuando estás tomando una decisión, sabes cuál es la respuesta, solo necesitas el valor para seguir adelante con lo que ya sabes que es correcto. Mi madre me dio ese valor, tanto en su vida como en su muerte.

¿Cómo equilibras esa comprensión con la necesidad de tener estabilidad económica?

Ese equilibrio es importante. Porque cuando murió mi mamá, yo tenía 19 años y debía ser autosuficiente. Hacer un presupuesto no era algo que pudiera dejar para mi vejez; si no comenzaba entonces, no iba a poder comer. Esa inseguridad financiera siempre estuvo ahí porque crecimos pobres, pero su muerte la amplificó. Así que hay una parte de mí que todavía es cautelosa cuando se trata de cosas importantes, como pagar una hipoteca. Pero lo que me enseñó perder a mi madre es que me interesa la experiencia, no la acumulación de riqueza. Me interesa sobrevivir, irme de vacaciones, tener todas las cosas que necesito para darles a mis hijos una vida segura. Pero no me interesa ahorrar para cosas materiales, porque sé que cuando mueras, no puedes llevarte nada de eso contigo. Y si siempre estás comprando cosas, siempre buscando expandir lo que tienes, nunca estás satisfecho. Rara vez veo a personas que persiguen la riqueza y se vuelven más felices. No es que las cosas materiales no signifiquen nada para mí, claro que quiero seguridad financiera para mi familia. Pero, más bien, lo veo como el medio para un fin, y ese fin es tener una vida. Eso se cimentó en el momento en que murió mi mamá. Vi que el valor real de su vida era la impresión y el impacto que tuvo en la vida de los demás.

¿Su muerte también cambió tu perspectiva sobre el amor?

Al principio, su muerte me puso a la defensiva y me hizo desconfiar de todos. Recuerdo haber pensado: «Estoy solo en el mundo, tengo que protegerme, no puedo darme el lujo de ser frágil». Y ese no es el estado psicológico ideal para entablar una relación. No me preocupaba que murieran otras personas a las que amaba simplemente porque ella lo había hecho, pero no quería gente poco confiable a mi alrededor. Mi enfoque para las citas era: si te vas a derrumbar a la primera señal de un problema, sigue avanzando. Si iba a tener una pareja, tenía que ser sólida, segura y fortalecida. Supongo que eso significaba que siempre me contenía un poco en el amor. No era una persona fácil de tratar. Pero además implicaba que tenía una tolerancia limitada a las relaciones tóxicas. También estaba ocupado lanzándome a la vida, y aunque el amor era parte de ella, no lo era todo.

¿Qué desearías haber sabido antes sobre el amor y la pérdida?

Que ese dolor se nivela. Solía conmemorar el aniversario de la muerte de mi madre y su cumpleaños, pero ahora no siempre lo hago. Esos hitos se van a medida que el dolor se reparte por tu conciencia. Al principio es algo pesado que llevas contigo donde quiera que vayas. Siempre estás consciente de su peso. Y luego, a medida que pasan los años, ese peso se extiende a lo largo de tu vida. Ya no lo llevas a cuestas, solo existe dentro de ti. Mi mamá ahora tiene un lugar dentro de mí.

Después de hablar con Gary, me percaté de que había un tema en común en todas mis conversaciones: el problema de querer siempre más. Esther Perel habló sobre la mentalidad del consumidor que nos hace pensar «puedo hacerlo mejor» en las relaciones; Ayisha Malik habló sobre cómo estamos tan ocupados persiguiendo cosas externas que perdemos de vista quiénes somos; y Emily Nagoski dijo que una razón por la que damos prioridad al deseo espontáneo podría ser porque el capitalismo requiere que permanezcamos en un estado de anhelo constante. Este estado de anhelo constante es otro enemigo del amor. Nos hace olvidar que el valor real de nuestra vida es el impacto que tenemos en las personas, como el impacto que tuvo la madre de Gary en él.

Hace unos años, la revista en la que trabajo publicó la carta de una lectora respondiendo a un artículo sobre el divorcio. Ella había escrito para decir que su divorcio se sentía peor que una muerte. Tenía que llorar por el marido que había perdido y la vida que habían construido juntos, la cual ahora estaba distorsionada. Dedujo que, si su marido hubiera muerto, al menos la consolaría el amor que ella le tenía y que él le tenía a ella. Podría recordar su relación con cariño, sus recuerdos libres de rechazo.

Después de que publicamos esa carta, recibimos una queja por correo electrónico de otra lectora, quien estaba horrorizada por la implicación de que el divorcio podía ser peor que la muerte. Su marido había muerto y ella anhelaba volver a tenerlo con vida. Le pareció ofensivo que alguien pudiera comparar su pérdida con una que no implicaba la muerte de nadie.

Comprendí los puntos de vista de ambas mujeres, pero el dolor no es un juego de quién da más, quién da menos. No podemos acomodar nuestras pérdidas una al lado de otra y esperar que alguien confirme cuál es la peor. Por mi parte, estoy consciente de haberme sentido completamente devastada después del final de una relación de tres meses, y solo un poco triste después de que terminó una de dos años y medio. Sé que para mi papá perder a su perro fue tan devastador como perder a un miembro de la familia. Conozco amigas para las que los primeros días de la maternidad fueron más dolorosos que su aborto espontáneo, y otros para quienes fue más difícil ver a sus padres envejecer que verlos morir. El tema de la pena es demasiado particular y extenso como para que compararla resulte de utilidad para cualquiera.

La autora Lisa Taddeo cree que cuando comparamos y juzgamos el dolor de los demás de esta manera, nos lastimamos innecesariamente, a menudo debido a nuestra propia vergüenza. Es por eso por lo que siguió la vida sexual y emocional de tres mujeres durante ocho años en su extraordinario y exitoso debut como escritora, *Three Women* (Tres mujeres). Si bien trata en parte del deseo sexual, es también un libro sobre la forma en que las mujeres se juzgan entre sí y las secuelas de dolor que esto causa.

En las historias de pérdida, es tentador buscar finales más fáciles, en los que el dolor se hace más ligero con el tiempo. Pero, aunque Gary siente que su dolor se equilibró con los años, Lisa no. Desde que sus padres murieron hace dos décadas (su padre en un accidente automovilístico, su madre de cáncer de pulmón cinco años después), vive con el temor de perder personas. Con ella quería explorar la soledad y la intensidad de un dolor que no cede, para que podamos tratar de comprender cómo se siente vivir dentro de él. Una cosa quedó clara: ya que Lisa conoce el aislamiento que provoca un dolor tan íntimo, no quiere que nadie más se sienta solo en esta situación. Es este anhelo lo que la impulsa a conectarse con personas que sufren, a compartir sus historias. Y aunque todavía no ha logrado aceptar la muerte de sus padres, esta capacidad de llegar al núcleo del sufrimiento de alguien más me pareció un acto de esperanza.

LA SOLEDAD DE LA PÉRDIDA
Conversación con Lisa Taddeo

NL: Tus padres murieron hace casi dos décadas. ¿Cómo ha cambiado tu dolor a lo largo de este tiempo y cómo es hoy en día tu relación con él?

LT: Mi esposo dice que todavía no he aceptado la muerte de mis padres, lo cual es cierto. Algunos lo manejan mejor. No estoy diciendo que manejarlo mejor signifique que son mejores que yo, solo que otros pueden procesarlo con mayor facilidad. A menudo las personas superan una pérdida hasta el punto en que, al mirar atrás y ver a alguien que sufre, no son capaces de identificarse con su sufrimiento. Creo que es por eso por lo que en muchas ocasiones me he sentido sola en mi pérdida. Además, mi identidad estaba vinculada a ser la hija de mi padre, por lo que el hecho de que me quitaran eso me dejó sin saber quién era. Cuando murió, la persona que yo era hasta ese entonces murió también. Su muerte me cambió. En breve, me volví menos feliz y más cínica.

¿En qué aspecto cambió tu manera de abordar el amor y las relaciones a causa de esa pérdida tan temprana?

Creo que a veces buscas las partes de ti mismo que has perdido en una relación. Tenía 23 años cuando murió mi padre y era casi imposible para mí pensar en otra cosa. Me despertaba en la noche gritando. Luego, cuando volví al trabajo, comencé a coquetear con un chico en otro cubículo de la oficina por el chat. En ese momento tenía un novio con el que llevaba siete años, a quien había descuidado a raíz de la muerte de mi padre. Aunque no pasó nada con el chico del trabajo, la emoción y la novedad del momento fue un escape para mí.

Al principio tenía tanto dolor que ansiaba tener a alguien cerca, un cuerpo humano con el que pudiera contar. Pero al final ese pequeño enamoramiento en el trabajo me hizo pensar: «No quiero seguir con esto», y rompí con mi novio. Estar interesada en alguien nuevo me hizo darme cuenta de lo falsa que era la otra relación. En cierto modo me salvó. Tras una tragedia, a veces el deseo es una bomba que no se puede negar. Una pérdida reciente es como desempañar tus lentes.

¿Crees que, además de ser una distracción, el deseo puede sentirse como lo opuesto a una pérdida? Tal vez a través de él tratamos de recordarnos lo que se siente estar vivos, ¿no crees?

Sí, definitivamente. Cuando estás en un mundo de dolor, existes solo en ese mundo. No estás conectado al lugar donde viven los demás. Atravesar esa oscuridad es tan doloroso que necesitas buscar algo, cualquier cosa, que pueda llevarte de regreso a un mundo más feliz.

¿Sientes que la pérdida de tus padres cambió lo que buscabas en una pareja?

Perder a mi padre cambió la forma en que veía el amor y lo que necesitaba de él casi de forma instantánea. Me hizo buscar a un hombre que tuviera buenos padres para llenar ese vacío, y dejaron de agradarme muchos de los hombres con los que salí cuando tenía veintitantos porque no estaban a la altura de mi padre. También empecé a vivir con el miedo de que alguien más me dejara. Así que fingí que no necesitaba nada de nadie, porque en realidad necesitaba tanto, que temía que alguien pudiera ver a través de mi acto.

Hasta la fecha, tengo el terrible hábito (que espero poder dejar) de asignarle gran parte de mi necesidad de cuidado a mi pareja. Quiero que me cuide de la misma manera en que lo hizo mi padre. Por ejemplo, mi padre siempre llenaba mi auto con gasolina. Ahora, si mi tanque está casi vacío, pienso: «¿Por qué no lo llenó?».

¿Cómo fue ver a tu madre lidiar con el dolor después de la muerte de tu padre? ¿Cómo hiciste para lidiar con tu propio dolor y el suyo a la vez?

Fue horrible, porque mi madre no conducía, no escribía cheques. Ella dependía de mi padre para todo. Se mudó a Estados Unidos desde Italia cuando tenía 26 años, tuvo a mi hermano y se quedó en casa aprendiendo inglés con programas de televisión. En la noche, mi padre la llevaba de compras a la tienda de precios bajos, y eso era todo lo que le gustaba hacer. Ella estaba satisfecha y tenían una relación encantadora. Cuando él murió, fue como si a ella no le quedara nada.

Después de su muerte, me mudé a casa y asumí el papel de mi padre, lidiando con mi propia pérdida junto con la de ella. Recuerdo que empecé a trabajar en *Golf Magazine* e hice un reportaje sobre un torneo en Aviñón, Francia, en plena primavera. Nos alojamos en un hotel con hermosas flores, nunca había visto nada tan bonito. Le dije: «Mira, mamá, es tan hermoso». Y ella no respondió, porque nada podía romper su dolor. Cuando llegamos a casa, soltó: «En retrospectiva, eso fue realmente hermoso». Comprendí por qué no había podido decirlo antes, pero era difícil verla seguir así con su vida. Era como si no quisiera vivir más.

Creo que ver a un padre atravesar esa clase de dolor puede ser aterrador, porque es cuando nos damos cuenta de que son humanos y frágiles.

Nunca llegué a ver a mi padre como humano, pero sí vi a mi madre quedar paralizada por el dolor. Todo el tiempo me pregunto: «¿Qué habría pasado si él hubiera muerto después? ¿Cómo lo habría manejado?». Me imagino que se habría concentrado mucho en asegurarse de que yo estuviera bien, mientras que mi madre simplemente no podía funcionar, así que los papeles se habían invertido. No recuerdo haberme vuelto a sentir cuidada después de la muerte de mi padre. Nunca había pensado en eso antes, pero me pregunto si esa es parte de la razón por la que su pérdida me devastó de ese modo.

¿Aún piensas en cómo reaccionaría tu padre a las cosas que ocurren ahora en tu vida?

Mi esposo y yo estuvimos hablando de eso anoche. Le pregunté: «¿Crees que mi papá estaría orgulloso de mí?», y él respondió:

«Sí». Pienso en eso todos los días, principalmente en el hecho de que tengo un esposo y una hija a quienes mis padres nunca conocerán. Eso es muy duro.

¿Crees que tus pérdidas tienen que ver con la curiosidad que sientes respecto a las historias de otros?

Cien por ciento. Cuando murió mi padre, me dije: «No quiero que nadie más sienta este dolor». Ese sentimiento continuó durante años; todavía está ahí. Es por eso por lo que no quería que las mujeres que entrevisté para mi libro estuvieran solas en su dolor, porque sé que, cuando estás sufriendo, la soledad es lo peor que te puede pasar.

Creo que cuando te sucede algo malo, te preguntas: «¿Cómo puedo transmitir al mundo lo que he aprendido del sufrimiento de una manera positiva, en lugar de quedarme en la oscuridad?». Para mí, es en parte egoísta. Se sentía bien sentarse y escuchar a alguien, desaparecer en sus pensamientos y no quedarme con los míos. Tratar de ayudar a los demás puede ser una experiencia útil y sanadora.

A mí me ayudaste en la primera conversación que tuvimos, compartiendo lo que hiciste para lidiar con la obsesión de tratar de concebir después de tu aborto espontáneo. Después de escuchar la manera en que te afectó, pensé: «¡Tal vez no estoy loca!».

Ni siquiera estaba segura de querer tener hijos antes del aborto, pero tan pronto como experimenté esa pérdida, pensé que era una locura siquiera haber considerado no querer un bebé. Lo más cruel de un aborto espontáneo es que la gente no puede comprender tu dolor. Si alguien perdió un gato, pero el gato era lo más importante en su mundo, creo que debe tomarse en serio, pues para ese alguien es tan importante como la pérdida de una persona. Es extraño que la gente controle el dolor y decida qué pérdida requiere más atención. En realidad, creo que la pérdida profunda después de un aborto espontáneo nunca desaparece. Mi esposo no entiende por qué sigo pensando en eso, incluso ahora que tenemos una hija.

¿Qué desearías haber sabido antes sobre el amor y la pérdida?

Todavía soy un manojo andante de miedo, siempre me preocupa la posibilidad de perder a mis seres queridos. Pero si algo he aprendido es que admitir que estás sufriendo es esencial para empezar a sanar y ser amable con los demás. Juzgar el dolor de alguien más me parece muy extraño. Además, cuando lo hacemos, suele tratarse de vergüenza o celos disfrazados.

Lisa me recordó que, por mucho que la pérdida pudiera profundizar el amor y dar significado, sigue siendo algo feo y despiadado, porque perdemos más que personas: Lisa perdió a su padre, luego perdió su identidad; Gary perdió a su madre, después perdió su hogar. Primero experimentamos los dolores, y luego los ecos de la pérdida.

Un eco particularmente doloroso de la pérdida es la soledad. La sensación de que todos los demás viven en un mundo diferente y más feliz, y que tú estás atrapado afuera de su ventana, mirando hacia adentro, sin poder participar. Pero al menos esta es una faceta de la pérdida sobre la que sí tenemos poder. Aunque nadie puede arreglar nuestro dolor, como Lisa me mostró, admitir que estamos sufriendo es la manera de comenzar a sanar.

Recuerdo con exactitud dónde estaba cuando terminé de leer *Recuerda que vas a morir. Vive*: en un tren en Brescia, al norte de Italia. Dan estaba dormido, con su cabeza sobre mi hombro. Mientras lo observaba, me preguntaba cuántos años estaríamos juntos. En silencio prometí poner el amor en primer lugar en todos ellos, porque pensé que la lección del libro era que el amor era lo más importante en la vida. No fue hasta que hablé con la esposa del autor, la doctora Lucy Kalanithi, que comprendí que había malentendido por completo su significado.

Recuerda que vas a morir. Vive es una autobiografía sobre la vida y la muerte, escrita por el neurocirujano estadounidense Paul Kalanithi mientras moría de un cáncer de pulmón inoperable. Vendió más de un millón de ejemplares en todo el mundo; Lucy supervisó su publicación después de la muerte de Paul, a los 36 años. La experiencia de verlo morir la obligó a tener de manera simultánea la muerte, la vida y el amor en mente. Pero el libro de Paul es más que amor. Se trata de «luchar incansablemente por algo importante… y del viaje para comprender el sufrimiento humano». Porque, como dijo Lucy, al final, el amor no es lo único que importa.

Cuando me dijo eso, sentí algo que ya había experimentado muchas veces durante estas conversaciones: la realineación confusa pero satisfactoria del pensamiento. Lo sentí de nuevo cuando Greg Wise afirmó que no perdemos personas cuando mueren. Y otra vez cuando Heather Havrilesky y Ariel Levy me dijeron que habían comenzado sus relaciones por correo electrónico, a pesar de que antes había pensado que no era una buena manera para iniciar un romance. Cada vez que me formaba una opinión firme, otra respuesta la cambiaba. Este proceso en sí mismo también fue una lección: por muchas conversaciones que tuviera sobre el amor, nunca encontraría un conjunto fijo de respuestas a sus desafíos. Como escribió Barbara Kingsolver: «Siempre que tengamos la certeza de que algo es correcto, puede ser incorrecto en otro lugar». Fue algo aleccionador, incluso tranquilizador, darme cuenta de que la respuesta siempre cambiaría a lo largo de mi vida, dependiendo del punto en el que me encontrara.

Sin embargo, algo que no cambia es la importancia de la intención en el amor. Vi esto claramente cuando Lucy describió cómo la muerte de Paul ha cambiado los objetivos que tiene para su hija. En lugar de centrarse en los logros de Cady, Lucy espera que ella tenga amor y conexiones en su vida. Esta respuesta me llamó la atención porque nunca había escuchado esas palabras como metas. Las metas siempre habían sido casillas que llenar en una revisión anual del trabajo, o propósitos hechos el primero de enero para lograr más ese año (aprobar un examen de manejo; pedir un aumento de sueldo). Nunca me había fijado la meta de ver a un viejo amigo cuatro veces al año en lugar de dos, o invitar por fin a los vecinos del piso de arriba a tomar una copa, o llamar a mi tía Julia, con quien me encantaba hablar pero que solo veía en Navidad. Qué diferente podría ser la vida, pensé, si nos propusiéramos metas como estas: conectar en lugar de lograr.

Estos objetivos tampoco tienen que ser necesariamente formas evidentes de conexión. Cuando Lucy me dijo que nuestra conversación la ayudaría durante el resto del día, sentí lo mismo. Porque tratar de darle sentido a algo significativo, o tomarse el tiempo para escuchar la historia de alguien, incluso la de un extraño, puede cambiar la dirección de nuestro día. Es otra cosa por la cual estar agradecido, y que es fácil ignorar; de esta manera, podemos llegar a los demás y descubrir qué se siente cuando lo hacemos.

LO QUE IMPORTA AL FINAL
Conversación con Lucy Kalanithi

NL: ¿De qué manera el amor que le tenías a Paul ha seguido desempeñando un papel en tu vida desde su muerte?

LK: Una de las primeras cosas que me viene a la mente es esta cita de C. S. Lewis: «El duelo no es la interrupción del amor matrimonial, sino una de sus fases regulares [...] Y también en esta fase queremos vivir bien y con fidelidad nuestro matrimonio». Después de la muerte de Paul, pensé: «Dios mío, es verdad... este matrimonio no ha terminado». Paul es mi familia y es el padre de Cady. No rompí con él. Todavía lo amo. Eso no quiere decir que todavía estemos casados de una manera que significa que no puedo enamorarme de nuevo. Pero todo el mundo entiende que, si tu hijo muere y tienes otro, no dejas de amar al primero. Y mi situación es similar cuando vuelvo a tener citas; es como estar enamorada de dos personas a la vez.

¿Cómo mantienes viva la memoria de Paul en tu vida diaria y la de tu hija?

Vamos a su tumba juntas dos veces al mes. Me encanta ese lugar. Ayer condujimos por la ciudad donde solíamos vivir y, de repente, me sentí cerca de Paul. También estaba triste, porque los nuevos restaurantes habían reemplazado a aquellos a los que solíamos ir en las noches. Sentí un profundo odio por esos nuevos restaurantes. Luego, cuando llegué a uno de los que acostumbrábamos visitar juntos y que aún estaba abierto, arrojé un beso en esa dirección. Hice eso hace poco cuando vi la foto de Paul en una nueva edición de su libro; reflexivamente, levanté la barbilla y le arrojé un beso. No es un pensamiento consciente, solo lo hago en situaciones en las que siento que Paul está allí de repente: en una imagen, en un recuerdo o al pasar frente a un restaurante. Siempre que tengo una sensación visceral de querer tocarlo, beso el aire en su lugar.

También hay fotos de él en casa y hablo de él con Cady, que ahora tiene 5 años y medio, sobre todo para señalarle en qué se parece a él. Por ejemplo, cuando quiere darse un baño o una ducha muy caliente, le digo: «Así es como lo hacía tu papá; le encantaba tomar baños calientes». Lo hago en parte porque podría ser importante para ella en algún momento comprender en qué aspectos se parece a él, y en parte para enseñarle que está bien hablar de él. Que existía. Que fue la primera persona que la abrazó.

Ella tenía 8 meses cuando él murió y, a veces, se entristece de no tener ningún recuerdo suyo. Yo le aconsejo: «A veces no recuerdas algo concreto, pero sí te acuerdas de cómo te hizo sentir. Entonces, cuando pienses en papá, si tienes una sensación acogedora, esa es una forma de recordarlo». Eso parece tener sentido para ella.

¿Cómo cambió su amor durante los últimos meses de vida de Paul?

Se hizo más grande. Paul y yo habíamos pasado por un periodo difícil en nuestro matrimonio, debido a la falta de tiempo y al estrés laboral. Después del diagnóstico, mi amor por él se volvió más incondicional. No estoy diciendo que el amor conyugal deba ser incondicional; desde luego, siempre hay condiciones en algún sentido, pero empecé a ver a Paul con una amplitud y una falta de resentimiento completamente nuevas.

Las cosas mundanas se desvanecen ante un diagnóstico grave. Hay más espacio en tu mente para los asuntos importantes. También creo que el concepto del tiempo cambia. Como es obvio, sabíamos que Paul no tenía mucho tiempo; tal vez meses o algunos años de vida en ese momento (terminó viviendo 22 meses). De pronto, al saber eso, el tiempo se derrumbó. Se sentía como si estuviéramos tomados de la mano en el pasado, el presente y el futuro, todo a la vez. Sabíamos que su vida iba a terminar, pero que la verdad de nuestro amor y nuestra vida no lo haría, y que, aunque nuestro tiempo juntos se detendría, en otro sentido nunca terminaría.

La vida también pasa de blanco y negro a color, porque te percatas de ella con gran intensidad. No tuve que recordarme a mí misma que debía prestar atención, porque era como si el único momento que existía fuera el presente, que se sentía como todos los momentos juntos. Cuando alguien se está muriendo, el tiempo se va y tu vida, tu amor y tus relaciones están ahí al mismo tiempo, en esa habitación del hospital, en esos minutos. Momentos como ese pasan a formar parte de tu memoria. Abren tu corazón de una forma nueva.

¿Sientes que eso ha influenciado en cómo crías a tu hija? Porque para muchos padres, estar presentes puede ser difícil.

Sí, aunque estar presente aún me cuesta trabajo, porque ser madre puede resultar algo tedioso de vez en cuando. Pero tengo más perspectiva, y ahora, cuando reflexiono en el futuro que quiero para ella, pienso en una vida significativa, y no en una falta de sufrimiento; quiero que se sienta resiliente en lugar de solo protegida. Y perder a Paul reforzó mi idea sobre la importancia del amor y la conexión, que son metas importantes en la vida. Para mí, es importante que estén presentes en la vida de Cady.

¿Qué te ha enseñado el hecho de perder a Paul acerca de lo que importa más en la vida al final?

No creo que el amor sea lo único que importa. Mi versión favorita del significado de la vida es la que escribió Viktor Frankl sobre el tema. Él dice que hay tres fuentes de significado: el amor (por los humanos y por las experiencias, como una puesta de sol), el trabajo con propósito (lo que estás tratando de hacer en y para el mundo) y el valor que encuentras frente a las dificultades. No se trata solo de amarnos unos a otros; la forma en que respondes al sufrimiento inevitable es también una fuente de significado. Esa idea resuena conmigo. Y cuando Paul estaba muriendo y escribiendo su libro, tratando de lidiar con la idea de la mortalidad, estaba haciendo la tercera cosa: trataba de darle sentido al sufrimiento humano y personal. Algunas personas leen *Recuerda que vas a morir. Vive* y opinan que «este libro me hizo estar más presente en mi vida y me hizo comprender que las relaciones son lo más importante». Pienso que no, que el libro de Paul también trata sobre la lucha incansable por algo que es significativo; para él lo eran la medicina y el viaje para comprender el sufrimiento humano.

¿Piensas que aceptar que el sufrimiento es parte no solo de la vida, sino del amor, puede ayudarnos a vivir de manera más significativa?

Creo que sí. Hay dos partes: comprender que las personas que amas sufrirán y también que tú estarás ahí, tomándolas de la mano, y eso es una parte importante de amarlas. Es parte del trato. Por eso es valiente y hermoso amar a alguien.

¿Hay algo que pueda facilitarnos la superación de la pérdida? ¿Deberíamos cambiar la forma en que hablamos de la muerte?

En medicina, es útil reconocer que puedes hacer mucho por alguien, incluso si no puedes solucionar el problema. Hay un ensayo de la doctora Diane E. Meier, titulado «I don't Want Jenny to Think I'm Abandoning Her» (No quiero que Jenny piense que la estoy abandonando), que habla de cómo a veces los médicos usamos tratamientos, incluso la implacable quimioterapia, como una forma de demostrar amor a nuestros pacientes. Pero, con el tiempo, aprendemos que simplemente sentarse con las personas cuando están sufriendo o visitarlas mientras están muriendo es un amor que los pacientes a menudo añoran. No siempre tienes que hacer algo; puedes solo sentarte ahí, acompañándola. Cuando alguien está enfermo, la gente tiene miedo de que hacer eso signifique rendirse, y no es así. Como médico, es algo en lo que pienso mucho: curar es diferente a arreglar. Cuando tu familiar o amigo está enfermo, quieres arreglarlo y casi no quieres decir nada si no puedes. Pero creo que cuando eres la persona enferma, quieres que alguien sea testigo de lo que te está sucediendo. Ser testigo es un tratamiento y una forma de amor. Y puedes hacerlo, pase lo que pase.

Mencionabas que perder a Paul también fue como perder tu identidad. ¿Cómo empezaste a reconstruirla?

Algo de eso está ligado a la soledad y al propósito. Había estado tan concentrada en Paul durante su enfermedad, que cuando murió, esa parte de mi vida desapareció, y también la conexión. Ese momento se sintió como un vacío; no es que no hubiera otras cosas en mi vida, pero de repente había mucho espacio. Tuve que acostumbrarme a él y luego volver a llenarlo.

El libro de Paul ayudó. Y obviamente, yo era doctora y tenía una hija pequeña. Ahora mi hija es la persona por la que estoy aquí. Sin embargo, gran parte de mi vida desapareció y eso se sintió como un latigazo. Cuando alguien muere, eres la misma persona que eras hace cinco minutos, pero de repente también eres alguien diferente, porque tu yo futuro ya no está allí. Al mismo tiempo, creo que hay un yo esencial, y vale la pena darse cuenta de que seguimos siendo nosotros mismos, incluso sin futuro. Pero se necesita un momento para recordar eso.

¿Tuviste que aprender a estar por tu cuenta?

Recuerdo que me sentía muy sola, sobre todo de noche. Mi mamá me dijo: «Te acostumbrarás», y yo pensé: «No quiero acostumbrarme». A) Eso es imposible, y B) ¿por qué querría acostumbrarme a esto? No creo que me haya acostumbrado. Solo entendí que puedes generar tu propio calor y que, incluso cuando esté sola, siempre tendré mi amor por Paul. Si tienes esas otras formas de significado, como conexión, propósito (mi trabajo como doctora) y reflexión personal sobre el sufrimiento, en cierto punto lo notas: «Oh, mi vida tiene sentido y me conozco a mí misma. Estoy de pie sobre una roca sólida, no flotando».

Ahora tengo muchas formas de conexión: con Cady, con familiares y amigos, con compañeros de trabajo y pacientes. Incluso una conversación como esta se siente como una conexión, un propósito y una oportunidad para darle sentido al sufrimiento, todo a la vez.

La tercera fuente de significado, persistir a pesar del sufrimiento, es muy importante para mí. No creo que el sufrimiento te haga más fuerte o que todos debamos sufrir. Creo que el sufrimiento crea espacio para la conexión, porque ves el dolor de todos los demás y conectas con ellos de una manera más profunda.

¿Qué desearías haber sabido sobre el amor?

Solía pensar que el beso era la parte más romántica de una boda. Ahora escucho los votos y pienso: «Dios mío, no tienes idea de lo que viene». En el mejor de los casos, seguirán juntos cuando uno de los dos muera. Lo que realmente prometen es estar ahí en los momentos difíciles, en la salud y en la enfermedad. Para mí es muy romántico que te apuntes a todas esas cosas difíciles: el esfuerzo del amor a largo plazo, la pérdida inevitable, la decisión de no marcharse cuando las cosas se ponen difíciles, la belleza de sufrir juntos. El romance está en esos momentos difíciles, no en el beso.

CAPÍTULO 2

Un voto de confianza

«No busques de momento las respuestas que necesitas.
No te pueden ser dadas, porque no sabrías vivirlas aún.
Y se trata precisamente de vivirlo todo.
Vive por ahora las preguntas».

RAINER MARIA RILKE, *Cartas a un joven poeta*

En febrero de 2020 descubro que estoy embarazada. Estoy sentada en el baño y ahí están: dos líneas azules en la prueba, una posibilidad, el comienzo de algo. Le envío a Dan una foto del resultado y un mensaje que dice: «¡Abróchate el cinturón!». La ligereza de esas tres palabras es una farsa. Le digo a él, y a mí misma, que hay que estar felices, sí, pero también preparados.

Aún quería ser cautelosa de no albergar demasiadas esperanzas. Tratar de concebir me ha enseñado que la vida es una carga: todos esos momentos agobiantes de «¿y si...?» o «tal vez...», todas las fracturas en tu corazón que aparecen cada vez que tu optimismo resulta haberse equivocado. Pensaba que sería más fácil tener esperanza si teníamos poca evidencia, pero embarazarse después de un aborto espontáneo se siente como conducir por un camino ya conocido. El último embarazo terminó en un callejón sin salida, y aun así la gente confía en que vuelva a conducir por el mismo camino, en el mismo auto, y espere que de algún modo me lleve a un lugar distinto. Quiero creer desesperadamente en ese destino distinto, y estoy agradecida de tener la oportunidad de intentarlo, pero no puedo obligar a mi corazón a abrirse tan fácil. ¿No sería menos dolorosa la decepción si no creyera en la posibilidad de un resultado feliz para empezar?

Unas semanas después, me pregunto si Dan también se estará conteniendo. Me doy cuenta de que nunca pone su mano sobre mi vientre en las noches, como lo hacía durante el primer embarazo. Le pregunto por qué. «Creo que esta vez esperaré al ultrasonido de 12 semanas», responde. Lo entiendo. Es el mismo motivo por el que yo no me atrevo a poner la mano sobre mi propio vientre. Ninguno de nosotros quiere creer en alguien que tal vez no llegue a existir, o construir y adaptar nuestra vida en torno a un signo de interrogación. En ese momento me parece una estrategia sensata. Pero, de cualquier modo, sigo extrañando a los padres emocionados que éramos la primera vez: tan confiados, tan seguros, tan alegres de recorrer galerías juntos, señalando el nombre de los artistas, discutiendo si serían buenos nombres para un niño o una niña. Ahora pienso «qué ingenuos», pero añoro su ignorancia al mismo tiempo. No existe satisfacción alguna en el hecho de saber más de lo que ellos sabían.

Incluso después de ver un latido galopante en el monitor a las ocho semanas, seguimos siendo cuidadosos respecto al tema del embarazo, procurando no conectar demasiado con la vida que va creciendo dentro de mí. No le ponemos un sobrenombre. No le contamos a nuestras familias. No discutimos la clase de persona que llegará a ser. Tenemos demasiado amor almacenado desde la última vez, y si lo ponemos todo en la idea de otro bebé, será muy doloroso tener que volver a guardarlo. ¿Acaso no nos sentimos todos así algunas veces? La gente muere. Los corazones se rompen. Amamos y perdemos. Y entonces tenemos que reunir el valor para lidiar con nuestras pérdidas y volver a levantarnos, sin tener la certeza de que no volveremos a ser derribados. Ni siquiera me siento segura de escribir acerca de este embarazo. Mientras lo hago, me pregunto si, para cuando este libro esté en sus manos, tendré un bebé con nombre y un conejito de peluche. ¿O tendré una conversación incómoda con cualquiera que lea este capítulo sobre el futuro de otro hijo que solo existió en mi mente? Lo cuento de todos modos, conteniendo la respiración, porque creo que demuestra lo fácil que olvidamos las lecciones que aprendemos sobre el amor, y cómo la tarea para todos nosotros es seguir aprendiéndolas, día tras día, incluso cuando nuestras experiencias nos distraen. Porque yo estaba distraída por mis temores futuros, y sucumbí ante ellos. Estaba tratando de lograr lo imposible: detener algo que tal vez no llegaría a ocurrir.

El problema con este enfoque cauteloso era similar al que había encontrado al envolver regalos de Navidad unos meses antes. Mientras pasaba la cinta de seda verde por mis dedos, me preocupé de no tener suficiente, así que procuré no usar demasiada. Pero estaba tan preocupada por quedarme sin cinta que la corté demasiado chica, y no era lo suficientemente larga para envolver el regalo y hacer un moño. Mi miedo a gastar demasiada cinta significaba que la había desperdiciado toda, al igual que mi miedo a creer en este embarazo significaba que había desperdiciado pequeñas oportunidades de amor durante los últimos meses: la mirada emocionada en el rostro de mi madre; las mariposas dentro de mi estómago; un corazón diminuto y desafiante que parecía decir con cada latido: «Aquí estoy, aquí estoy, aquí estoy». Me di cuenta de que a veces perdemos más por el miedo mismo que por aquello a lo que tememos.

A menudo son las pequeñas cosas las que nos traen de vuelta a nosotros mismos. La letra de una canción; la oración correcta leída en el momento indicado; algunas palabras de un amigo cariñoso. Para mí, fue este consejo de Melanie Reid: «No debes atragantarte con tus propios deseos», sino «aprender poco a poco que la esperanza nunca debe morir, sea cual sea el resultado». Cuando reveló que fue su falsa esperanza de que aprendería a caminar de nuevo lo que la ayudó a sobrevivir después de su accidente, comprendí que no se trataba de demostrar si estabas o no en lo correcto, sino de tener esperanza de cualquier manera. Es ese destello interior de fe lo que nos guía a través de la oscuridad de la incertidumbre. Todavía no sabía si mi bebé viviría; no tenía una bola de cristal mágica para aliviar mi ansiedad. Todo lo que sabía era que no quería dejar que mi miedo a la pérdida drenara más color de mi vida. Ya se había desperdiciado suficiente.

No podemos protegernos del mañana, ni del día siguiente, del próximo mes, del año que viene. Lo único que podemos hacer es esforzarnos todo lo posible por no desperdiciar el amor por el miedo de que algo pudiera o no ocurrir. Cuando entrevisté a Lady Antonia Fraser para el boletín informativo, me dijo que ella llama a esto el Gran Miedo, que, por ejemplo, para ella era el temor a la muerte de su esposo, Harold Pinter, antes de que ocurriera. Ahora que él ya no está, ella desearía no haber desperdiciado ni un solo valioso momento de su vida temiendo perderlo. Trato de recordar esto cuando, tres días después de mi décima semana de embarazo, casi al mismo tiempo en el que ocurrió el aborto, voy al baño en mi trabajo y veo algo familiar: sangre en mi ropa interior, tan repentina y urgente como un grito. Cierro la tapa del retrete y me siento durante unos minutos. Cierro los ojos, inclino la cabeza hacia el techo y rezo para que mi bebé viva. También me doy cuenta entonces de lo que había sido obvio todo el tiempo: las únicas opciones eran tener otro aborto o no. Eso era la realidad. Encontré algo de paz en la aleatoriedad de ese hecho y me entregué a él. Allí y entonces renuncié a mis intentos de autoprotección y decidí amar una posibilidad, pasara lo que pasara. Le dije mentalmente a mi bebé: «No te preocupes si no lo logras».

Todo lo relacionado con ese día parece repetirse: me subo al mismo metro, voy al mismo hospital, tomo un frasco de muestra de la misma recepcionista, miro las mismas paredes amarillas de la sala de espera. Aunque la gente es diferente, tienen los mismos vasos de papel de la cafetería del hospital, hablan con las mismas voces tristes y silenciosas. El tiempo se detiene. Espero cuatro largas horas mientras Dan recorre Londres del sur al norte, enviando mensajes de texto cada 20 minutos más o menos: «Estoy a 55 minutos»; «30 minutos»; «Voy corriendo. Casi llego»; «Estoy aquí. Te amo». Esta carrera por las calles no fue un momento de comedia romántica, como los que había visto en la pantalla: por lo general, el protagonista atraviesa la ciudad para decir «te amo», no para tomar la mano de la chica mientras un médico mete un instrumento de plástico similar a un consolador en su vagina. Pero cuando Dan llega y aprieta mi mano, y beso el costado de su brazo, lo siento: un romance profundo y tierno. Me sorprende cómo la vida sigue ofreciendo estos diminutos destellos de dulzura en los momentos más extraños. Ocurren todo el tiempo, incluso en salas de espera tristes, si prestamos atención. Entonces le pregunto a Dan, en voz baja: «¿Qué haremos si este bebé también muere?». No dice nada durante unos segundos. Luego, responde: «Iremos a tomar un coctel, nos sentiremos tristes y luego, lo intentaremos de nuevo». La verdad es que no necesitaba una respuesta; solo quería decir nuestro peor miedo en voz alta para quitarle poder. Pero su respuesta es reconfortante porque, aunque en muchos sentidos no es tan simple, en muchos sentidos sí lo es. «¿Natasha Lunn?». La doctora, la misma de antes, nos llama para entrar a la habitación. «Los recuerdo», dice ella con una gentileza que me da ganas de llorar. Nunca olvidaré su rostro. Me pide que me suba a la cama mientras cubre el instrumento de plástico con gel frío. Lo desliza dentro de mí. La habitación está en silencio. No puedo mirar a Dan. No sé si me está mirando. Rezo al techo una vez más, y al cielo más allá de este. «Ahí está», dice. «Un latido».

Es difícil ver con claridad lo que uno aprende de lo que pierde. Al principio, pensé que la lección de mi pérdida era contener el amor para protegerme de una emboscada similar en el futuro. ¿Y ahora? Ahora veo que la incertidumbre que requiere el amor no es un problema que haya que arreglar; es lo que lo hace hermoso. Nos invita a tener valor. Nos pide que tengamos esperanza, sin pruebas, sin saber. A veces me permito soñar despierta sobre el futuro de nuestro bebé, y otras veces me sigo dejando llevar por el miedo. Aún ansío tener la firme certeza de que estará a salvo. La diferencia es que ahora sé que esa certeza no existe, para ninguno de nosotros. El amor siempre requiere correr riesgos, un momento en el que digas «estoy listo para lo que venga», incluso si te han lastimado antes. Veo a la gente que amo tomar estos votos de confianza todos los días: cuando encuentran la vulnerabilidad para decir «te amo» por primera vez; cuando adoptan a un hijo; cuando toman decisiones difíciles sobre la salud de un pariente; cuando le ponen fin a un compromiso porque siguen creyendo en el amor y saben que todavía no lo han encontrado. No hay forma de saber si la relación sobrevivirá, si les autorizarán la adopción, si su pariente vivirá mucho tiempo, o si la siguiente persona a la que le entreguen su corazón lo tratará con cuidado. No podemos filtrar el sufrimiento fuera de nuestra vida. En vez de eso, tenemos que abrirles la puerta a ambas cosas: a la dicha y a la pena. Ahora entiendo que esto no solo es una carga necesaria, sino también lo que hace que el amor sea más tierno. Y, sin importar lo que hayamos perdido o lo que la vida nos haya quitado, siempre habrá pequeños momentos en los que podemos elegir mantener la esperanza viva. ¿Lo harás? Yo estoy tratando. Ahora, cuando el Gran Miedo me acecha, coloco mi mano sobre mi vientre expandido y lo siento todo: el miedo, el valor, el riesgo, la incertidumbre, la dicha; la multitud completa de sentimientos de vida y pérdida. Y, a pesar de todo, le susurro a mi bebé: «Te amo. Te amo. ¡Te amo!».

Lo que yo desearía haber sabido sobre el amor

«El amor no es la respuesta,
sino la línea que marca dónde empezar».

LAURA MARLING, «FOR YOU»

Para cuando nació nuestra hija, llevaba ya tres años preguntándoles a varias personas sobre los desafíos del amor. En el mismo periodo de tiempo también me casé, tuve un aborto espontáneo, perdí a mi abuela, me enteré del aborto espontáneo de algunas amigas, de que dieron a luz, de que se divorciaron, sentí cómo se alejaban algunas viejas amistades y le abrí la puerta a otras nuevas. Había aprendido sobre los enemigos del amor (la autocompasión, el descuido, el ego, la flojera, la ambición) y sus fieles compañeros (la responsabilidad, la disciplina, la atención, el humor, el perdón, la gratitud y la esperanza). Con este nuevo conocimiento, pensé que podría evitar futuros problemas relacionados con el amor, o al menos encontrar atajos. Sin embargo, en estos primeros tres meses de maternidad, cometí muchos de los mismos errores, y no dudo que los seguiré cometiendo. La única diferencia es que ahora estoy al tanto de ellos.

No me enamoré de mi hija de inmediato. A pesar de haberme comprometido a amarla cuando aún seguía dentro de mí, en el mundo exterior estábamos empezando desde cero. El día después de dar a luz, Dan me preguntó: «¿No la amas más que a nada en este mundo?». Y cuando respondí un «no», creo que lo sorprendí, o lo preocupé. Sentí una intensa oleada de ternura por ella en los segundos después de su nacimiento: ese humano diminuto y viscoso, sujetándose a mi pecho. Le susurré: «Está bien, ahora estás a salvo», y supe en ese momento que ella había vuelto a ensamblar ciertas partes de mí. Que siempre trataría de cuidarla. Pero este era un sentimiento que parecía provenir de mi cuerpo, no de mi mente; uno tan poderoso que no necesitaba elegirlo, simplemente lo tenía. También tenía la sensación de que habría sido igual con o sin mucho esfuerzo de mi parte. Y el amor, como he aprendido, es lo contrario: una elección, una intención.

En ese momento, le atribuí esta falta de amor inmediato a las drogas y las hormonas. Todo en lo que podía concentrarme era en mantenerla viva: permanecer despierta toda la noche con un dedo debajo de su nariz para comprobar que aún respiraba, o presionar dos dedos ligeramente debajo de su pijama y sobre su cálido pecho, para sentir cómo se movía con sutileza hacia arriba y hacia abajo. Me preocupaba estar soñando. Esas primeras 72 horas estuvieron tan llenas de miedo que quedaba poco espacio para el amor.

Poco a poco, ya en casa, empecé a ver destellos de su personalidad: la forma en que estiraba los brazos como Superman después de darle pecho, o la manera en que pataleaba para salpicar en la bañera, emocionada y nerviosa. Cada día usaba mi cuerpo para atender el suyo: lavarla, cambiarla, alimentarla. Por medio de estas pequeñas acciones, que a veces se sentían colosales, tomé la decisión diaria de amarla, incluso cuando era difícil o cuando tenía miedo. No pasó mucho tiempo después de eso, una semana, tal vez dos, antes de que mirara sus diminutas pestañas mientras dormía, como las finas cerdas de un pincel, y supiera con certeza que la amaba. De modo que mi amor por Joni se desplegó en mi vida de la misma manera en que lo había hecho mi amor por su padre: de forma lenta y constante, profundizándose con el tiempo y el conocimiento, hasta que se convirtió en una parte tan esencial de mí como mis órganos. Esto no debería de haberme sorprendido, en realidad, porque fue una de las primeras lecciones que aprendí sobre el amor: no es instantáneo, como una chispa, sino algo que crece si uno lo cuida, como cuando avivamos las llamas de una fogata.

Presto atención a cada detalle en estos primeros meses de maternidad, sabiendo que nunca los recuperaré, pero también que la verdadera tarea de amar a Joni no es ahora. Es amarla mientras hace un berrinche en el pasillo de un supermercado, o cuando tira comida al piso y a mí ya se me hizo tarde, o cuando me dice algo malicioso y me duele. El amor es una elección y, a veces, es elegir amar a alguien incluso cuando no sentimos cariño por esa persona en determinado momento. El sentimiento de estar «enamorado» va y viene, como la marea, pero la acción de amar es una decisión. Una que tomamos todos los días.

Es una elección que tomamos Dan y yo cuando nos convertimos en trabajadores por turnos, buscando a tientas nuestro camino para convertirnos en buenos padres. Como Joni tiene reflujo, nos turnamos para quedarnos despiertos con ella y pasamos menos tiempo en la misma cama. Y aun cuando la compartimos, no podemos abrazarnos por completo porque ella duerme sobre el pecho de alguien. Así que empiezo a extrañar ciertas cosas. Extraño el calor de sus muslos en contacto con los míos cada noche. Leer en silencio juntos en la cama. Leer cosas y compartirlas, como el hecho de que el actor James Gandolfini solía escuchar *Dookie* de Green Day una y otra vez (uno de los discos favoritos de Dan cuando era adolescente), o que el coro de «Starman» de David Bowie se inspiró en «Somewhere Over the Rainbow», como descubrí hace poco. Solíamos compartir estos pequeños descubrimientos y nuestros grandes sueños para los siguientes cinco años. Ahora decimos cosas como: «¿Su popó fue verde o color mostaza?», «¿a qué hora le diste de comer?» y «¿podrías cargarla mientras voy al baño?». Pasamos más tiempo viendo los ojos de Joni que los nuestros. Y los días en los que hemos dormido dos horas y media, tenemos pequeñas competencias sobre quién está más cansado. Aunque sabemos que la competencia es enemiga de una buena relación, a veces no podemos evitarlo.

En mi adolescencia y en mis veintes me convencí de que las personas que se amaban se unían como imanes, pasara lo que pasara. Pero cuando surgen distancias como estas en nuestras relaciones, románticas o no, no podemos esperar a que una fuerza gravitacional mística cierre la brecha; en cambio, tenemos que crear esa fuerza nosotros mismos, con honestidad, empatía y perdón. Esto es lo que Dan y yo hacemos para mantenernos unidos como nuevos padres. Creamos bondad en los momentos ordinarios: una taza de té azucarado a las 6 a. m., o una copa de vino para el otro a las 6 p. m. Todavía extrañamos las versiones de nosotros mismos a las que hemos tenido que renunciar por un tiempo, pero nos enamoramos de las nuevas que también están surgiendo, mientras nos agachamos uno al lado del otro, de rodillas sobre la alfombra de baño, cantando «Busca lo más vital» de *El libro de la selva* a la hija que nos preocupaba que nunca pudiéramos tener. Cuando no podemos abrazarnos en la cama, nos tomamos de la mano. Siempre hay pequeñas formas de alcanzarnos.

Justo cuando comenzamos a adaptarnos a nuestro nuevo mundo, cuando Joni tiene seis semanas, Dan encuentra un sarpullido en su pecho. Ha estado más tranquila toda la semana, durmiendo más. Esa noche llamamos al Servicio Nacional de Salud y nos dicen que pidamos una ambulancia para ir al hospital. «Me parece algo exagerado», le digo a Dan, insistiendo en que tomemos un taxi. Pero en algún momento del trayecto, nos preocupa que no se mueva, que no respire. Le meto los dedos en la boca, le levanto los párpados, pero no se mueve. No sé el orden exacto de los momentos que siguen, solo recuerdo que el conductor ve una ambulancia en la calle más adelante, luego Dan sale y le dice al paramédico que no estamos seguros de que nuestro bebé esté respirando. Mientras lo hace, el conductor voltea a verme y me asegura: «Estará bien, estará bien», y siento el brillo de su amabilidad, pero solo puedo asentir en respuesta.

En la parte trasera de la ambulancia, el paramédico tampoco está seguro de que Joni esté respirando. Mientras lo veo poner una pequeña máscara de gas sobre su diminuta boca y nariz, y hacer cuidadosas compresiones en su pequeño pecho, comprendo lo precario que puede ser amar a otra persona, y lo mucho que podemos perder cuando lo hacemos. Me siento en la ambulancia, pero no estoy allí, como si mi mente no pudiera asimilar los detalles de la escena, hasta que el paramédico informa: «Está respirando, está respirando», y regreso. A pesar de que el paramédico entra gritando «¡resucitación, resucitación!» a la sala de emergencias, Joni resulta estar bien. Es solo una infección viral, una falsa alarma; había estado respirando todo el tiempo. De todos modos, nos piden dejarla internada durante la noche, y yo me quedo despierta mirándola dormir, escuchando la ligera brisa de su respiración. Creo que será imposible volver a apartarme de ella, pero lo hago, porque sé que amarla no significa protegerla del mundo; significa moldear su valor, ayudarla a ser lo suficientemente independiente como para explorarlo. Al igual que en el embarazo, o en cualquier otro caso, cuando amamos a alguien, el miedo siempre estaría ahí, pero no disminuiría el dolor de una pérdida futura.

Al día siguiente, mientras reviso Instagram, me topo con una foto publicada por un hombre cuyo hijo murió el año anterior. Su pequeño lleva la misma pijama azul y crema de John Lewis que Joni, y me pongo a pensar que todos estamos a una llamada de teléfono, al resultado de una prueba o a un viaje en taxi de distancia del dolor. Vemos las pérdidas de otros como cosas terribles y lejanas; decimos que no podemos imaginarlo, pero debemos hacerlo. Es la única forma de mejorar al decir «lo siento».

He descubierto que tenemos la capacidad de mostrar apoyo a las personas que no conocemos. De ser parte de lo que Melanie Reid describe como el trasfondo de bondad y amor que existe entre todos nosotros. Esto es algo que he sentido durante estas conversaciones, y he llegado a entender que todos estamos conectados y que formamos parte de la gran familia humana. A veces sentía una forma de amor por la persona que estaba entrevistando, mientras compartía conmigo parte de su vida, y juntas tratábamos de encontrarle significado. Mientras trataba de entender el amor, sin saberlo, descubrí mucho más. Esto me hizo darme cuenta de que la doctora Megan Poe tenía razón: «El amor es una frecuencia que podemos elegir sintonizar o ignorar». Podemos decidir movernos por el mundo de una manera amorosa. Podemos mirar nuestro celular mientras pedimos café por la mañana o establecer una conexión. Podemos pasar junto a la mujer que llora frente a una puerta en Soho o detenernos para preguntar: «¿Estás bien?». Estamos todos juntos en esta vida, y cuando la atravesamos con nuestras misiones individuales, sin mirar hacia arriba ni hacia afuera, nos perdemos de mucho.

Conforme cambiamos, nuestros desafíos en el amor cambian también. En mis veintitantos, las amistades eran sencillas y las relaciones románticas requerían esfuerzo. En mis treinta y tantos, el matrimonio me parecía fácil, pero tenía que esforzarme más con mis amistades. Y ahora que la maternidad ocupa tanto espacio dentro de mí, el amor romántico es el que requiere más atención. Los desafíos en mis amistades también han cambiado: he sabido de otras amigas que han sufrido abortos espontáneos, y tengo que encontrar la forma de estar ahí para ellas de la manera más sensible que pueda, a la vez que dejo

espacio para los sentimientos complejos que puedan tener
ahora que yo soy madre. El amor siempre fluirá por nuestra
vida de una forma inconsistente e impredecible, y no podemos
ponerles pausa a las pequeñas alegrías que nos trae, ni adelantar el sufrimiento. Lo único que podemos hacer es seguir
notando cuando haya un desajuste, y seguir ajustando nuestros esfuerzos para asegurarnos de que nuestros seres queridos
sepan lo importantes que son para nosotros.

Empecé este proyecto con la esperanza de resolver o evitar
mis problemas en el amor, en vez de aguantarlos, y crecer a
partir de ellos. Este objetivo no era tan distinto de mi primera
fantasía romántica: ambos se resistían a la realidad. Ambos asu-
mían que un final feliz implicaba saltarse las partes duras del
amor, por ejemplo, lo vulnerables que somos cuando lo anhe-
lamos, lo mucho que duele cuando no lo tenemos o cuando
perdemos a alguien y lo mucho que duele cuando nos perdemos a nosotros mismos. Si me hubiesen permitido escribir mi
propia historia de amor, me hubiera saltado todas esas partes.
No hubiera imaginado dos décadas de relaciones «fallidas», o
docenas de terribles citas por internet, o aquella vez en que
cortaron conmigo afuera de un McDonald's bajo la lluvia. No
habría incluido la culpa de pelear con mi papá sobre si usaría
pantalones de mezclilla o formales en la mañana del funeral de
su papá, o la incomodidad de una amistad transformándose,
o un aborto espontáneo, o un bebé con reflujo, o un esposo al
que a veces se le queda comida en la barba. Todas estas partes
mundanas o dolorosas habrían sido ignoradas. Sin embargo,
todas forman parte de una realidad que es más hermosa que
cualquier fantasía, que cualquier cosa imaginable.

Aunque no he llegado a esta conclusión con una mágica colección de respuestas, estas conversaciones han alterado mi vida de dos formas muy significativas. La primera es que expandieron mi comprensión del amor; ahora sé que es algo enorme e infinito. Lo supe al escuchar cómo Lucy Kalanithi arrojaba un beso al aire para recordar a su esposo, por la conexión que tiene Ayisha Malik con su fe y por el itinerario de cumpleaños que Candice Carty-Williams y su amiga planean cada año. Lo descubrí en los espacios que busca Diana Evans para escribir; en las memorias de su hermana que Greg Wise sigue compartiendo; en las notitas de Roxane Gay; en los poemas de Lemn Sissay; en la forma en que reacciona Heather Havrilesky cuando su esposo se queja de su espalda. Al juntar todas estas conversaciones, me mostraron que el amor está en todas partes, en muchas formas y actos distintos. Ahora, su poder y su escala me impresionan más que nunca, así como su individualidad y su universalidad.

La segunda forma es que ahora estoy muy decidida a prestar atención. Hay tantas cosas (¡demasiadas!) que pueden distraernos de nuestros seres queridos. Las cosas prácticas (los problemas cotidianos, el trabajo, los celulares) y las emocionales (la incertidumbre del anhelo, la intensidad del miedo). Cada día tenemos que librar pequeñas batallas para percatarnos de que el amor se encuentra justo en nuestras narices. Esto me hace pensar que uno de los aspectos más importantes del amor es la memoria. Tenemos que recordar seguir haciendo esas pequeñas cosas para recordarles a las personas que estamos ahí, como enviarles una tarjeta de cumpleaños, verlas a los ojos, llamarlas, besarlas, abrazarlas, preguntarles cosas, decirles que las amamos, y no solo de pasada. Y luego, recordar las cosas grandes: decir la verdad, aceptar la transitoriedad, mantener la separación, ver más allá de nosotros mismos, entender que, a pesar de que los defectos de los demás pueden resultar molestos, los nuestros también lo son; y seguir «dándonos cuenta», y por esto me refiero a aprovechar la conciencia de nosotros mismos que nos permite retroceder mientras estamos cometiendo un error. Por ejemplo, explicar por qué estamos molestos antes de pelear. O reconocer que estábamos distraídos cuando alguien nos estaba contando algo importante, y luego dedicarnos a escuchar.

Algunos son buenos para recordar; otros necesitamos un poco de ayuda. Como Sarah Hepola me dijo, las personas que son muy buenas para estar presentes desarrollan ciertas estrategias: oran, meditan, escriben y corren; encuentran pequeñas pero significativas maneras de estar agradecidas. Y espero que ese sea el resultado de estas conversaciones: proporcionar pequeños pero valiosos recordatorios para que aprendamos a prestar atención a nuestra vida mientras la vivimos. Al preguntarle a la gente cómo amar, todo este tiempo he estado descubriendo cómo vivir.

Ahora, mi objetivo ya no es protegerme de futuros problemas en el amor. En vez de eso espero que, cuando llegue a las últimas semanas de mi vida, pueda recordar y tener la certeza de que supe reconocer al amor, de que supe que el amor de un padre se siente como el sol cálido en tu piel, o que estar casada es como cantar dos notas diferentes de la misma canción. Espero recordar que el amor no es algo estrecho. Que el amor es lo que hace que nos importe lo que pasa y nos conecta entre nosotros y con el mundo. Que el amor es una búsqueda, una promesa, un hogar. Es una fuerza que creamos para acercarnos, con tazas de té y ternura, con humor y un «lo siento»; y también es un mundo que creamos con otra persona, una verdad a la vez. Más que nada, espero haberme percatado del amor que habita en los momentos ordinarios y haber estado presente mientras ocurrían: la dulzura en la sonrisa de Joni al despertar; las boberías de mi familia, como reírse de sus propios gases, del día después de Navidad; el consuelo que brinda la amabilidad de un desconocido; el misterio de un cielo nocturno despejado; la espontaneidad de un correo de Dan que incluye solo una cita de Frida Kahlo: «Ten un amante que te mire como si fueras un bizcocho de bourbon»; o la profunda paz de los brazos de mi amiga envolviéndome en el parque durante una brillante mañana de otoño. Espero que cuando llegue mi último día en este planeta, pueda recordarlo todo y pensar: el amor es extraordinario. La vida es extraordinaria. Estoy muy agradecida, no solo por haber conocido el amor, sino por haber estado consciente de su importancia y haberle prestado atención.

Otras lecturas

Dolly Alderton, *Todo lo que sé sobre el amor* (Planeta).

John Armstrong, *Conditions of Love: The Philosophy of Intimacy* (Penguin Books).

Poorna Bell, *In Search of Silence* (Simon & Schuster).

Alain de Botton, *Del amor* (RBA).

_____, *El placer del amor* (Lumen).

Candice Carty-Williams, *Queenie* (Trapeze).

Juno Dawson, *Este libro es gay* (Puck).

Luise Eichenbaum y Susie Orbach, *Between Women: Love, Envy and Competition in Women's Friendships* (Viking).

Diana Evans, *Ordinary People* (Vintage).

Erich Fromm, *El arte de amar* (Paidós).

Roxane Gay, *Confesiones de una mala feminista* (Planeta).

John Gottman y Julie Schwartz Gottman, *Eight Dates: Essential Conversations for a Lifetime of Love* (Penguin Life).

Stephen Grosz, *La mujer que no quería amar y otras historias sobre el inconsciente* (Debate).

Thich Nhat Hanh, *How to Love* (Ebury).

Heather Havrilesky, *How to Be a Person in the World: Ask Polly's Guide Through the Paradoxes of Modern Life* (Doubleday Books).

Sarah Hepola, *Blackout: Remembering the Things I Drank to Forget* (Two Roads).

bell hooks, *All About Love: New Visions* (HarperCollins).

Mira Jacob, *Good Talk: A Memoir in Conversations* (Bloomsbury Publishing).

Paul Kalanithi, *Recuerda que vas a morir. Vive* (Seix Barral).

Ariel Levy, *The Rules Do Not Apply* (Fleet).

Gordon Livingston, MD, *How to Love* (Hachette).

J. D. McClatchy, *Love Speaks Its Name* (Everyman).

Joanna Macy, varios libros, joannamacy.net

Ayisha Malik, *Sofia Khan Is Not Obliged* (Twenty7).

Simon May, *Love: A History* (Yale University Press).

Stephen A. Mitchell, *Can Love Last?: The Fate of Romance over Time* (W. W. Norton & Company).

Vivek H. Murthy, *Together: Loneliness, Health and What Happens When We Find Connection* (Profile Books).

Emily Nagoski, *Tal como eres: La sorprendente nueva ciencia que transformará tu vida sexual* (Neo Person).

Reinhold Niebuhr, The Serenity Prayer.

Mary Oliver, *Devotions: The Selected Poems of Mary Oliver* (Penguin Press).

M. Scott Peck, *The Road Less Travelled* (Ebury).

Esther Perel, *Mating in Captivity* (Hodder & Stoughton).

Philippa Perry, *El libro que ojalá tus padres hubieran leído (y que a tus hijos les encantará que leas)* (Planeta).

Justine Picardie, *If the Spirit Moves You: Life and Love After Death* (Picador).

Susan Quilliam, *Stop Arguing, Start Talking: The 10 Point Plan for Couples in Conflict* (Vermilion).

Melanie Reid, *The World I Fell Out Of* (HarperCollins).

Adrienne Rich, «Claiming and Education», discurso pronunciado en la convocatoria del Douglass College, 1977.

Rainer Maria Rilke, *Letters to a Young Poet* (Penguin Classics).

Sharon Salzberg, *Real Love: The Art of Mindful Connection* (Macmillan).

Dani Shapiro, *Hourglass: Time, Memory, Marriage* (Knopf Publishing Group).

Lemn Sissay, *Gold from the Stone* (Canongate Books).

Lisa Taddeo, *Tres mujeres* (Principal de los libros).

Frank Tallis, *The Incurable Romantic: and other unsettling revelations* (Little, Brown).

Krista Tippett, *Becoming Wise: An Inquiry into the Mystery and Art of Living* (Corsair).

Clare y Greg Wise, *Not That Kind of Love* (Quercus).

Gary Younge, *Another Day in the Death of America* (Guardian Faber Publishing).

Agradecimientos

Así como la vida se compone de muchas historias de amor diferentes, este libro se basó en la bondad de muchas personas diferentes. Debo comenzar agradeciendo a todos mis entrevistados. Su generosidad, franqueza y consideración no solo hicieron posible este libro, sino que también hicieron que escribirlo fuera un placer. A todos ustedes: les estoy muy agradecida.

También estoy agradecida con Caroline Jones, quien transcribió diligentemente la mayoría de estas entrevistas. Tus correos electrónicos entusiastas me hicieron compañía durante los periodos solitarios de escritura. Y a la increíblemente talentosa Anna Morrison, que diseñó la hermosa portada. Admiro mucho tu trabajo y estoy emocionada de que seas parte integral de *Hablemos sobre el amor*.

Estoy en deuda con todos en la editorial Penguin. Gracias por creer en este libro y por darme el espacio y el tiempo para escribirlo. ¡Un agradecimiento especial a Isabel Wall, mi editora y compañera amante del amor! Su entusiasmo y amabilidad convirtieron un proceso aterrador en uno agradable. Gracias por preocuparte tanto por el libro y por mejorarlo.

Gracias a las personas que me ayudaron pero que tal vez no lo saben: a Jennie Agg, cuyas palabras me hicieron sentir menos sola cuando me sentía triste; a Pandora Sykes y Dolly Alderton, por apoyar a este libro en los primeros días de *The High Low*; a Heather Havrilesky, por aceptar ser mi primera invitada al boletín; y a Lucy Henderson, por decirme que escribiera este libro cierto día después de Navidad.

¡Le debo mucho a mi jefa y amiga Sarah Tomczak, quien editó mi escritura hace años, cuando me esforzaba demasiado! Aprendí mucho sobre el amor al verte criar a Coco y Sylvie con gracia y optimismo. Gracias por siempre alentar mi escritura y por mostrarme que la maternidad y el propósito pueden coexistir.

Tantos amigos me enseñaron sobre el amor mucho antes de que comenzara a entrevistar gente al respecto. Estoy profundamente agradecida con Caroline Steer, Roxanne Robinson, Jennifer Livingston, Jessica Russell-Flint, Louise Waller, Ruth Lewis, Lois Kettlewell, Katy Taylor, Kristina Henderson y Katy Takla. Un agradecimiento muy especial a Marisa Bate, por decirme que podía escribir este libro cada vez que me preocupaba no poder hacerlo. Y a Lucy Lee, por su brillante cerebro y sus inteligentes sugerencias. Todos ustedes son muy valiosos para mí. Los amo tanto.

Gracias a Joni por existir. Si lees este libro algún día: ¡te amo!

Gracias a mi familia, mi mamá Niki y mi papá Chris, cuya historia de amor fue la primera que presencié. Solía odiar el hecho de que me hubieran dado estándares increíblemente altos en las relaciones, pero ahora veo que me enseñaron a no conformarme con menos. Gracias por crear un hogar que siempre estuvo lleno de amor. Ser su hija es una maravilla.

Mi hermano Oliver fue mi primer lector y compañero. Ols: gracias por tus perspicaces comentarios y por aconsejarme ser más clara. ¡Siempre tuviste razón! Gracias también por enseñarme sobre el amor desde el principio y por recordarme que el humor es un elemento esencial del día a día. Me hace ilusión bailar juntos la música de Springsteen todos los años que nos quedan en esta Tierra.

Carrie Plitt es todo lo que podría desear en una agente: inteligente, carismática, dura, sabia y siempre divertida para platicar. Carrie, no es una coincidencia que solo comencé a trabajar correctamente en este libro después de que nos conocimos. Este libro no existiría sin ti. Gracias por ser la persona a la que siempre quiero impresionar.

Gracias a mi esposo Dan, quien tan generosamente me dio la libertad de contar algunas de nuestras historias en este libro. Amarte me ha enseñado a vivir de forma expansiva y valiente. Gracias por apoyar siempre mis sueños. Te amo de todas las maneras posibles, por siempre.

Y, por último, gracias a los suscriptores de mi boletín de *Hablemos sobre el amor*, en particular a los que me dijeron que querían que existiera este libro. Cada vez que me atascaba o dudaba de mí misma, releía sus correos electrónicos. Sus palabras me recordaron por qué quería escribir. Encontré amor en ellas.